本书系中国人民大学"双一流"建设阶段性成果
（中国人民大学马克思主义新闻观研究中心
"网民的政治效能感与社会认同的提升"
课题研究成果，项目编号为：RMXW2018C002）

新·闻·传·播·学·文·库

网络空间的劳动图景

技术与权力关系中的
网络用户劳动及报酬

The Prospect of
Labor in
Cyberspace

杨逐原 / 著

中国人民大学出版社
·北京·

总　序

自 1997 年国务院学位委员会将新闻传播学擢升为一级学科以来，中国的新闻传播学学科建设突飞猛进，这也对教学、科研以及学术著作出版提出了新的、更高的要求。

继 1999 年中国人民大学出版社推出"21 世纪新闻传播学系列教材"之后，北京广播学院出版社、华夏出版社、南京大学出版社、中国社会科学出版社、新华出版社等十余家出版社纷纷推出具有不同特色的教材和国外新闻传播学大师经典名著汉译本。但标志本学科学术水平、体现国内最新科研成果的专著尚不多见。

同一时期，中国的新闻传播学教育有了长足进展。新闻传播学专业点从 1994 年的 66 个猛增到 2001 年的 232 个。据不完全统计，全国新闻传播学专业本科、专科在读人数已达 5 万名之多。新闻传播学学位教育也有新的增长。目前全国设有博士授予点 8 个，硕士授予点 40 个。中国人民大学新闻学院、复旦大学新闻学院等一批研究型院系正在崛起。北京大学和清华大学的新闻传播学教育以高起点、多专业为特色，揭开了这两所百年名校蓬勃发展的新的一页。北京广播学院（后更名为中国传媒大学——编者注）以令人刮目相看的新水平，跻身中国新闻传播教育名校之列。武汉大学新闻与传播学院等以新获得博士授予点为契机所展开的一系列办学、科研大手笔，正在展示其特有的风采与魅力。学界和社会都企盼这些中国新闻传播教育的"第一梯队"奉献推动学科建设的新著作和新成果。

进入新世纪以来，随着以互联网为突破口的传播新媒体的迅速普及，新媒体与传统媒体的联手共进，以及亿万国人参与大众传播能动性的不断强化，中国的新闻传媒事业有了全方位的跳跃式的大发展。人民群众对大众传媒的使用，从来没有像今天这样广泛、及时、须史不可或缺，人们难以逃脱无处不在、无时不有的大众传媒的深刻影响。以全体国民为对象的新闻传播学大众化社会教育，已经刻不容缓地提到全社会，尤其是新闻传播教育者面前。为民众提供高质量的新闻传播学著作，已经成为当前新闻传播学界的一项迫切任务。

这一切都表明，出版一套满足学科建设、新闻传播专业教育和社会教育需求的高水平新闻传播学学术著作，是当前一项既有学术价值又有现实意义的重要工作。"新闻传播学文库"的问世，便是学者们朝着这个方向共同努力的成果之一。

"新闻传播学文库"希望对于新闻传播学学科建设有一些新的突破：探讨学科新体系，论证学术新观点，寻找研究新方法，使用论述新话语，摸索论文新写法。一句话，同原有的新闻学或传播学成果相比，应该有一点创新，说一些新话，文库的作品应该焕发出一点创新意识。

创新首先体现在对旧体系、旧观念和旧事物的扬弃上。这种扬弃之所以必要，人文社会科学工作者之所以拥有理论创新的权利，就在于与时俱进是马克思主义的理论品质，弃旧扬新是学科发展的必由之路。恩格斯曾经指出，我们的理论是发展的理论，而不是必须背得烂熟并机械地加以重复的教条。一位俄国作家回忆他同恩格斯的一次谈话时说，恩格斯希望俄国人——不仅仅是俄国人——不要去生搬硬套马克思和他的话，而要根据自己的情况，像马克思那样去思考问题，只有在这个意义上，"马克思主义者"这个词才有存在的理由。中国与外国不同，新中国与旧中国不同，新中国前30年与后20年不同，在现在的历史条件下研究当前中国的新闻传播学，自然应该有不同于外国、不同于旧中国、不同于前30年的方法与结论。因此，"新闻传播学文库"对作者及其作品的要求是：把握时代特征，适应时代要求，紧跟时代步伐，站在时代前列，以马克思主义的理论勇气和理论魄力，深入计划经济到市场经济的社会转型期中去，深入党、政府、传媒与阅听人的复杂的传受关系中去，研究新问题，寻找新方法，获取新知识，发现新观点，论证新结论。这是本文库的宗旨，也是对作者的企盼。我们期待文库的每一部作品、每一位作者，都能有助于把读者引领到新闻传播学学术殿堂，向读者展开一片新的学术天地。

创新必然会有风险。创新意识与风险意识是共生一处的。创新就是做前人未做之事，说前人未说之语，或者是推翻前人已做之事，改正前人已说之语。这种对旧事物旧体系旧观念的否定，对传统习惯势力和陈腐学说的挑战，对曾经被多少人诵读过多少年的旧观点旧话语的批驳，必然会招致旧事物和旧势力的压制和打击。再者，当今的社会进步这么迅猛，新闻传媒事业发展这么飞速，新闻传播学学科建设显得相对迟缓和相对落后。这种情况下，"新闻传播学文库"作者和作品的一些新观点新见解的正确性和科学性有时难以得到鉴证，即便一些正确的新观点新见解，要成为社会和学人的共识，也有待实践和时间。因此，张扬创新意识的同时，作者必须具备同样强烈的风险意识。我们呼吁社会与学界对文库作者及其作品给予最多的宽容与厚爱。但是，这里并不排斥而是真诚欢迎对作品的批评，因为严厉而负责的批评，正是对作者及其作品的厚爱。

当然，"新闻传播学文库"有责任要求作者提供自己潜心钻研、深入探讨、精心撰写、有一定真知灼见的学术成果。这些作品或者是对新闻传播学学术新领域的拓展，或者是对某些旧体系旧观念的廓清，或者是向新闻传媒主管机构建言的论证，或者是运用中国语言和中国传统文化对海外新闻传播学著作的新的解读。总之，文库向人们提供的应该是而且必须是新闻传播学学术研究中的精品。这套文库的编辑出版贯彻少而精的原则，每年从中国人民大学校内外众多学者的研究成果中精选三至五种，三至四年之后，也可洋洋大观，可以昂然耸立于新闻传播学乃至人文社会科学学术研究成果之林。

新世纪刚刚翻开第一页，中国人民大学出版社经过精心策划和周全组织，推出了这套文库。对于出版社的这种战略眼光和作者们齐心协力的精神，我表示敬佩和感谢。我期望同大家一起努力，把这套文库的工作做得越来越好。

以上絮言，是为序。

童　兵

2001 年 6 月

推荐序

作为劳动的传播：传播政治经济学的新鲜话题

石义彬

在互联网不断普及和深入发展的今天，网络这个虚拟空间成为人们生产、传播和消费信息的重要场所。在网络空间中，网络用户生产了大量的信息产品并将之传播出去。同时，网络用户还参与网络空间中的信息消费。在网络信息产品的生产、传播和消费中，网络用户能为网络媒介创造大量的剩余价值。马克思认为，只要劳动为资本家创造了高于它的必要成本的剩余价值，它就是生产性的。在网络这一新传播科技的赋权下，网络空间中的信息传播能为作为资方的网络媒介创造大量财富，也就意味着其能创造大量的剩余价值，因而网络用户的信息生产、传播和消费活动就是一种生产性的劳动，这也意味着网络用户是网络空间中的劳动者。因此，在今天的传播政治经济学的研究中，网络用户的劳动及其报酬问题就成为一个重要的议题。对这个问题展开研究，可以窥见互联网时代人类劳动的新现象和新问题，可以窥见信息资本新的运行轨迹。

当前，网络信息资本积累不断加速，网络经济发展较为迅猛，网络用户的劳动已成为与网络新资本形态相一致的劳动范式，而作为信息的重要载体的网络媒介无疑已嵌入社会经济的基础结构之中。面对这样一种复杂的、全新的情况，本书采用了一个较为独特的研究视角，它不是一般性地探讨用户生成内容对网络媒介经济发展的意义以及网络媒介如何经营网络用户，而是把网络用户的信息活动看成一种生产性的劳动，将网络空间中的信息资本主义的运作视为一个较为复杂的过程，从而深入地研究了劳动者（网络用户）、技术与资方控制中的网络用户劳动、网络用户劳动中的生产力和生产关系、劳动力的再生产以及劳动的报酬等诸多问题。

在具体的探讨中，本书将网络看成一个巨大的信息生态系统，对网络用户这个劳动者的信息生态位进行了分析，指出在网络技术的赋权下，网络用户生产的信息量已经超过了网络媒介的职业化的信息生产量，网络用户的信息搜索、点击浏览、生产内容等劳动，是网络媒介盈利的重要来源，也是广告商重点关注的对象。对网络用户在网络信息生态系统中的生态位进行分析是极为必要的，因为正是以网络用户这一重要的劳动者为依托，网络媒介才开发出了平台经济、分享经济、体验经济、粉丝经济、社群经济以及网络游戏经济等一系列的网络经济模式，而这也为网络媒介资本的增值路径变化以及网络经济新的增长规律的探讨奠定了基础。

网络技术是信息时代的极具代表性的技术形式，其赋权是双向性的，除了对网络用户进行赋权外，它还对作为资方的网络媒介进行赋权。关于这一点，本书也有阐述，指出网络技术在为网络用户进入网络空间的劳动提供便利条件、使网络用户劳动的空间得以解放的同时，也为作为资方的网络媒介通过网络技术将权力隐身起来，通过经济、文化等权力资本控制网络用户的劳动过程，将网络用户的劳动牢牢地控制在自己的手中提供了保障性条件，使网络用户的劳动始终处于网络媒介的权力体系之中。

网络中的生产力和生产关系呈现出什么样的新情况，是研究网络用户劳动的一个重大问题，因为虚拟空间中的生产力和生产关系与现实社会中的生产力和生产关系是有所区别的。本书将网络空间中的生产力和生产关系称为新的生产力和变异的生产关系，认为就新的生产力来说，劳动者、劳动工具和劳动对象都是新的——劳动者是广大网络用户、劳动工具是人的大脑、劳动对象是信息及电脑等资源；就变异的生产关系来说，除网络媒介的雇佣员工（只是网络用户中极其微小的一部分人，通常用OGC[①]来表示）可按合同规定获得一定的

---

① UGC（user generated content）指用户原创内容，是伴随着以提倡个性化为主要特点的 Web 2.0 概念而兴起的。OGC（occupationally generated content）指职业生产内容，即具有一定知识和专业背景的行业人士生产内容，并领取相应报酬。PGC（professional generated content）指专业生产内容。这三者之间特别是后两者之间，既有紧密的联系，又有明显的区别。

经济报酬外，绝大部分网络用户（通常用 UGC 来表示）都没有参与劳动成果的分配，但他们却不断地投入时间、经济、文化等资本进行信息产品的生产，遭受着最为彻底的剥削，这就是变异的生产关系。

网络用户劳动力的再生产与征用是在何种情况下进行的？本书结合马克思的劳动力再生产理论，对相关问题进行了深入研究，认为在网络用户的劳动中，网络用户这种劳动力也得以不断地生产出来，而作为资方的网络媒介也不断地征用着网络用户这种劳动力。在网络空间中，网络用户劳动力再生产的内容也包括劳动者体力和智力的恢复，新一代劳动者的再生产，以及熟练、复杂的劳动力再生产三个方面。而网络用户劳动力的征用方式也发生了变化，即劳动关系从合同到"泛在化雇用"、征用对象从技能型人员到普通大众、征用程序也从严格按照招聘程序向开放性（面向广大网络用户随时随地进行）转变。

在网络用户的劳动中，劳动报酬问题是人们较为关心的问题。网络用户获得了什么样的报酬？作者将报酬分为经济报酬和非经济报酬两个部分，其中新经济报酬是作者的重要理论创新。作者指出，网络用户主要有 OGC、PGC、UGC 等三种类型，他们都在为作为资方的网络媒介创造着巨大的剩余价值。其中 OGC 是网络媒介的员工，他们与网络媒介之间签订了雇佣合同，可以定期从网络媒介那里获得相应的经济报酬；PGC 如网络写手等通过其专业化的信息生产，偶尔也能够从网络媒介那里获得一定的经济报酬；而数量庞大、专业性不强的 UGC，则完全没有获得任何经济报酬，且其生产信息产品的成本还要由自己或（及）亲友承担，他们创造的剩余价值全是超额剩余价值。但吊诡的是，在存在巨大经济剥削的情况下，网络用户仍然乐此不疲地投入劳动之中，究其原因，应该是网络用户在劳动中获得了社会关系、社会地位和声望、社会规范、信任、互惠（分享）、社会道德、公共精神、家庭及宗亲关系等诸多社会资本范畴内的非经济报酬，以及求知欲望得以满足、娱乐天性得以满足、情感体验得以进行等社会资本范畴外的非经济报酬，而这些非经济报酬形式更符合信息社会中人们的报酬需求。

上述研究在一定程度上丰富了马克思主义的劳动及报酬理论和传播政治经济学的相关理论，对相关领域的研究具有一定的指导意义。不过，任何一种新的、前沿性的理论探讨都对既有理论有着一定程度的突破，新的理论是否具有科学性，是否具有对新情况、新问题的解释力，都需要放到现实中去验证。现有的研究只是一个阶段性的成果，由于网络用户的劳动及其报酬是一个极具系统性的课题，要厘清相关的问题，需要耗费较多的时间、需要不断提高研究能力。因而就目前来说，本研究仍然从相对静止的角度来探讨，没有将其置于更具动态性的社会历史中去研究，故而在探讨网络用户的劳动对社会政治、经济、文化的影响，提出一系列标准和模型等方面尚存在着遗憾，希望作者以后针对这些不足开展卓有成效的研究。

杨逐原对传播政治经济学怀有深厚的情结，近年来一直从事相关领域的研究，取得了一定的成绩，本书是他的一项重要成果。相信杨逐原能够继续保有这份情结，继续开展相关研究。

最后，我想说的是，书是开放的，读书也是一个仁者见仁、智者见智的过程，我希望读者能够与本书有一个愉悦的对话过程，也期待杨逐原能够继续奉献出新的研究成果。

2019 年 6 月 8 日初稿

2020 年 1 月定稿

于武汉大学珞珈山

前　言

美国著名的传播学家丹·席勒有关传播与劳动的研究给世人较为深刻的启示，它让我们明白，只有回归到劳动的范畴来探讨传播，传播研究才能得到有效的推进。纵观整个传播的历程，我们发现，传播就是人类在生产劳动中不断创造新的传播工具、不断提升自己的传播能力的过程。

在网络这一新传播科技的赋权下，人类的生产劳动得以拓展到网络空间，作为一种劳动方式的传播在人类信息生产中的价值日渐凸显。网络技术的赋权是双向性的，它既给网络用户进入网络空间的劳动提供了便利，使网络用户劳动的空间得以大大解放，也为网络媒介通过技术、资本等权力，以极为隐蔽的方式对网络用户的劳动进行控制提供了手段。因此，在技术与权力的关系背景中，相较于现实社会中的劳动（物质产品的生产与管理等）来说，网络空间的劳动（信息产品的生产与消费）在劳动工具、劳动对象、劳动群体、劳动关系、劳动力的再生产与征用，以及劳动的报酬等方面都发生了巨大的变化。

为更好地展示网络空间中的劳动景观，本书采用传播政治经济学的视角，对"技术与权力关系中的网络用户劳动及其报酬"这一能够较为全面呈现网络空间中的劳动状况的主题展开深入的研究。

本书共分九章。

第一章为绪论部分，主要对本书的研究背景、研究对象、研究问题等进行梳理和阐释，力求为后续的研究打牢基础。

第二章主要对传播的劳动属性进行阐述，对网络空间中的重要劳动群体——网络用户的劳动角色进行界定。经过深入的审视，笔者认为传播是一种生产性的劳动。此外，在认真考察马克思有关劳动的界定后指出网络用户是网络空间中劳动的重要群体。

第三章主要围绕网络技术对劳动的赋权与作为资方的网络媒介对网络用户劳动的权力控制进行研究。经过深入的分析后笔者指出，网络技术的赋权造就了新的劳动空间，使网络用户在相对自主、不受时空限制的情况下进行劳动，劳动空间获得了较大的解放。但网络用户的劳动仍被网络媒介所控制，其控制手段是将权力隐身起来，依靠强大的技术权力对劳动过程进行技术、资本、空间和文化控制，从而在根本上控制网络用户的劳动。本章为后续的研究奠定了逻辑框架。

第四章对网络用户这一重要劳动群体在网络信息生态系统中的生态位进行了研究，并探讨了网络用户劳动的价值。经过认真研究，笔者认为网络用户在网络信息生态系统中起着连接网络资源、广告商等商家、信息利用者、网络媒介等各方的作用，它们的信息生产、传播和利用的决策和部署都是围绕着网络用户来进行的，但网络媒介仍然通过技术权力控制着网络用户的劳动。在网络用户劳动的价值方面，笔者认为网络用户劳动开创了诸如平台模式等若干网络经济发展的新模式，为网络媒介的资本增值提供了新途径，使网络经济的发展呈现出新的规律。

第五章对网络空间中的生产方式与劳动关系进行了深入研究。在生产方式方面，本章认为网络空间中的劳动者是网络用户群体，劳动工具变成了大脑，劳动对象变成了信息、知识以及电脑等资源，因而生产力有了新的变化。但是在生产关系方面，作为资方的网络媒介与作为劳动者的网络用户之间的雇用与被雇用（泛在化雇用）、剥削与被剥削的关系依然没有改变，因而生产关系没有发生改变，说明网络技术未带来新的生产方式。此外，本章还对网络中的各种产品的价值、使用价值、交换价值和价格等进行了较为详细的研究。在劳动关系方面，对网络用户劳动实践的变迁进行了追溯，对网络空间中的劳动关系被遮盖的原因和手段进行了分析。

第六章对网络用户劳动力的再生产与征用进行了详细的分析。在劳动力再生产方面，认为网络用户的劳动力再生产有着自己的内容和物质基础，由于在不断被资方的出卖中实现再生产以及在生产中借助了精神享受这一方式，使得劳动力再生产的方式发生了变化，其劳动力再生产的成本也被资方依靠技术权力转移到了网络用户及其亲友的身上，资方还依靠技术、资本等权力消除网络用户劳动力再生产中的对抗性。在劳动力征用方面，认为劳动力的征用方式发生了变化，主要体现在从合同到"泛在化雇用"、从固定化到流动化、从技能人员到社会大众、从塑性到弹性等方面。

第七章对网络用户劳动的经济报酬进行了研究。首先对 OGC、PGC 及 UGC 三种网络用户群体获得劳动报酬的状况进行了分析，着重探讨了 UGC 群体创造的经济财富被无偿转移到网络媒介手中的途径，以及网络用户遭受剥削却被人们忽视的原因。此外，本章以马克思的剩余价值理论、福克斯对"互联网劳工"遭受剥削的理论为依托，详细考察了网络用户被剥削的具体情况，并附带论述了遭受网络媒介深度经济剥削的网络用户持续劳动的逻辑及其后果。

第八章对用户劳动的非经济报酬进行了研究。首先本章对物质生活不断改善、闲暇时间不断增加背景下的人类生产、消费目的的转变进行了研究，认为人类的生产、消费目的由农业社会的吃穿问题、工业社会的住行问题转向了意义的生产与消费问题，因而对这种转向催生的新的经济报酬形式进行了研究。此外，本章在梳理布迪厄、帕特南及林南三位学者的社会资本理论的基础上，归纳了用户劳动中属于社会资本范畴的非经济报酬以及不属于社会资本范畴的非经济报酬，并附带论述了非经济报酬下网络用户持续劳动的逻辑与资方的剥削情况。

第九章对网络用户的劳动范式及其未来走向进行了研究。笔者认为网络媒介已经嵌入经济基础结构之中，网络用户劳动是与网络新资本形态相一致的劳动范式。在网络用户劳动的未来走向方面，笔者认为主要存在着四种趋势：一是被技术控制的程度会进一步加深；二是 SOHO① 一族将成为新时尚；三是传统媒体中的 OGC 群体成为网络空间中流动化的工作群体；四是符合网络劳动市场的经济报酬将逐渐普及。

总之，本研究力图较为全面而深刻地展示技术与权力关系中的网络用户劳动及其报酬的实际情况，并对深藏于其中的若干问题进行深入的剖析，是对互联网时代传播政治经济学中的劳动及报酬相关理论和实践之新变化的一次较有意义的探索。

---

① SOHO 是 Small Office Home Office 的缩写，即居家办公。

目　录

第一章 绪 论

当前，网络已成为信息产品的社会化大生产的主要场所，整个信息产业的重心逐渐向网络转移，互联网经济异军突起。在网络这一极其庞大的空间中，网络用户是极为重要的劳动者，他们在网络经济发展中的重要地位逐渐凸显。在此背景下，对网络用户的劳动及报酬进行研究是极为必要的。

第一节 研究背景、目的及意义

学者们将从现实世界向虚拟世界的移民与 500 多年前航海家哥伦布的那次远航相提并论，认为两者都有一个共同的目的：为了新的生活（中央电视台大型纪录片《互联网时代》主创团队，2015）。截至 2020 年 3 月，我国的网民数为 9.04 亿，人均周上网时长达到 30.8 小时。（中国互联网络信息中心，2020）可以肯定的是，我国的网民数量和人均上网时长将会不断攀升。国际电信联盟（ITU）发布的全球互联网使用情况报告显示，2016 年年底，世界网民数量约为 39 亿，且数量正不断攀升。因此可以说，"从现实世界向虚拟世界的移民"，是一场超越人类经验的大规模的迁徙，这些人迁入网络这个虚拟的世界，在网络空间中塑造新的社会关系、建构全新的生活方式，并通过网络活动不断改造着现实社会的各种存在形式。在接受中央电视台大型纪录片《互联网时代》主创团队采访时，卢恰诺·弗洛里迪（Luciano Floridi）认为，我们从以物质为基础的社会、以黄金为基础的社会进入了以能源为基础的社会，然后进入以信息为基础的社会 。（中央电视台大型纪录片《互联网时代》主创团队，2015）众所周知，在 1991 年万维网刚出现时，全世界仅有 20 万台计算机接入互联网，而当前全球的网络人口已达到总人口的半数以上，这是一个极为惊人的数字。在接受中央电视台大型纪录片《互联网时代》主创团队采访时，曼纽尔·卡斯特指出："网络技术导致沟通出现彻底的转变，组织结构出现改变，每个人可以与谁沟通也有所变化。因此，沟通的转变和对网络的需求共同创造了一种新的社会结构。"① 在《网络社会的崛起》一书中，卡斯特认为人类正在向"信息时代"转型，从而迎来了一个新型社会——网络社会。

在网络社会中，人类借力互联网这一能突破时空界限、承载海量信息的信息生产和传播工具，在全球范围内进行信息的生产、传播与消费活动，生产出大量的信息产品并使之商品化，进而获取巨大的经济效益。而网络社会中的信息产品的生产与消费同现实社会中的物质产品的生产与消费一样，都存在着技术与权力的互动和抗争、劳动力的再生产与征用、剥削与被剥削的劳资关系等问题，但这些问题并不像现实社会中那么尖锐和明显地表现出来，而是以隐蔽的、不易察觉的方式存在着。对这些问题展开研究，对于探讨网络用户的劳动状况及报酬情况，进而呈现网络空间中信息产品的生产与消费的现实图景有着重要作用。

一、研究背景

当今世界，万物互联不断向纵深推进，世界被消费互联网、产业互联网及工业互联网三种互联网浪潮席卷，网络成为信息生产与消费的重要基础设施，成为信息经济发展的新引擎。由于信息的生产与消费都离不开人，因此人成为信息时代经济社会发展的核心资源，而在网络这一信息生产与消费的场域中，网络用户这个数量极为庞大的劳动者无疑成为最核心的资源，其在网络空间中的劳动对网络经济的发展起着巨大的促进作用，而网络用户的劳动状况及报酬支付情况已成为影响网络空间中的劳动走向的重要因素，因此对其展开研究显得尤为重要和迫切。

(一) 信息的生产、传播与消费在包括网络媒介资本在内的所有资本的积累过程中发挥着日益重大的作用

人类进入了一个新型的社会。世界知名的未来学家约翰·奈斯比特十分明确地把这个新型的社会称为"信息社会"，并指出该社会是以信息的生产与分配为基础的社会。（孙进等，2000）2003 年的"信息社会世界峰会"发表了《原则宣言》，就什么是信息社会进行了较为权威的界定：信息社会是一个以人为本、具有包容性和面向全面发展的社会。在这样一个社会中，人们除了能够较

---

① 中央电视台大型纪录片《互联网时代》主创团队. 互联网时代 [M]. 北京：北京联合出版公司，2015：90.

为自由地创造和获取知识及信息外，还能够较为自主地使用和分享知识及信息。在这种情况下，个人和社会都能够发挥自身的潜力，为经济社会的可持续发展和人们生活水平的提高贡献力量。由此可知，在信息社会中，信息逐渐成为社会发展的核心力量，成为经济发展、社会进步的保障性资源。丹·席勒（Dan Schiller）敏锐地洞见到：在整个资本投资和利润赚取中，传播和信息上升到中心位置。（莫斯可，2010）信息及传播体系对资本的运行（含跨越国界的运行）具有无与伦比的重要性，这些体系在很大程度上能克服资本积累危机中的众多问题，这得益于众多的工作逐渐与信息、传播和知识的生产、分配相关联，新的劳动分工、劳动过程的变化促使工厂、企业等组织形式发生了新的变化，促成了经济、社会发展的核心资源的新变化。同时，大规模的信息生产与传播能为生产的正确决策提供良好的参考条件。此外，信息本身是一种资本，除了其不断生产与传播能促使自身的不断增值和积累外，通过渗入政治、经济、文化、军事、科技等领域，还能促进这些领域的资本的积累和增殖。在当今的信息社会中，经济活动的运行越来越依靠个人信息这一重要的资源，与客户、市民、消费者等不同对象相关的资料数据库的价值与20世纪80年代石油资源的价值一样重大，谁掌握和利用好了这些资料数据库，谁就能够获得经济发展的新引擎。

由于信息的生产与消费在全球资本的积累过程中发挥着日益重要的作用，因此即便是信息基础设施较为落后的国家也将信息生产、传播与消费纳入了资本积累的轨道。信息转化为资本，必须依靠一定的通信系统，而覆盖全球的网络责无旁贷地担当起了此重任。张健指出，网络首次将人类引领到了全球性的资源共享社区和第一个自由贸易区。（张健，2013）网络作为一个突破时空界限的巨大载体，其在为信息的生产、传播与消费提供空间的同时，也借力信息的生产、传播与消费来积累资本，实现网络经济的腾飞。

（二）网络社会已然到来，网络用户成为网络社会化大生产场所中的重要劳动者，成为推动网络经济快速发展的重要力量

一个以互联网为依托的网络社会已然崛起。曼纽尔·卡斯特认为，网络的形式将成为贯穿一切事物的形式，就像工业社会内贯穿一切形式的工业组织形式一样。（中央电视台大型纪录片《互联网时代》主创团队，2015）网络形式其实是一种典型的社会形式，而不是技术形式，这就是我们所说的网络社会。在网络技术的赋权下，人们能够在网络空间中生产、传播、消费信息。在网络空间中，专门进行信息生产和传播的组织已经大量存在，大规模的信息生产已在轰轰烈烈地进行着，信息生产存在着专门化的分工，各类信息的生产协作越来越紧密。这种情况足以说明网络已经成为信息社会化大生产的主要场所。人们在网络这个生产场所中以信息为原材料生产出了各种各样的信息产品，并将之用于交换，由此使信息产品成为商品，并使那些将信息转变成商品的部门成为信息产业部门。信息产业部门通过对信息的采集、生产、检测、转换、存储、传递、处理、分配以及应用，打造了一个信息产业集群，推动了信息产业的发展。

当前，信息大规模地、几乎无成本地在全球范围内流淌，加之物联网技术使人与人、人与物以及物与物之间能够顺畅地连接，使我们每个人都处在网络中，都在进行着各种各样的信息生产与消费。技术的革新为全球网络劳动场所的形成创造了重要条件，信息生产迅速走向网络化，网络使得网络用户的日常习惯、活动变成能为网络媒介生产巨大信息资本的劳动，网络用户已成为这个场所中的重要劳动者，成了推动网络经济快速发展的革命性的重要力量。

（三）网络用户的劳动和报酬状况成为探索网络空间中真实生产图景的有效途径

科技是社会发展进步的坐标，不同的社会发展阶段，不断更新的科学技术催生了不同的劳动者。在网络新传播科技的影响下，网络用户这种新的知识劳动者群体正在迅速崛起，在凭借网络技术架构起来的各种劳动平台上进行劳动，并在当今信息社会的劳动中扮演着重要角色。在网络用户的劳动中，劳动关系、劳动报酬等都出现了异化的情况。但吊诡的是，这种异化却极有助于网络经济的发展，并对人们的生活方式和商业逻辑产生了深远影响。因此，网络用户的劳动成为探讨新传播科技环境中劳资关系的异化与劳动依附路径的重要视点，成为探索网络空间中真实的生产图景的有效手段。

二、研究目的

本书期望通过对网络用户劳动状况和报酬情况的研究，还原网络空间中被遮盖的劳动过程和劳动关系，探明资方剥削网络用户劳动成果的逻辑和操控网络用户劳动的手段，较为全面地呈现网络空间中的生产图景、探明网络空间中的劳资关系，为更好地开发利用网络用户这一劳动力资源提供参考意见。具体来说，本书力图达到以下几个研究目的：

其一，揭示网络用户的信息传播与劳动的关系，为更好地认识网络用户劳动的价值提供参考。

其二，揭示技术与权力关系背景下网络用户劳动中的劳资关系，还原被遮盖的网络用户劳动的过程。

其三，弄清网络用户劳动中的生产方式及劳动关系，探明网络用户劳动力的再生产及其征用方式。

其四，呈现网络用户劳动的经济报酬和非经济报酬状况，弄清资方剥削网络用户的手段。

三、研究的意义

对网络用户的劳动和报酬状况进行研究，在学术、应用等方面都具有较为独特的价值。

（一）学术方面的意义

第一，拓展了传播政治经济学的研究领域。本研究从传播政治经济学理论视角，利用马克思主义有关生产力和生产关系的理论，对网络空间中的劳动过程和劳动关系进行研究，重点探析网络用户在信息生态系统中的生态位、网络用户劳动力的再生产和征用、网络用户在劳动中获得的报酬等问题，并对网络用户劳动的主体性、属性、方式、工具及类型进行研究，对"受众商品论"这一盲点之争的演化过程进行追述。这些研究在一定程度上对传播政治经济学的研究内容具有丰富和拓展作用。

第二，思考网络用户劳动对资本的依附情况，对一味强调网络技术的作用而忽视作为资方的网络媒介对网络用户劳动的权力操控的研究倾向具有一定的矫正作用。

第三，研究技术驯化下网络用户的劳动力的再生产和征用方式，对网络媒介在获取网络用户的劳动力等方面的研究具有一定的学术指导价值。

第四，突破了网络用户劳动没有报酬的研究窠臼。本研究突破了以往有关网络用户劳动没有报酬的视域局限，把网络用户的报酬分为经济报酬和非经济报酬两个方面，首先对网络用户劳动的经济报酬的支付情况进行研究，接着对网络用户劳动的非经济报酬形式及其支付状况进行研究，开辟了新的研究视点。

（二）应用方面的意义

首先，能为网络媒介较好地开发网络用户的劳动潜能提供指导性意见。本研究深入探讨了网络信息生产对工业生产的颠覆及其发展动力、网络用户在信息生态系统中的生态位，为网络媒介更好地开发利用网络用户这一劳动力资源提供了参考意见。

其次，能为促进网络经济的蓬勃发展、壮大互联网经济体提供指导性意见。对网络用户劳动背景下的网络经济发展的新模式以及网络媒介资本增殖的类型、路径和规律的探析，能为网络媒介有效地把控网络用户的劳动指明方向，从而在一定程度上为推动网络经济的发展打下较为坚实的基础。

最后，能为网络媒介搭建网络用户劳动的平台提供指导性意见。对网络用户劳动的产品形式和报酬方式进行详细的研究，能为网络媒介搭建网络用户劳动平台、开辟新的商业空间提供指导策略。

第二节　相关理论概述及概念界定

本节将对技术决定论、社会控制论、劳动报酬理论等三个与整个研究相关的理论进行梳理和阐述，并对网络用户、网络用户劳动以及非经济报酬等概念进行界定，以便后续较为顺利地展开整个研究。

一、相关理论概述

开展"技术与权力关系中的网络用户劳动及报酬"的研究，离不开对新闻传播学、社会学和政治经济学的考察。尽管各学科间的理论分野各不相同，它们却存在交叉的地方；各学科的理论范式有所不同，但它们都属于人文社科的领域，且都可以利用哲学思维来统摄。因此，对上述各学科相关理论精髓的吸取既能开拓研究思路，又能更为系统、科学地对研究对象进行考察。

（一）技术决定论

韩洪波指出："技术决定论强调技术的自主性和独立性，把技术看成是人类无法控制的力量，技术的状况和作用不会因其他社会因素的制约而变更，认为技术能直接主宰社会的命运。"[①] 在人类社会发展历程中，诸如工业社会、后工

---

① 韩洪波. 论技术与社会的整体性［D］. 武汉：武汉科技大学，2015：1.

业社会、网络社会、信息社会等名称屡见不鲜，它们或多或少都体现了技术对人类社会形态的形塑作用。凯尔纳等认为"当前资本主义国家中的社会秩序可以被看成是新技术与资本主义的一种综合，其特点是新的技术、社会及文化形式与资本主义生产关系相结合"①。与贝斯特等人相比，鲍德里亚的后现代理论中的技术决定论色彩更为强烈。他著作中的大量技术术语如黑洞、内爆、基因工程、模型、符码等，成为他审视社会变迁的重要工具。虽然鲍德里亚极为重视技术的作用，但他却对技术的进步持悲观的态度，认为技术的发展会对人形成控制，技术不会使人的生活逐渐完美，相反它会把人类引入拟真世界并最终消失。鲍德里亚认为，技术不只是改变世界，其终极目的可能是一个自主的、完全实现的世界，而人类则可能最终从这样一个世界退出。（鲍德里亚，2000）由此可知，在鲍德里亚那里，技术的进步在促进人类社会发展的同时，也为之带来了奴役和异化，人类不能摆脱技术的操控。

与悲观主义相比，一些学者则对技术的作用持极为乐观的态度。以媒介技术为例，加拿大的马歇尔·麦克卢汉以及美国的保罗·莱文森等学者都对媒介技术的社会作用持肯定态度。马歇尔·麦克卢汉（2000）认为，媒介的定律旨在为人类提供方便的手段，使人类能够把握媒介、技术和人工制造物的属性以及它们对人类社会的影响。他进一步指出，媒介的定律是经验层面的东西，是一种较为实用的手段，它不依赖于任何一种理论或者观念。人们通过媒介可以感知工具及服务的特性和作用，媒介的定律对人工制造的软件或者硬件都具有适用性。保罗·莱文森（2001）继承了其老师马歇尔·麦克卢汉的技术理念，肯定媒介技术具有"无限的权力"，指出网络让人类拥有了一个新的权力结构，这个权力结构是非集中化的。保罗·莱文森进一步指出，在网络技术的作用下信息权力被分散到了成千上万的电脑之中。而很大一部分电脑并不只是单纯地接受信息，它们还不断地生产着信息。网络不仅形成了若干收听收看、阅读等中心，而且形成了若干信息生产与传播中心。与鲍德里亚的技术会使人类进入拟真世界并最终退出这个世界相反，保罗·莱文森认为技术会使人类得到解放，他指出："从总体上来说，信息和信息技术与人的解放有关，它们不会使人类的选择减少，相反在信息及其技术的作用下，人的选择会急剧增加。"② 由此可

---

① 凯尔纳，贝斯特. 后现代理论：批判性的质疑 [M]. 张志斌，译. 北京：中央编译出版社，2006：337-338.

② 莱文森. 数字麦克卢汉 [M]. 何道宽，译. 北京：社会科学文献出版社，2001：13.

知，保罗·莱文森认为技术能够被人们理性地选择和使用，而在理性的选择和使用中人们能够有效地避免技术可能产生的负面影响。

在谈到技术的作用时，马克思曾经有过较为精辟的论述："**火药、指南针、印刷术**——这是预告资产阶级社会到来的三大发明。火药把骑士阶层炸得粉碎，指南针打开了世界市场并建立了殖民地，而印刷术则变成新教的工具"①。从总体上来说，技术是人类科学复兴的重要工具，它为人类精神的发展奠定了坚实的基础，是社会经济、政治和文化发展的强大助推器。因此，马克思也认为在人类社会的发展中，技术的作用功不可没。众所周知，马克思在论及科技的作用时，是把它置于人类的生产过程中来进行考察的，他客观地评价了技术的作用。而不少后现代主义者在考察技术的作用时都脱离了人类的生产过程，所以或多或少都带有技术决定论的倾向。因而，技术决定论者跳出生产过程和人的能动性看技术，对技术寄予极高的期望或者抱以巨大的失望，这两种极端的态度都应该引起警惕。

在技术决定论的影响下，不少学者对网络用户劳动的决定因素予以了误判，认为网络用户利用网络技术和自身的生产资料自由自在地劳动，不受资方的控制。本研究并不否认网络技术在赋予网络用户劳动的自主性权力方面的作用，但资方也得到了技术的赋权，且在网络技术的赋权中，资方获得的权力要远远大于网络用户获得的权力，因而资本对劳动的控制依然存在。

（二）社会控制论

能够带来更多产出的新生产方式并不一定都具有技术上的优越性，即使具有技术上的优越性，也并不意味着其皆会被人们所采纳，因为创新对谁控制生产、在何种条件下进行控制具有重大的依赖性。按照马克思的观点，在资本主义社会，资产阶级是技术创新的主体，虽然从客观上来说，技术创新推动了生产力的进步、推动了社会的发展，但技术创新只是资本家最大限度地剥削工人所创造的剩余价值的重要手段。也就是说，在马克思那里，技术创新是带有偏向性的而不是中性的。由于技术创新之过程是处于资本家的控制下的，因此技术创新实际上对资本家剥夺工人的权力、控制工人的劳动起到了巨大的强化作用。哈里·布雷弗曼认为："在资本主义的历史的和分析的范围内，技术产生着社会关系，但它也是由资本所代表的社会关系所产生。"②

---

① 马克思，恩格斯. 马克思恩格斯全集：第 47 卷［M］. 北京：人民出版社，1979：427.
② 布雷弗曼. 劳动与垄断资本［M］. 方生，朱基俊，吴忆萱，等，译. 北京：商务印书馆，1979：23.

通过上述学者的论述可知，在资本主义的生产甚至在整个资本主义的发展过程中，一些拥有专门知识、技能的工人本可以依靠自身的专门知识、技能在一定程度上实现对劳动过程的控制，但通过技术创新，工人的劳动被资本家去技能化了，而劳动被去技能化之后，其过程必然会大大地简化和清晰化。在这种情况下，技能型工人所拥有的由专门技术带来的劳动控制权消失了。因此，通过技术创新，资产阶级牢牢地控制了劳动的过程。不过，我们也应该看到，技术的创新能够提升劳动者在劳动中的主动性，在一定程度上解放了劳动者的劳动空间。

社会控制论在本研究所要探讨的网络用户的劳动中体现得最为明显，作为资方的网络媒介利用自身强大的技术权力，对网络用户的劳动过程实施了隐蔽但却尤为有效的控制。

（三）劳动报酬理论

劳动报酬理论认为，劳动者有权获得自己劳动所创造的财产。约翰·洛克是推动劳动报酬理论的产生、发展的最有影响力的学者。但是，约翰·洛克的劳动报酬理论存在着诸多的不合理性，因而受到众多学者的抨击。约翰·洛克的劳动报酬理论主要集中在无主的自然资源如何变成劳动者的私有财产这个方面。约翰·洛克认为处于自然状态中的世界不存在私有财产权，他分四个基本步骤对劳动者拥有无主自然资源的私有财产权这一问题进行了诠释："（1）每个人都拥有自己的身体。（2）因此，每个人都拥有其身体所进行的劳动。（3）那么，当某个人为其利益而通过劳动改变自然状态中的物时，就把自己的劳动'凝聚'在该物中。（4）经过这一'凝聚'过程，他就取得了该物的权利。"[①]

法学学者几乎都对作为私有财产权利根据的洛克的劳动报酬理论持批评态度。批评者认为，最多只能根据该理论允许劳动者取得其劳动给物体所增加的价值，而不能取得整个物体本身。如一个人在河里喂养一条鱼，待鱼长大后将之捕捞起来，他最多只能拥有这条鱼而不能拥有整条河流中的鱼类。此外，约翰·洛克的理论还犯了"自然资源供应是无限的"这个错误。事实上，无主的自然资源不可能一直无主，先占者就会成为其主人，后来者只能通过自己的劳动来分享其能产出的一部分价值。因此，约翰·洛克的理论在现实中尤其是在资本主义快速扩张的今天是站不住脚的。不过，约翰·洛克提出了劳动报酬理

---

① 洛克.政府论［M］.丰俊功，译.西安：陕西人民出版社，2009：27.

论，并对其进行了一系列的研究，还是值得称赞的。

正是在约翰·洛克的劳动可以而且应该获得报酬的理论的影响下才孕育了马克思等学者的劳动报酬理论。马克思曾警示过我们："任何一个民族，如果停止劳动，不用说一年，就是几个星期，也要灭亡，这是每一个小孩都知道的。"① 据此可以说，劳动是一种有计划、有目的的活动。在劳动中，人类利用其所拥有的生产资料，创造出一定数量的物质和精神财富，以支撑自身的生存和发展。因此人类的劳动应该获得报酬，否则整个活动就无法进行下去。相对于约翰·洛克来说，马克思抓住了劳动报酬的本质。此外，"马克思认为在按劳分配中，人们的实际劳动差别不但是一种天然特权，而且是一种现实的经济权利"②。在科学地借鉴、吸收空想社会主义者提出的按劳分配的思想之后，马克思及恩格斯肯定了以劳动作为分配尺度的新型分配方式，并提倡用社会劳动时间来衡量劳动量，采用计时、计件等形式来支付劳动报酬，极大地丰富了劳动报酬理论。

在马克思的劳动报酬理论的指引下，按照劳动量获取报酬的劳动报酬形式迅速在全球推广开来，最具代表性的就是以工资为代表的经济报酬形式被普遍地采纳。

不过，随着科学技术的发展，本研究即将探讨的网络用户劳动的报酬问题，不能仅从经济上来考量，还要从社会资本、社交和情感体验等非经济报酬形式方面来考量。

二、相关概念界定

网络用户是伴随着网络技术的普及和发展而崛起的数量极为庞大的劳动者。目前，对于什么是网络用户、网络用户的哪些活动可以被视为劳动以及网络用户劳动中的非经济报酬有哪些等问题，尚待进一步探讨。而对技术与权力关系中的网络用户劳动及其报酬进行研究，必须先对上述有关概念进行界定。

（一）网络用户

用户泛指使用产品或者服务的人。曹双喜等指出："对互联网来说，用户应该指在各种实践活动中需要和利用网络获取和交流信息的个人或团体。"③ 这些

---

① 马克思，恩格斯. 马克思恩格斯全集：第32卷 [M]. 北京：人民出版社，1974：541.
② 张向达. 中国收入分配与经济运行 [M]. 大连：东北财经大学出版社，1996：33.
③ 曹双喜，邓小昭. 网络用户信息行为研究述略 [J]. 情报杂志，2006（2）：79.

个人和团体通过获取和交流信息，可以达到求知、信息利用、娱乐、情感体验、发表意见和社会交往等效用。但是，现在很多小孩在 3 岁甚至更小的时候就能上网玩网络游戏，也存在使用网络产品或服务的行为，他们在上网时也应该被看成是网络用户。因此，网络用户应该是指通过对互联网的使用而实现传播和利用信息、获取知识、娱乐身心、情感体验、发表意见、开展社交活动等目的的个人和团体。

网络用户不同于网民（netizens）。"网民"这个词是由米切尔·霍本最先提出来的。米切尔·霍本认为"网民是指非以地理区域为依据所形成的，具有社区意识的、相互发生行为联系的一群网络使用者"①。而中国互联网络信息中心对网民的界定是"过去半年内使用过互联网的 6 周岁及以上中国居民"②。因此，从年龄上来说，网络用户不受年龄限制，而网民有年龄限制；从对互联网的使用时间方面来说，网民需要在过去半年内使用过互联网，而网络用户则没有这一限制，不管什么时候，只要接入网络，都可称为网络用户；从互动上来说，网民要求相互发生行为联系，而网络用户则没有这一要求，接入网络后默默浏览信息或生产、传播信息的人都可称为网络用户。由此可知，网络用户所指涉的对象比网民更为广泛。不过网络用户与网民也有相近的地方，像"人民""公民""消费者"一样，二者可以成为对人类主体性的一种概括，且都是伴随着网络社会的产生而出现的。

由于接入网络、开展上网活动就可以成为网络用户，因此网络用户数量极为庞大，既包括与网络媒介签订劳动合同的人，也包括极为松散的、分布在不同区域的、与网络媒介不存在劳动合同关系的人。其中与网络媒介存在雇佣合同的网络用户，其劳动中的关系及劳动报酬与工业社会的基本一致。而没有雇佣合同的网络用户，他们既可以以个体的身份出现，也可以以群体的身份出现，凭借自己的兴趣爱好，随时随地进入网络空间进行劳动，并可随时随地退出网络空间终止劳动，其劳动更能体现出网络空间中真实的生产图景，并对网络经济的发展起着巨大的促进作用，是值得重点关注的对象。

---

① 郭玉锦，王欢. 网络社会学 [M]. 北京：中国人民大学出版社，2005：78.
② 中国互联网络信息中心 CNNIC 发布第 36 次《中国互联网络发展状况统计报告》[EB/OL]. (2015 - 07 - 22) [2019 - 08 - 15]. http：//www.cnnic.net.cn/hlwfzyj/hlwxzbg/hlwtjbg/201507/t20150722_52624.htm.

（二）网络用户劳动

马克思曾对劳动下了一个受到广泛认可的定义，他认为："劳动……只是指人用来实现人和自然之间的物质变换的一般人类生产活动，它不仅已经摆脱一切社会形式和性质规定，而且甚至在它的单纯的自然存在上，不以社会为转移，超乎一切社会之上，并且作为生命的表现和证实，是还没有社会化的人和已经有某种社会规定的人所共同具有的。"[①] 根据马克思对劳动的界定，我们知道劳动是人对自然的一种改造活动，这种活动摆脱一切社会形式的束缚，超乎一切社会之上。随着网络社会的崛起，人类的劳动突破了实体的空间，延伸到了网络这一虚拟的空间中，对网络中的各种信息资源进行加工、改造，生产了各种各样的信息产品，并使自己的行动打上了商品的烙印。由此我们可以对网络用户劳动进行界定，即网络用户劳动是指网络用户在网络空间进行的信息生产、传播与消费活动。这里所说的活动，除网络用户生产具体信息产品的活动外，还包括网络用户在网络空间的点击、搜索、互动等活动。具体来说，网络用户生成内容、收听收看网络广告、转发网络信息、点击及浏览网页、刷微博微信、搜索关键词、进行网络直播以及玩网络游戏等等一系列活动都处在劳动的范畴中，而每一个活动都是一个劳动的过程。因此，只要是线上的信息活动，都可以被视为网络用户的劳动行为。

其实，早在20世纪70年代，著名传播学者达拉斯·沃克尔·斯迈兹[②]就提出了"受众参与劳动的观点"[③]。而具有网络受众身份的网络用户，也在网络技术的赋权下进入网络空间中，进行着事实上的劳动。需要指出的是，在进入网络空间劳动之前，绝大部分网络用户都在一定程度上甚至是较高的水平上接受过教育，都拥有不错的知识素养，因而相较于制造业中的劳动者来说，网络用户在劳动中的创造力往往更为强大，他们对网络媒介经济的发展贡献了巨大的力量。

（三）非经济报酬

报酬既可以是物质形式的，也可以是符号形式的。物质形式的报酬往往以工资这一经济报酬形式来体现，符号形式的报酬是一种非经济报酬，它主要体

---

① 马克思，恩格斯. 马克思恩格斯全集：第25卷 [M]. 北京：人民出版社，1974：921.
② 又译作斯迈思。——编者注
③ SMYTHE D W. Communications：blind spot of Western Marxism [J]. Canadian Journal of Political and Social Theory，1977，1（3）：20.

现在社会地位的提升、社会关系的拓展、娱乐天性的获得等方面。当前，人们所关注的报酬主要集中在经济或实物方面，主要以工资的形式来支付。在现实社会的劳动中，这种报酬形式是必需的，也是看得见摸得着的。

然而，在网络社会中，网络用户在网络空间中进行着信息生产与消费的劳动，除与网络媒介存在着劳动合同关系的用户获得一定的经济报酬外，数量更为庞大的、与网络媒介不存在任何劳动合同关系的网络用户，其劳动并没有获得经济报酬，但他们却乐此不疲地劳动着。究其原因，是因为他们在网络空间的劳动能获得非经济报酬，这里所说的非经济报酬包括社会资本的获得、情感体验的满足等方面。关于非经济报酬的具体内容，将在第八章进行详细阐述。

第三节 相关研究评述

对技术与权力关系中的网络用户劳动及报酬这一问题的研究涉及多个领域，综合现有的文献，主要有三个：一是技术与权力在劳动中的关系；二是网络用户的劳动；三是用户劳动的报酬。本研究也主要基于这三个方面对相关文献进行综合、分析和评述。对于文献分析中所发现的问题，本研究进行了批判性的归纳和演绎，吸收其开拓创新之处，修正其不足之处，并对先前研究未涉足的领域进行了补充，使有关的研究更加完善。

一、关于技术与权力在劳动中的关系的研究

有关技术与权力在劳动中的关系的研究，学者们大多秉承理性思辨的态度来进行。相关研究中很难看到纯粹的技术决定论的影子，较为常见的是资本权力对技术的控制的探讨。具体来说，主要体现在资方利用技术及资本等权力对劳动者的劳动过程进行控制、资方在控制中的权力隐身等方面。当然，也有学者对技术赋权下的劳动者地位的提升进行了研究，但这方面的研究只是支流。

（一）有关权力通过操控技术进而控制劳动过程的研究

在国外有关权力通过操控技术进而控制劳动过程的研究中，主要存在着以下几种相对主流的看法。

1. 技术蕴含着资本剥削劳动者的权力

在资本主义生产方式下，技术——体现为各种各样的机器和控制系统，不

再是中性的劳动资料，它蕴含着资本对劳动的控制。爱德华兹（1979）指出，技术控制通过设计机械体系并计划工作流程，把劳动力转化为劳动的流程最小化，同时实现效率最大化。技术控制并不是简单的、机械化的控制，那种只提高了劳动生产率而控制因素没有改变的控制不能称为技术控制。只有在工厂的大部分或者整个生产过程都处于技术的指导之下，并由技术控制其节奏时，才能称为技术控制。马克思（1867）在《资本论》中明确指出，在以机器为中心的劳动分工的基础之上，科学技术被有意识、有计划地纳入整个资本主义的生产体系。在这一情况下，科学技术具有了独立的生产能力，它在生产过程中与劳动分离开来，成了为资产阶级服务的工具。安德烈·高兹（Andre Gorz，1982）也指出，现在工人的劳动不再包含任何力量，……其次劳动不再是工人自己的活动，而是被安排好的完全服从于大机器运转的活动。按照安德烈·高兹的观点，在科学技术的作用下，在众多的场所，劳动已经变成了一种消极的、被事先安排好了的活动。在劳动中，劳动者的积极性、创造性已大大降低，劳动变成了等待资本家指令劳动者进行生产的物化活动的总量。伴随着科学技术的发展，资本家能够不断地把工人的社会生活和劳动纳入资本积累的范畴之中。马尔库塞（1982）曾把资本主义发展的动力寓于一个公式之中：技术进步 = 社会财富的增长（社会生产总值的增长）= 奴役的加强。（上海社会科学院哲学所，1998）这充分说明技术是被权力控制的，技术越进步，对资方越有利。

新技术的应用不仅剥夺了技能型工人依靠技术专长而能够在一定程度上对劳动过程进行控制的权力，还将更多的人置于资本家的剥削体系之中。对此，马克思（1867）曾一针见血地指出，就机器使肌肉力成为多余的东西来说，机器成了一种使用没有肌肉力或身体发育不成熟而四肢比较灵活的工人的手段。资本家借助机器这一手段，把妇女及儿童纳入为资本家劳动的范畴之中，使工人家庭成员都成了为资本家劳动的劳动力，资本家剥削对象的范围被大大地拓宽。

上述研究将权力通过技术加大对劳动者剥削力度的真相呈现在我们的面前，为本研究探讨作为资方的网络媒介利用网络技术控制网络用户的劳动提供了视角，从而将技术与劳动的关系延伸到了网络空间的劳动中。

2. 技术使劳动的主动性降低

技术凭借工资关系降低了社会大众的选择范围，降低了劳动者的主体性，推动了资本的扩张。安德烈·高兹指出："社会选择正以技术选择为借口而强加给我们……资本主义的生产和交换关系已经铭刻在由资本主义馈赠给我们的技术之中。"① 因此，技术的使用使劳动者的潜能被大大削弱，劳动者的主体性也因此受到不同程度的剥夺，资本家却因此而实现了对劳动者的掌控。正如马克思（1867）所说，技术进步使人工制造的自动化装置不断涌现并得以不断运用到生产之中，使资本主义管理的科学性不断提升。同时，技术的进一步发展和使用也沿着资本家所推崇的方向迈进，劳动者的劳动也不断按照资本家的意愿进行。在使用技术控制之时，资本家不遗余力地增加劳动者之间的互换性。机械化的普及使资本家对劳动者技能的需求度大大降低，劳动力同质化的趋势越来越明显。对此，爱德华兹深有感触地指出，技术控制把整个公司的劳动力引向由生产技术确定的共同的工作节奏和工作模式之中。（李丽林，2016）随着新的民众被纳入工资关系，新的产品、服务和生产程序推动了资本在社会生活中越来越多的部门进行自我扩张。但资本家在劳动过程中实施的技术控制、生产劳动中的"去技术化"会使工人的工资收入降低（何明洁，2009），这种情况会使工人的职业不安全感增加，使劳动力出现较大的流动性，而这对生产来说是极为不利的。在技术控制和工资收入的研究方面，哈里·布雷弗曼（1979）也认为工资的决定取决于技术和生产过程的组织形式。（骆祯，2012）

安德烈·高兹等人关于技术使劳动者劳动的主动性降低的研究说明权力和利益分配是密切相关的。以媒体行业为例，正式职工与临时聘用的工作人员间的待遇差距较为巨大，这正是资本家拼命进行技术创新的重要原因。本研究以安德烈·高兹等人的相关理论为基础，探究了网络技术如何降低网络用户劳动的主体性这一问题。

3. 资本权力通过技术实现对劳动过程的隐形控制

资方依靠权力控制劳动者劳动过程的情况始终没有发生变化，权力是以一种隐身的状态存在的。福柯指出："在被囚禁者身上造成一种有意识的和持续的可见状态，从而确保权力自动地发挥作用。这样安排为的是，监视具有持续的效果，即使监视在实际上是断断续续的；这种权力的完善应趋向于使其实际运用不再必要……"② 布迪厄认为，时尚消费品、学业等不一样的分类体系和社

① GORZ A. Ecologyas politics [M]. Boston：SouthEnd Press，1980：19.
② 福柯. 规训与惩罚 [M]. 刘北成，杨远婴，译. 北京：三联书店，2012：86.

会结构灌输给社会个体的各种各样的性情倾向（我们通常所说的惯习）等等，都让身处权力场域中的社会个体在面对权力及支配时难以察觉到权力的存在，或者对权力的存在有着错误的感觉。（陈氚，2015）西方学者认为权力的隐身具有二重向度：一是控制符码。按照福柯的全景敞视监狱的观念，权力阶层能够通过某个点对被监控者实施全方位的监控。这种情况在互联网时代更为突出，网络技术理论上能够对社会个体进行网络化的监控。在长期研究网络空间的权力后，穆尔也认为信息技术不仅具有水平化效应，而且还可以体现出最高的权力。在技术悲观主义者看来，网络技术对人们的控制力量远远超过极权主义国家中的统治者对民众的控制力量。二是权力的感性化及无意识。这种无意识是新技术对意义的重新建构而形成的。（陈氚，2015）辛格（Singn，2013）用"元权力"来指称网络所带来的权力。他认为，在网络技术高度发达的今天，从逻辑上来说"元权力"应在所有权力之前而存在，原因是网络所形成的信息沟通网络，能够重新塑造社会大众了解世界以及认识世界的最为基础之方式，并决定着意义的建构过程。同时，"元权力"对什么是权力有着根本的发言权，并对权力运作的方向起着支配作用，这些研究让我们能冲破惯习的无意识状态，重新审视技术赋权下的劳动控制问题。

4. 信息时代知识劳动者的地位仍然没有变化

在信息社会中，信息（知识）是核心的生产要素，因此很多人以为在信息社会中起主导地位的不是资本家，也不是工人，而是从事知识生产和服务的人。著名的管理学者德鲁克（Drucker，1994）更是直言不讳地指出，随着知识经济的快速发展及经济、文化等各领域全球化步伐的加快，以劳动和资本为主要矛盾、劳资双方不断发生冲突的时代已一去不复返，新的以"后资本主义"冠名的社会形态已然崛起。弗里曼也给予知识分子较高的评价，他指出，信息技术的变革使整个资本主义的生产发生了翻天覆地的变化，知识在生产中的巨大价值已然被人们所认可，人们已经把知识看成是生产中的一个独立的要素。而有些人认为知识分子也属于一定的阶级或者阶层，他们要么处于主导地位，要么处于被控制的地位，因而主张谨慎看待知识分子的作用。如阿里夫·德里克于2007年应邀来北京中央编译局接受李惠斌采访时说："我们一直所从事的学问是与资本主义社会的需要联系在一起的。"① 那么，从事知识工作和服务的人是

---

① 李惠斌，李朝晖. 后资本主义［M］. 北京：中央编译出版社，2007：15.

不是真的在信息时代起着主导作用了呢？要弄清这个问题，就要看"后资本主义"的生产方式与资本主义的生产方式是不是有着本质的差别。阿里夫·德里克在接受李惠斌采访时说："500 年来，以资本生产更多的资本这个推动资本主义发展的力量并没有发生变化，当今社会的资本积累也是在这一逻辑下不断得以壮大的。"① 弗里曼（2004）也认为，在资本家的有效管理下，一个个知识生产场所变成了高度机械化的空间，信息技术的普遍使用使知识的符码化程度不断增加，使工作标准和效率的可度量性不断增强。就算是职业经理人，也要严格"照章办事"。福柯一针见血地指出："所有知识的发展都与权力的实施密不可分，权力和知识是直接互相连带的；不相应地建构权力关系就不会有任何知识……"② 从根本上看，信息技术只是进一步增强了资本家的符码控制能力，增强了其对劳动者的监控力度，知识工作者无论是从事管理工作还是科研工作，都处在资本家的监控之下，恰恰是技术的进步使资本家让机器控制劳动者的计谋得以实施。此外，知识分子本身不可能是整齐划一的阶级或阶层。因而恰如阿里夫·德里克等学者认为的那样，信息时代的劳动者在劳动中的地位没有发生变化，他们仍然是按照资本的预先安排而工作。

值得一提的是，在权力对技术的控制中，目前存在着一种比较明显的观点，就是认为权力的控制并不一定是坏事，并不一定都要去摆脱，只要权力能让人们获得乐趣就行。这一点可以从福柯对权力的相关论述中窥见端倪。福柯对权力进行新的分析的一个重要贡献在于，他明确提出在当今社会，权力并不都是压制性的，它更多地表现为一种生产性的实践。福柯指出："权力关系本身并不是什么坏的、人们必须摆脱的东西。我不认为一个社会可以在没有权力关系的情况下存在。"③ 哈贝马斯（1999）也认为权力是重要的生产力，权力的直接结果是丰富物质财富、提高人民的生活水平、消除阶级对抗，而不应该成为统治人、非理性地扼杀人的自由的力量。这些学者都看到了技术积极性的一面，认为人类可以摆脱技术的负面效应，实现技术理性与价值理性与之和谐共生。

① 李惠斌，李朝晖. 后资本主义 [M]. 北京：中央编译出版社，2007：29.
② 福柯. 规训与惩罚 [M]. 刘北成，杨远婴，译. 北京：三联书店，2012：60.
③ FOUCAULT M. The ethic of care for the self as a practice of freedom [M]. Paris：Gallimard, 1994.

综上所述，国外对权力通过操控技术进而控制劳动过程的研究较为多元化，研究较为深入，观点交锋比较激烈，给人的启发也是多方面的。相对遗憾的是，国外学者也看到了技术的权力本性，知晓技术是非中性的，但学者们对之研究却极少。例如安德鲁·芬伯格（2005）就指出，合理的工艺和机器的设计在用于特定的目的之前，特殊社会体系的价值及其统治阶级的利益已经融入其中了。此外，在技术与权力关系的研究中，几乎呈现出技术被控制的一边倒的趋势，很少有人看到技术的能动性，这也是需要克服的。

受国外研究的影响，国内有关权力通过操控技术进而控制劳动过程的研究也逐渐兴起。学者们也主要从技术进步为资本权力控制劳动者的赋权、权力的隐身以及技术的权力本性等几方面来展开研究。

首先是有关技术进步为资本权力控制劳动者的赋权的研究。谢富胜及周亚霆（2012）认为，资本家之间的竞争迫使资本家不断提高生产效率，而阶级斗争迫使资本家强化对劳动过程的控制。正是在这种斗争过程中，机器及机器体系的创新成为资本家巩固统治地位、控制劳动过程的关键武器，资本主义生产方式获得了最适合其存在的物质基础 。蔡敏与周端明（2012）也认为，由于劳动者的劳动产品被资本家占有，因而资本家对劳动者的劳动过程的控制程度直接决定着劳动者创造的剩余价值被资本家剥削的程度。对劳动过程控制得越好，所掌控的劳动者的剩余劳动时间就越多，获得的剩余价值也就越多。此外，骆祯（2012）也对技术导致工人生产过程被监控的情况进行了研究。他认为"去技能化"技术的大量使用必然会简化劳动过程，降低劳动者对劳动生产率的影响，从而为资本家更好地控制劳动者及其劳动的过程提供了条件。

其次是关于资本权力借助技术对劳动过程实现隐形化控制的研究。陈氚（2016）指出互联网的出现和互联网带来的结构符号化和行动缺场效应，给权力的隐身带来更大的可能性。这些可能性不只是网络技术所引发的权力技术的变革，也是社会自身运行的逻辑演化到网络时代的必然呈现。

再次是对技术之权力本性的研究。蔡敏及周端明（2012）认为，资本主义的发展逻辑要求资本不断地扩张，而资本要不断地扩张，必须借助技术创新这一手段。在资本主义的扩张中，非资本主义世界是不断进行反抗的，仅依靠廉价的商品不足以使非资本主义世界屈服。真正击垮非资本主义世界防线的是新兴的通信技术和四通八达的交通技术以及现代化的生产机器和军事武器。朱悦怡等（2007）认为，从资本主义的技术体系可以清晰地看出技术的权力本性。

相对来说，国内有关权力通过操控技术进而控制劳动过程的研究初步铺开，但研究数量仍然相对较少，质量有待进一步的提高，讨论也不够激烈。国内的研究主要体现在对马克思、恩格斯、高兹等知名学者的劳动思想的介绍上，并在介绍中进行了一些思考。随着技术的发展进步，相关的领域必然会成为世人关注的重点，因此我国应该加强这个方面的研究。

（二）技术赋权对资本权力的突破的研究

相对于权力通过操控技术进而控制劳动过程的研究来说，研究技术赋权对权力的突破的学者较少，成果也不多，且探讨范围也相对狭窄——主要集中在技术对劳动者劳动的赋权上。但在技术决定论、社会控制论博弈不休的今天，这些研究仍然给我们不少的启发。

在国外，有关技术对劳动者的赋权的研究，并没有一味崇拜技术，而是对技术的作用做了相对客观的审视。加尔布雷思（1980）认为，在技术赋权中，劳动者得到的是一种技术能力，而不是权力，真正的技术权力是掌握在资本家手中的。凯文·罗宾斯和弗兰克·韦伯斯特（1997）认为这套被广泛信服的观念使得批判性地分析技术、权力和社会变革的深层含义变得尤其困难。然而被很多人忽略的一点是，技术从本质上来说只是社会权力和规划的一种具体体现，而且人类做出成就的可能性被企业经营者的目标所限制，这些企业经营者越来越多地从跨国经营的角度出发进行思考，从个体角度出发的考虑则越来越少。当然，并非所有的学者都对技术赋权的作用持较为保守的谨慎态度，如英国学者查罗纳（2014）就认为技术对劳动者的地位的提升有着积极的作用。他说，起初人们还担心计算机辅助制造会抢走那些经验丰富的工程师和技工的饭碗，但实际上，计算机辅助制造很可能会提升他们的职位，让他们得以从事更想做的工作，不用再像以前那样陷入重复性体力劳动的泥潭，制造一个又一个同样的零件。

在国内，有关技术赋权对资本权力的突破的研究实属凤毛麟角。国内有关网络技术赋权的研究主要集中在新媒体赋权下的公众社会事务、政治参与的力量和话语权的提升，以及作为受众的网络用户从单纯的信息接收者到扮演传者和受众双重角色的转变等方面。在技术赋权与劳动控制方面，仅有李怡乐（2009）的《技术进步视野中的劳动与资本矛盾关系考察》、陈氙（2015）的《权力的隐身术——互联网时代的权力技术隐喻》等数篇论文。这样的研究窘境亟待打破。

总之，在劳动中，权力对技术和劳动者的控制不会消失。倘若权力不再对肉体进行控制，那么它必将对精神进行控制。即使权力利用技术实现对劳动过程的隐形控制，人们仍然能感觉到控制的存在，而在网络空间中，这种情况非但不会消失，反而呈现出被强化的趋势。当然，技术有其自身的能动性，它在提升劳动者劳动的自主性、一定程度上解放劳动者的劳动空间等方面有着积极的作用。正因为权力的控制不会消失，网络空间中用户劳动被网络媒介控制和剥削也就不是什么新鲜事了。只不过与现实社会中的劳动相比，网络媒介对网络用户的剥削程度和给予网络用户的报酬形式发生了变化而已。这些问题会在本研究的相关章节中得到详细的论述。

二、关于网络用户劳动的研究

对于大众传媒的研究，学者们倾向于关注内容及如何经营受众等方面，极少关注媒体的受众在媒介产品的生产、传播和消费过程中的劳动问题。伴随着网络这一新媒体的崛起，作为网络空间中重要的信息生产、传播和消费者，网络用户的劳动者地位受到了比较广泛的认可，网络用户劳动成为热门的研究领域。

（一）媒体劳动对象的研究：从传统媒体的受众推进到网络媒体的用户

人们在使用媒体的同时，也是在为媒体劳动，并创造大量的价值。杰哈利（1987）认为，受众的收看活动与工业劳动有着许多相似之处，收看是劳动的一种形式。当受众在收看商业电视的时候，就是在为媒介工作。达拉斯·斯麦兹（1977）将受众阅读、收听、收看广告的行为看成是劳动。他认为，大众传播媒介生产的最主要的产品不是思想、娱乐及信息等等，这些产品只是大众传播媒介提供给受众的"免费午餐"①，大众传播媒介提供"免费午餐"的目的是把受众吸引到作为生产现场的电视机前进行生产，受众才是真正的商品，媒介则按照受众的数量和质量向广告商收取相应的广告费。从理论视角来说，这是一种给人很大启示的观点。但默多克等指责这种观点犯了"经济决定论"的错误，即将一个个鲜活的人看成是无生命的被动的商品。（石义彬，2014）杰哈利也不赞同斯麦兹将受众当成媒介商品的观点，他认为广告商用钱买下的是受众阅读、

---

① 郭镇之. 传播政治经济学理论泰斗达拉斯·斯麦兹［J］. 国际新闻界，2001（3）：61.

收听、收看的时间。(杰哈利，1987)其实，杰哈利忽略了斯麦兹把发达资本主义国家受众的所有时间都看成是劳动时间，并认为受众的广告收看活动就是在劳动的论述，其只是将劳动时间固化在受众的身上，且劳动肯定会花费时间，所以其观点与斯麦兹的是相通的。不过，斯麦兹的观点确实存在一个误区，就是认为所有的受众都是有效受众，但很多受众在阅读、收听、收看广告后并没有去购买商品，亦即存在"无效的受众"这一类人，这也是"使用与满足"的研究者们进行大量研究，试图证实受众是主动参与信息传播和意义生产的群体之原因。不过，学者们就"使用与满足"做的研究并不能否认斯麦兹的观点，因为斯麦兹的落脚点是有没有媒介接触行为，不管出于何种目的使用媒体、满足与否，只要阅读了报纸、收听了广播、收看了电视，就进行了劳动。斯麦兹的受众收看广告就是在劳动的观点开辟了一个受众研究的新方向，看到了媒体在与广告商交易时将受众（或者如杰哈利所说的收看时间）当成商品打包出售的实质。斯麦兹有关收看广告就是在劳动，并认为受众是"特定的媒体或信息所指向的、具有特定的社会经济侧面像的、潜在的消费者集合体"等观点，不仅看到了受众劳动的作用，更指明了受众其实也是巨大的消费群体。国内一些学者对受众劳动的观点也持支持态度，如陆晔及知名华裔学者赵月枝（1999）也对广大媒介消费者在数字电视发展过程中的作用进行了研究。

斯麦兹、杰哈利之后的很多研究者都对受众的劳动予以承认。特别是在网络这一新媒体迅猛发展的今天，越来越多的学者也开始思考在网络这个社会化大生产场域中的劳动者——网络用户的有关问题。网络改变了传统媒体中受众被动接受信息的局面，赋予了网络用户及时互动的"权利"，并允许其自行生成内容，而且无可否认的是，当前网络用户生成的内容已大大超过专业网站制作的内容，网络已成为社会化大生产的一个主要场所，而网络用户正是其中的主要劳动者。所以曹晋才说"上网就是劳动"[1]。随着网络的普及和社会大众越来越多地触网，网络用户这类劳动者迅速崛起，其在网络社会中的生产劳动日益受到重视。邱林川（2019）认为，商家将信息产品的社会化大生产推到了小商铺、电信服务业以及工厂流水线以外的空间，推到了书房、卧室以及其他任何可以用手机上网的地方。这是对网络用户参与劳动的科学描述。

---

[1] 曹晋，张楠华. 新媒体、知识劳工与弹性的兴趣劳动：以字幕工作组为例［J］. 新闻与传播研究，2012（5）：39.

（二）与网络用户等知识劳动者相关的研究

对于本研究所提及的网络用户，学界有几个与之相关联的指称，主要有"网络社会中的劳工""网络劳工"以及"知识劳工"等等。

1. 关于网络社会中的劳工的研究

在网络社会中的劳工研究方面，卡斯特独树一帜。卡斯特（1996）认为在信息化范式的劳动过程中，就业者将会被区分为被网络连接者、网络工作者、被隔离的劳工等各种类型，对他们来说，工业社会的社会分层所起的作用已较为弱小，社会需要一种新的标准来划分劳动分工和社会分层。卡斯特是最先关注网络社会中新的劳动者的学者，他要求用一种新的标准对这类劳动者的劳动分工和社会标准进行划分。按照卡斯特的观点，这种新的标准在于"能否利用新的网络科技进行自我增值"。根据这一标准，卡斯特将网络社会中新的劳动者划分为"自我程控劳工"和"原始劳工"[1]，认为"自我程控劳工"包括软件工程师、金融分析员等，他们能够利用网络科技进行自我增值，而诸如清洁工、保姆、餐厅小工、下岗工人和待业人员在内的"原始劳工"则不具备利用网络科技进行自我增值的能力。卡斯特将清洁工、保姆、餐厅小工、下岗工人和待业人员等在内的劳动者包含在网络劳工里，可知其所指称的"网络劳工"其实并不是单纯的互联网空间中的劳动者，还包括现实社会中通过信息技术而连接起来的网络化（组织化）的劳动者。卡斯特侧重于网络时代的企业生产和管理的研究，并没有探讨网络社会化大生产场所中网络用户的劳动价值。此外卡斯特并没有直接使用"网络劳工"这一概念，其只是以"网络工作者""被网络连接者"以及"被隔离的劳工"等概念称之，但卡斯特的研究无疑为后续的研究者如邱林川等研究"网络劳工"提供了坚实的理论基础。

2. 关于网络劳工的研究

邱林川（2009）在卡斯特研究的基础上，首次提出"网络劳工"的概念并对其进行分析。他认为现代社会的网络劳工包括"从事制造业的工人"和"玩工"，并将其称为"程控劳工"，认为"网络劳工"的所指是两个过程：一方面是"网络化劳工"，即伴随着信息技术的普及，制造业、服务业中的劳动过程被日益网络化。另一方面，"'网络劳工'也指'网络即劳工'，即网络不仅仅是具

---

① 卡斯特. 网络社会的崛起 [M]. 夏铸九，王志弘，等，译. 北京：社会科学文献出版社，2000：246.

有物理性质的生产工具，更是一种全新的生产方式，它能够不断地吸引网络用户进行非物质劳动，扩大资本积累"①。邱林川不仅形象而规范地使用了"网络劳工"的概念并对其进行了分类，而且还看到了网络劳工的劳动对资本积累的意义，为后续的研究者提供了网络用户的劳动为网络信息产品再生产积累资本的研究视角。但邱林川的"网络劳工"主要指"i 奴"，认为"i 奴不但包括电子制造业工人，也包括使用电子产品而不能自拔的'微博控'和其他形形色色的'数码劳工'"②。由此可见，在邱林川那里，"网络劳工"仍然将被网络化的"从事制造业的工人"包含在内，仍然关注传统社会的各行业的劳动工人，这与本研究专门探讨非为生产而生产的"网络用户"相比，范围更广，以至于能将其与 17 世纪的贩卖奴隶的史实联系起来，认为富士康等工厂所发生的抗争已经呈现出网络化趋势，其研究旨在为"分析当下网络劳工抵抗提供一定的借鉴"③。本研究主要聚焦于与邱林川所说的"玩工"相似的领域，但与其不同的是，本研究除将网络用户视作被剥削的对象外，还侧重研究资方如何控制网络用户的劳动过程、网络用户劳动创造的价值及其转移情况、网络用户的劳动力的再生产与征用、网络用户的经济及非经济报酬等问题，这样的视角虽然相对较小却能为网络用户劳动的价值、网络空间中的生产力与生产关系以及网络经济的发展等方面的理论研究、实践操作等提供指导。

3. 关于知识劳工的研究

另一个与"网络用户"相关的概念是"知识劳工"，其起源于马克卢普的"知识生产者"理论。马克卢普认为，知识劳工是指"知识生产工业群内工作的人"，或者是"专门从事知识生产的职业人"④。马克卢普还将"知识生产者"分为原创性的创作者、分析家、诠释者或翻译者、加工者、改编者、传送者等六种类型。（童兵，2009）在本研究所指的网络用户中，这六类人其实也是主体。继马克卢普后，波拉特以马克卢普的理论为基础和指导，吸收了丹尼尔·贝尔的"后工业社会论"思想，发展了克拉克的三次产业分类法，以全社会所有的信息活动为范围，把第一、第二、第三产业中的信息与信息活动分离出来，

---

① 邱林川. 新型网络社会的劳工问题 [J]. 开放时代. 2009 (12)：128 - 139.

② 邱林川. 告别 i 奴：富士康、数字资本主义与网络劳工抵抗 [J]. 社会，2014 (4)：120.

③ 同①.

④ MACHLUP F. The production and distribution of knowledge in the United States [M]. Princeton, NJ：Princeton University Press，1962：267.

构成独立的信息产业。(陈禹，1998) 马克卢普和波拉特的理论让人们更加清晰地认识到知识劳工的扩增及其结构等问题，但他们都没有提及劳动类型发生转变后的政治、社会和文化内涵。在经济学家德鲁克（1969）看来，知识劳工指的是"从事生产观点、概念等的男性或者女性"①。与前两位学者不同的是，贝尔并没有使用"知识劳工"这个概念，而是指出"知识阶层"是后工业时代中发展最为迅速的社会群体，传统的劳动理论将会被知识价值所挑战，因为社会生产实践正朝着越来越信息化的方向发展（Bell，1976）。佛罗里达重新界定了知识劳动："直接操纵符号来生产一个原创的知识产品，或者给现有产品增加明显的价值。一个更宽泛的理解是将加工和传播信息的这部分人群的工作也包含在内。"② 从这一观点出发，知识劳动包括诸如作家、艺术家、网页设计人员以及软件开发人员等人的工作。佛罗里达将知识劳动的范畴扩大至了几乎所有与知识生产有关的人。随着信息技术的发展和知识劳动的价值的日益凸显，布雷弗曼和席勒等一大批学者也对知识劳工的崛起及其引发的社会、政治、经济变革做了深入探讨。2007 年，加拿大学者莫斯可和麦克切尔夫妇选择了 18 篇研究知识劳工的文章，编著了《信息社会的知识劳工》一书，使知识劳工这类劳动者的劳动及引发的社会变革更加清晰地展现在世人面前。

4. 知识劳工概念引入中国及其在国内的研究状况

《信息社会的知识劳工》的中文译者曹晋在《新媒体、知识劳工与弹性的兴趣劳动》《信息社会的社会理论与知识劳工》等著作中将"知识劳工"概念引入国内，并对传播新科技背景下的知识劳工的劳动及被剥削情况进行了研究。同时，曹晋（2014）还进一步提出"都市网络知识劳工"的概念，对处于传播新科技以及创意产业前沿之劳动者——网络知识劳工（主要着眼于网络编辑）如何遭遇来自雇佣制度、市场经济以及强制性消费主义等多重权力关系的剥削这一状况进行了研究，探索网络劳动的新变化、技术如何交织其他的权力关系参与到对当下网络知识劳工的剥削之中等若干问题。这就为新传播科技下知识劳动者的劳动状况及心理、劳动价值等方面的研究打开了一扇门。但就国内来说，学者们的相关研究成果还较少，尚未形成体系。此外，相关的研究集中在字幕

---

① DRUCKER P. The age of discontinuity：guidelines to our changing society ［J］. Resenha Bibliorafica，1969：264.

② 莫斯可，麦克切尔. 信息社会的知识劳工 ［M］. 曹晋，罗真. 林曦，等，译. 上海：上海译文出版社，2013：3.

组等较为专业的制作团队，还没有将具有较高知识水平但只是以玩乐、情感及心理体验为目的而上网，然而却实实在在地创造着价值的数量极为庞大的网络用户囊括进去。

5. 国内关于网络用户劳动的研究

在国内，一些学者也开始关注网络用户劳动的问题。张健（2013）认为互联网的劳动者是网民，他们使用自己的大脑这一劳动工具进行劳动，并成为网络生产力的核心；郑忠明（2015）研究了用户的劳动对媒介资本增殖的作用；杨逐原等（2016）对网络用户的劳动与网络信息生态链的价值增值进行了研究。这些研究紧密结合中国特殊的网络语境，对网络用户劳动的作用进行了多重探讨，具有较大的社会意义，不足之处在于没有对网络用户劳动的报酬尤其是非经济报酬问题展开探讨。

本研究聚焦于与网络媒介之间不存在雇佣合同关系的网络用户，认为他们在收看广告、浏览网页、玩游戏、复制粘贴网络信息、刷微博及微信、上传网络日志、上传音频视频、搜索关键词、进行网络直播等活动时，就在进行着主体性的劳动，生产出了各式各样的信息产品，为网站经营者及广告商等商家创造了大量价值。本研究关注网络媒介等资方对网络用户劳动的控制和剥削、网络用户的主体性劳动及其在信息生态环境中的作用；关注网络用户劳动的价值的生成及转移；关注网络用户劳动力的再生产和征用；关注网络用户劳动的经济及非经济报酬。这对研究网络用户的劳动状况及报酬情况有积极意义。

三、关于网络用户劳动报酬的研究

（一）关于网络用户劳动的经济报酬的研究

1. 有关媒体劳动者等知识劳工的经济报酬的研究

对媒体的劳动者没有获得任何经济报酬、处于受剥削状态的研究的开山鼻祖当数达拉斯·斯麦兹。在其《传播：西方马克思主义的盲点》这一影响尤为巨大的著作之中，达拉斯·斯麦兹（1977）指出，大众传播媒体以信息、娱乐以及思想等诸多"免费午餐"将受众吸引到媒体之中，进而将受众转化为商品出售给广告主，因而受众的阅读、收听、收看行为其实是在为大众传媒和广告商劳动，但是他们却没有获得任何经济报酬。米瀚（Meehan）等指出，受众利用闲暇时间为媒体劳动，使媒体获得了巨额经济利益，但受众非但没有得到经济报酬，反而需要承担相应的经济后果。

达拉斯·斯麦兹揭露了媒体受众遭受剥削的秘密,在其影响下,一批学者纷纷加入网络用户等知识劳工被剥削的研究中。早在 1977 年,保罗·威利斯就对知识劳工遭受剥削的情况进行了极为深入的分析,他指出:"有这样的一个时刻——它足以封锁工人阶级文化的未来出路,身体付出劳力不但再现了自由、选择和超越,同时还代表了精确地嵌入到剥削和压迫工人阶级的制度中去。前者承诺了未来,后者是现在的最好写照。正是未来包含在现在之中,才在当代资本主义的现实中将自由铸造成不平等。"① 保罗·威利斯认为技术赋权下劳工的劳动虽然具有一定程度的自由性和选择性,但他们却被精确地嵌入到剥削和压迫工人阶级的制度之中,因而广受剥削。这种深刻的洞见至今仍然在相关的研究领域回响着。其他的研究者,如约翰·L. 沙利文对好莱坞媒体劳工的劳动成果被明星演员和导演剥削的情况进行了研究②;格雷戈·高尔对英国地方报纸中的劳资关系进行了研究,认为知识与物品、服务一样也被商品化,报纸中的知识劳工受到了报社的剥削③;佩雷·马西普及何塞普·路易斯·米柯对西班牙的数字化电视制作劳工进行了研究,认为在数字技术下,电视制作出现了一些新工种,使得一些传统的工种逐渐消失,而传统工种的媒体劳工逐渐衰落而失去市场,新工种的劳工又受到新的剥削④。面对知识劳动被剥削的境况,麦克切尔及莫斯可夫妇主张"支持数字化劳动力的呼声",呼吁创制一个"新的工联主义模型"⑤。

这些研究都站在知识劳工受剥削的角度,研究知识劳工的劳动情况及生存状况,并呼吁给予适当的报酬,因而相关的研究为传播政治经济学的发展注入了新的活力,为我们展示了媒介资本主义运行的状况。不过,这些研究仍然没有对受众的劳动如何受到资本控制、受众商品的使用价值是如何从受众中异化出来的、媒体劳动中的劳资关系如何等三个问题进行探讨,而只有对这些问题

① 威利斯. 学做工:工人阶级子弟为何继承父业 [M]. 秘舒,凌旻华,译. 南京:译林出版社,2013:152.
② 约翰·L. 沙利文的研究成果收录于文森特·莫斯可、瑟琳·麦克切尔所编著的《信息社会的知识劳工》一书中。
③ 格雷戈·高尔的研究成果收录于文森特·莫斯可、瑟琳·麦克切尔所编著的《信息社会的知识劳工》一书中。
④ 佩雷·马西普的研究成果收录于文森特·莫斯可、瑟琳·麦克切尔所编著的《信息社会的知识劳工》一书中。
⑤ 莫斯可,麦克切尔. 信息社会的知识劳工 [M]. 曹晋,罗真,林曦,等,译. 上海:上海译文出版社,2013:205.

进行研究，才能更为深入地揭示媒体对劳工剥削的本质，也才能更为深刻地揭示媒体劳工对媒介资本增殖的巨大作用，并为呼吁媒体为劳工提供适当的经济补偿提供依据。此处提及的当前研究尚存遗憾的三个问题，正是本研究要侧重探讨的问题。

受国外研究的影响，国内也兴起了媒体劳工等知识劳工研究的热潮，一些学者结合国内社会情境对我国知识劳工的境遇进行了探讨，如李静君（1999）就在对"劳工与性别：西方学界对中国的分析"这一主题进行分享时，对我国国有企业员工、农民工等知识劳工都进行了研究，不过相关的研究没有关注我国知识劳工在今天的市场化过程中被剥削的问题。直到近年来，一批学者如曹晋、邱林川等才对我国知识劳工的境遇进行了较为深入的研究。曹晋在《信息社会的知识劳工》的译者序中指出，办公室劳动不是过去典型的工人在工厂的劳作，在全球工人阶级的论述中容易被忽略，而实际情况是办公室的知识劳工没有从市场经济中分享到红利。曹晋重点关注了媒体集团化弹性雇佣制度，她呼吁国家建立社会安全制度的保障体系，支持媒体集团为弹性知识劳工配套合理的系列福利并建立基本公正的工资制度与考核指标。由此可知，曹晋的研究将知识劳工的范畴从企业工人扩大到了办公室的工作人员，对相关社会现象和制度触及较深，并呼吁改善劳工的待遇。其实，今天的知识劳工已经远远不只是企业或者办公室的工作人员了，它已经扩大到所有进行知识生产和传播的人——包括网络用户。不过，学者们并没有就知识劳工被剥削的更为深层次的原因进行探讨，其原因就是知识劳工的劳动过程和劳动关系被劳动、劳动力等一系列劳动要素的商品化遮蔽了，而这正是本研究要侧重探讨的问题之一。

2. 网络等新媒体用户劳动的经济报酬的研究

在达拉斯·斯麦兹掀起的盲点研究中，劳动力的商品化、劳动产品的再商品化的研究始终也是盲点。要了解劳工受到的深层次经济剥削，就不得不关注劳动力的商品化以及劳动产品的商品化等问题。这些问题只有在网络等新媒体语境中才能得以充分展示。毫无疑问，在网络等新媒体语境中，网络用户这一劳动力本身被当成粉丝、数据、购买力等商品进行出售，其所生产的产品也被平台提供商当成商品出售（劳动产品的商品化）。

国外有关网络用户劳动经济报酬的研究主要体现在将网络用户看成产销合一（prosumer）和产用合一（prouser）的复合型身份方面。有关产销合一或产用合一的讨论，最早可以追溯到马歇尔·麦克卢汉和巴灵顿·内维特 1972 年出版的《把握今天：退出游戏的行政主管》（*Take Today：The Executive as Dropout*）一书，他们认为随着电子技术的发展，消费者会变成生产者。（Marshall McLuhan and Barrington Nevitt，1972）未来学家阿尔文·托夫勒在 1980 年出版的《第三次浪潮》一书中首次使用了"产销合一"（prosumer）一词，认为生产者和消费者之间的界限会变得越来越模糊和融合；而真正将此词与媒介融合相关联的是唐·塔普斯科特 1995 年出版的《数字经济》一书；此后，乔治·瑞泽尔和纳森·哲根森的《生产、消费与产销：数字产销合一时代的资本主义本性》一文将"产销合一"（prosumer）一词推而广之。在产销合一及产用合一的研究方面，福克斯的研究较有代表性，他将网络用户这一商品类型分为两种形式，即 prosumer 商品和 prouser 商品。其中 prosumer 商品是制造者（producer）与消费者（consumer）的合成词，prouser 商品是制造者（producer）和网络用户（user）的合成词。这说明在网络时代，网络媒介将网络用户及其行为当作商品来出售，且网络用户劳动的产品也被网络平台提供者转化为商品进行出售。网络媒介的这些售卖行为使网络用户受到较为彻底的剥削。曼泽罗尔在《移动的受众商品：无线世界的数字劳动》一文中也从受众商品论的视角出发，对无线网络移动终端的网络用户遭受剥削的情况进行了探讨。曼泽罗尔沿用了福克斯的"prosumer"商品的概念，认为网络用户作为商品，不仅为网络平台带来了利润，也为移动设备生产商及电信企业带来了利润。他揭示了网络媒体平台经营者、设备生产者及电信企业等垄断了属于人类公共资源的无线电频谱并将之商业化，从而对网络用户进行剥削的本质。威廉姆斯（2013）对在线服务的商业化予以痛斥，指出"现在的情况越来越像是公司试图从原本免费的奴隶劳工身上榨取每一个美元。从前，在网站上没有现在这些无处不见的广告，网站就是一个丰富的社区，人们为了在一起而在一起，现在的情况完全变了"①。

在国内，许多学者也进行了相关研究，邱林川在《新时代的数码劳工：不仅有富士康工人，还有我们"低头族"》等文章中对 i 奴等新媒体网络用户遭受剥削的情况进行了深入研究，并呼吁 i 奴的觉醒，开展"废奴"运动。他说："当人们能从使人上瘾的数字劳动中觉醒，当科技能成为人类解放的手段而不是奴役我们生命时光的工具时，人类社会才能进入一个更公正的、超越资本主义

① 舍基. 认知盈余 [M]. 胡泳，哈丽丝，译. 北京：中国人民大学出版社，2011：120.

世界体系的新时代。"① 曹晋及许秀云（2014）在《传播新科技与都市知识劳工的新贫问题研究》一文中，以网络编辑为研究对象，分析作为网络知识劳工的网络编辑在我国遭遇到的宏观社会保障体系的瓦解、强制性消费主义、弹性雇佣等制度权力的剥夺情况，深入分析了网络知识劳工是如何逐步走入无产化、贫困化困境的。石义彬等引入"数字劳工"的概念，采用传播政治经济学的批判视角，解读了互联网"大数据"背后隐藏着的对网民劳动的剥削与售卖现象，并由此揭示了互联网产业如何以流动的、隐性的、全面的、不易觉察的方式渗入人们日常生活的每个细节之中，从而将其纳入数字资本拓展与累积的过程。除知名学者外，一些年轻的学者也加入了网络劳工的研究之中，如张健（2013）探讨了网络劳动的生产关系问题；杨逐原（2015）等研究了网络用户所创造的价值被无偿转移到网络媒介和广告商手中的情况。张文燕（2015）研究了新媒体语境下无偿性网络知识劳工的非物质劳动问题。

　　鉴于网络用户的劳动创造着价值，一些学者呼吁给予网络用户经济报酬。如刘千桂就指出："网民的劳动创造价值，理应获得报酬，而报酬之一是给予网民实际的现金报酬，另外也可以通过购买活动中的折扣、返利等方式获得。"② 张健（2013）认为网民既然是网络的核心劳动者，就应该有劳动的回报，否则网民哪还会有劳动的积极性呢？所以改变互联网生产关系的核心，就是劳动得越多，获得的报酬也越多，这叫多劳多得、少劳少得、不劳不得。雷跃捷等指出："关于 Web 3.0 的构思及实践还包括建立全球的语义网、网民的劳动将以有偿形式体现、网络财富（积分、虚拟货币、电子商务）将被普遍认同等等，所有的预言和尝试都为我们搭建了一个全新体验的世界。"③ 上述有关网络用户劳动经济报酬的研究并没有较多地涉及资本、报酬等传统劳工问题。此外，这些研究者都未对网络用户被剥削的深层次原因——网络用户的劳动过程和劳动关系被娱乐、社交、情感体验等因素所遮盖——进行探讨，而这正是需要侧重研究的问题，因为对其展开研究，有助于进一步看清网络用户的劳动本质及未获得任何经济报酬的必然性。

　　总的来说，在对网络等新媒体网络用户劳动的经济报酬的研究方面，学者们都对网络用户长期劳动却没有获得任何经济报酬的状况较为关注，认为由于

① 邱林川. 告别 i 奴：富士康、数字资本主义与网络劳工抵抗 [J]. 社会，2014（4）：135.
② 刘千桂. 网络广告与数字传播 [M]. 北京：企业管理出版社，2012：31.
③ 雷跃捷，辛欣. 网络传播概论 [M]. 北京：中国传媒大学出版社，2010：37.

没有经济报酬，致使网络用户沦为"新工人阶层"。而按照生产力和生产关系之间的互动关系来说，没有任何经济报酬，劳资关系没有理清，网络经济是很难得以发展的。其实，现在分答、知乎等网站的原创变现、视频打赏等已经说明网络用户的劳动可以获得经济报酬，这在刺激网络用户劳动方面应该是个好兆头。因此，本研究认为，网络用户劳动获得了一定的经济报酬，但是他们确实也在遭受着赤裸裸的剥削，只是很多人没有意识到而已。这与网络媒介通过将劳动过程、劳动、劳动力、劳动空间等因素商品化有关，这其中隐藏着剩余价值的多重转化问题，而揭开其中的转化逻辑，还原在遭受深层次剥削的情况下网络用户仍然乐此不疲地劳动，并推动网络经济蓬勃发展的真相，正是本研究要着重解决的问题。

（二）关于网络用户劳动的非经济报酬的研究

在国外，已有少数学者对本研究所提及的非经济报酬进行了研究。布洛克指出："尽管经济学家有视工作为负效用的倾向，然而，人们从工作中还是取得了多种非金钱报酬，例如友谊、有意义和有目的的感觉、动脑筋、社会地位，如此等等。"[1] 第朱斯特的一项研究证实，1975 年和 1981 年的调查对象一致表明，同包括园艺活动、看电视和体育运动在内的多种闲暇活动相比，他们从事的工作带来的过程效益更多。该研究旨在计量人们参与五花八门的活动所感受到的内心满意程度。第朱斯特认为来自工作的内在报酬要高于来自闲暇的内在报酬，这给传统福利分析带来了相当大的困难。（布洛克，2010）大卫·菲利普斯也指出，我们应该"更好地理解网络用户，在'中途'满足他们的利益、要求和动机，提供更多实惠的网站推广活动，并与访问者进行沟通"[2]。成功的传播者应该与顾客之间建立一种情感互通（移情）、互相吸引的关系，这些顾客是积极的，对组织有充分的了解，有些还是潜在的客户，这样做的目的在于保持现有的活力，除了已经熟知你的机构的那些人，还要通过利益诉求吸引对你知之甚少的那些人。总的来说，这些研究只是经济报酬与非经济报酬的值的对比，没有把非经济报酬提高到人类更高层次的需求的高度来看待，也没有把非经济报酬作为人类向更高消费层次迈进的标志来看待。同时，这些研究也没有看到

---

① 布洛克. 后工业的可能性：经济学话语批判 [M]. 王翼龙，译. 北京：商务印书馆，2010：178.

② 同①179.

劳动者的劳动动机。

在劳动的非经济报酬研究方面不得不提及一个人，这个人就是克莱·舍基。在《认知盈余》一书中，克莱·舍基指出：为什么业余爱好者要在网络等媒体中无偿劳动？因为人们有时乐于因金钱以外的原因而去做一些事。业余媒体与专业媒体不同。帮助我们分享的服务之所以兴旺发达，就是因为这些服务使我们原本就喜欢做的事现在操作起来更便捷和便宜，那些分享照片、视频以及文章的人并没有期待回报，他们只是想要分享而已，以前的媒体制作模式尚不允许这样的分享存在，因为其本身的成本和风险都导致需要有专业人士参与到运作的每一个步骤中，而现在则不一样了。克莱·舍基注意到媒体提供平台，并将动机（主要是分享）作为人们无偿劳动的解释，认为人们的热爱胜于金钱。难能可贵的是，克莱·舍基认为人们在动机的作用下使用新的工具，使参与成为可能并获得回报，同时也认为"内在动机能让行为本身成为一种回报"，他说："驾驭我们认知盈余的手段是我们获得的一种新工具，它可以使参与成为可能并给参与者带来回报。"[①] 但是，克莱·舍基的说法始终局限于动机领域，没有将之上升到人类交流所需、生存与发展所需、娱乐天性所需、追求成就感和满足感所需等非经济报酬的高度，更没有上升到人类消费目的向精神层面迈进这一更高的层次来探讨。

在我国，目前鲜有网络用户劳动获得非经济报酬的研究。不过在网络用户需求得以满足就说明得到了回报方面，林渊博及王海宁认为，"一个充满活力的网站必将被网上冲浪爱好者认可，网络用户的劳动也就得到了相应的回报"[②]。

在有关网络用户劳动的非经济报酬的研究中，大多数学者都提到了动机、心意满足等对网络用户劳动的吸引力，但研究数量极少且较为零散，也没有一个有效的指称来统领。本研究从社会资本的视角出发，利用非经济报酬来指称，站在非经济报酬这一人类需求的更高层面来研究网络用户与网络经济发展的问题，把网络用户通过网络平台进行社交活动、参与信息分享、获取知识、进行娱乐和情感体验、获取社会荣誉等看成是网络媒介赋予网络用户的非经济报酬。因此可以说，在网络用户的生存需求得以满足后，他们的生产转向了目的和意义层面的生产，消费也转向了符合人类发展需求的目的和意义的消费，满足这

---

① 舍基. 认知盈余 [M]. 胡泳，哈丽丝，译. 北京：中国人民大学出版社，2011：28.

② 林渊博，王海宁，等. Fireworks 4 网页图像设计专家指导 [M]. 北京：清华大学出版社，2001：375.

些消费需求也就获得了报酬。这正是在网络用户报酬方面，本研究相较于之前的研究的一个较大的突破。而网络用户一旦获得了符合自身发展目的和意义的非经济报酬后，其劳动兴趣就会愈发增强，对网络经济发展的贡献也就越大。

四、关于用户劳动与网络经济发展的研究

关于用户劳动与网络经济发展的研究，是近几年尤其是近三年才蓬勃兴起的。虽然相关研究的历史较为短暂，但在学者们的努力下，仍然取得了喜人的成绩。当前，国内外学者对用户劳动与网络经济发展的研究主要体现在两个方面：其一是用户劳动对网络经济发展的贡献，其二是网络平台提供商等商家如何吸引用户进行劳动。

（一）用户劳动对网络经济发展的贡献

1. 用户是网络产品的重要生产者和核心消费者，其劳动成就了网络空间站中各种各样的商业模式

约翰·沃瑞劳（2015）在《用户思维》一书中指出，大量的 B 端、C 端用户既是信息的传播者，也是内容的创造者，用户已经成为商业的主宰。谁能带给用户的价值更多，谁就更接近行业老大的位置。布尔指出："今天是用户 3.0时代，就是要去感染顾客，将激情和动力传递给顾客，你的产品、服务或者公司的（潜在）粉丝都是你的品牌推广者。"[①] 而乔治·韦斯特曼、迪迪埃·邦尼特及安德鲁·麦卡菲则呼吁用数字产品与消费者对接。这些研究赋予了用户在网络中的主体地位，认为网络商家要获得经济利益，必须要靠广大用户在网络空间中的信息生产和消费的劳动。默多克·希尔斯（2016）在《意愿经济：大数据重构消费者主权》中深入解构互联网、大数据、网络经济、共享经济、自由市场、消费者、数字营销与卖方关系管理（vendor relationship management, VRM），为全球市场的深刻变革提供了急需的路线图。作者提出的卖方关系管理系统将彻底改变我们所熟知的市场，提醒供应商应真正关注个体的需求，把市场的权力还给消费者。

类似的研究在国内也较多。关于用户的重要性，刘向晖（2007）曾有过较为精辟的论述：互联网草根革命，这将是信息革命的最后一次浪潮。在这次浪潮中，广大互联网草根取代科学家、发明家和企业家成为革命的主力军，互联

---

① 布尔. 用户 3.0 [M]. 余冰，译. 长春：北方妇女儿童出版社，2015：155.

网成为普通民众生活中不可缺少的一部分，普通民众也成为塑造互联网面貌的根本力量。这时，企业的成败直接取决于它能不能得到大众的承认和支持。贾君新（2015）指出网络经营要"先圈用户，再圈钱；没有粉丝的品牌都会消亡"①。刘培刚也认为，抢占先机、吸引初始用户对于网络经营者有着巨大意义，他说："在网络经济发展过程中，机遇对于企业的发展表现得尤为重要，抢占先机意味着成功了一半，因为网络经济，在市场竞争初期的初始用户吸收成本相对低廉，而且用户具有独特的消费黏性。于慢一拍的竞争者来说，获得新用户的成本就很高，而且从竞争对手中争夺新用户更是不易。因此，网络市场的先驱者具有巨大的先发优势，最大限度地拓展用户规模和市场占有率也成为网络公司的长期战略重点。"② 刘茂福、戴克商指出："具有现实需求和潜在需求的用户是实现营销交换活动的中心。无论他们为满足需求而上网购物，还是上网搜索与企业或产品有关的信息，抑或与相同需求或经历的用户进行沟通，甚至利用虚拟社区褒奖或抨击某些企业，都对开展网络营销活动产生重要影响。"③ 而郝志中更是认为："用户至上，用户是一切商业的根本；互联网时代，用户真正崛起，掌握用户需求的驱动力是成功的关键。"④

在用户劳动形成新的商业模式方面，杨健（2014）认为用户纷纷进入网络空间，使我们迎来了自商业时代。杨健指出，随着移动互联网时代的来临，全新的商业形态开始出现在人们的眼前。圈子效应、个人品牌、粉丝经济、口碑传播、90后来袭……自由、自主、自在是互联网新商业的原动力。自商业，一种建立在移动互联网思维和社会化营销基础上的商业模式，正在为电商从业者提供新的探索方向。刘伟（2012）认为，互联网已经进入读图时代，我们也期待着基于图片这一内容资源，有越来越多尊重用户劳动的商业模式出现。周洪宇、徐莉认为，在用户参与劳动情境下，网络中产生了一种新的经济模式，即"与传统工厂经营模式不同，在新型智能化工厂帮助下，用户不需要生产车间就可实现设计的量产和销售。这种分散式的生产方式将更有助于实现经济民主、改善收入分配和生产社会化"⑤。颜艳春指出："消费者主权的崛起推动了一场巨

① 贾君新. 如何用互联网思维创富 [M]. 北京：北京时代华文书局，2015：1.
② 刘培刚. 网络经济学 [M]. 上海：华东理工大学出版社，2007：46.
③ 刘茂福，戴克商. 网络营销理论与实务 [M]. 北京：清华大学出版社，2007：13-14.
④ 郝志中. 用户力：需求驱动的产品、运营和商业模式 [J]. 中国房地产，2016（2）：76.
⑤ 周洪宇，徐莉. 第三次工业革命与当代中国 [M]. 武汉：湖北教育出版社，2013：242.

大的零售革命，这就是第三次零售革命。它将引领人类的新商业文明和全球经济增长的模式，不管是传统的实体零售商还是现在的网络零售企业，都需要改变思考模式，找到生存发展路径，迎接第三次零售革命的到来。"① 此外，关于电子商务等平台模式研究的学者更是举不胜举。

正因为用户通过信息生产消费的劳动对网络经济的发展起着巨大推动作用，很多学者呼吁针对用户的需求开发更多信息产品。大卫·菲利普斯指出："许多组织机构会不假思索地说出网络存在的重要意义，却往往忽视用户的利益和影响。人们把大量精力浪费在'吸引访问量'上。如果我们认真考虑网站访问者的利益以及对他们访问的回应，会吸引更多'想要访问'网站的用户。所以我们应该更好地理解用户，在'中途'满足他们的利益、要求和动机，提供更多实惠的网站推广活动，并与访问者进行沟通。成功的传播者应该与顾客之间建立一种情感互通（移情）、互相吸引的关系，这些顾客是积极的，对组织有充分的了解，有些还是潜在的客户。这样做的目的在于保持现有的活力，除了已经熟知你的机构的那些人，还要通过利益诉求吸引对你知之甚少的那些人。"② 我国学者郝志中（2015）在《用户力：需求驱动的产品、运营和商业模式》一书中指出，产品设计要围绕用户体验等需求来进行，网站运营的是用户而不是产品。

上述学者的研究赋予了用户在网络空间中的主体地位，并认为用户的劳动能产生一系列经济效应。不过，这些学者主要是站在网络经营者的角度来说的，更多地强调用户的消费者角色，突出了用户消费劳动的作用，而忽视了用户的生产性劳动。我们都知道，Web 2.0、Web 3.0 等所带来的技术赋权使得生产者和消费者之间的边界越来越模糊，如果只把用户当成消费者、当成粉丝来看待，则容易忽视用户在网络经济发展中的生产性劳动的作用，也就容易忽视其在网络空间中的价值的创造过程。因此我们需要全面地看待用户在网络社会化大生产中的角色，在看到其在消费方面的劳动的同时，也不要忘记在用户生产内容与网络经济发展之间建立起相应的关系。将用户的信息生产和消费行为看成是一种生产性的劳动，是本文的主要观点之一，也是本文要侧重研究的主要问题。

2. 用户劳动助推网络经济发展

学者们认为，用户在网络空间中使用自己的生产资料——电脑、手机等，

---

① 颜艳春. 第三次零售革命：拥抱消费者主权时代 [M]. 北京：机械工业出版社，2014：3.

② 菲利普斯. 网络公关 [M]. 陈刚，袁泉，译. 北京：北京大学出版社，2005：140.

运用自己大脑中的知识参与信息传播与分享，进行信息生产以及由此造就的庞大数据，加上基于用户需求而开发的网络电子商务等经济发展平台，是网络经济得以腾飞的重大动力。正是用户的生产及消费等劳动，成就了一大批光芒四射的网络企业及网络经营人员。

在接受中央电视台大型纪录片《互联网时代》主创团队采访时，丹尼尔·平克指出："工业时代的生产资料，以及创造财富的工具非常之大，所以你就需要一个大型组织来筹集资金，寻找场地，协调大家的工作，由此来创造财富。今天的生产资料就是一台手提电脑，就是一部平板电脑。"① 而在接受中央电视台大型纪录片《互联网时代》主创团队采访时，伊藤穰一指出："在互联网上，所谓的生产者和消费者已经开始融合，你可以很容易地从一个消费者和观众转变为一个生产者，从而成为整个生产体系的一部分。"② 这些研究都认为用户在网络空间中的劳动对网络经济的发展具有重大推动作用。

中国互联网大会组委会和中国网民文化节组委会（2010）编写的《网络光芒：中国互联网的价值与潜质》一书论述了在吸取数量庞大的用户后，乐视网、奇虎360以及万网淘里淘外等等一批有巨大潜质的互联网企业，其产品和服务的创新和成长过程，指出这些企业的产品和服务为我国互联网经济的腾飞注入了新鲜血液。学者们都赞同网络经济具有外部性，认为其发展与用户数量密切相关。"个人智慧与巨量资本有同等甚至更高的地位：精明的风险投资家们，以这样的眼光和奋不顾身的金钱，把这些饱含激情和浪漫的孩子们，从车库里拽出来，送进了殿堂，一个不可思议的智慧价值时代同时到来。"③ 陈韵强、赵浩嵩及王克等指出："网络经济具有直接外部性，直接网络外部性是由用户数量的增长导致的网络价值升高产生的。当用户增加时，直接网络外部性就会产生。直接网络外部性就是需求方规模经济，拿最普通的一种通信方式——即时通信QQ来说，QQ用户数量的增多使QQ用户获得的收益大幅增加，但当用户数量少时，这种效应则不明显，这便是需求方规模经济的体现。"④ 程洁指出："网络经济的价值等于网络节点数的平方，这说明网络产生和带来的效益将随着用

① 中央电视台大型纪录片《互联网时代》主创团队．互联网时代［M］．北京：北京联合出版公司，2015：149.
② 同①69.
③ 同①33－34.
④ 陈韵强，赵浩嵩，王克，等．区域广电推进三网融合过程中的战略重构研究［M］．北京：社会科学文献出版社，2014：69.

户数的增加而呈指数形式增长。从目前的趋势来看,互联网的用户大约每隔半年就会增加一倍,而互联网的通信每隔 100 天就会翻一番。这种大爆炸式的持续增长必然会带来网络价值的飞涨。一条技术信息可以任意的规模在生产中加以运用。这就是说,在信息成本几乎没有增加的情况下,信息使用规模的不断扩大可以带来不断增加的收益。这种传递效应也使网络经济呈现边际收益递增的趋势。"① 徐飞也认为"网络的用户越多,该网络给每个用户所带来的价值就越大"②。周朝民认为"临时垄断依赖于用户规模增加的优势而存在"③。这些研究说明,伴随着用户规模的不断增长,网络的经济效益也会越来越大。互联网企业等网络经营者应该积极利用新技术、以用户为核心,搭上网络经济发展的高速列车。

毫无疑问,各国网络经济的腾飞,用户的劳动功不可没,正是用户的劳动形成了一系列网络经济发展的价值链,并创造了能直接促进网络经济发展的巨大的数据资源。难怪朱剑飞在谈到信息用户的劳动时指出:"在媒介产品的生产过程中,上中下游构成互不相同但又相互关联的一系列经济活动,套用在媒介市场,就可构成内容提供商、渠道营销商以及产品消费商,而且前者都是构成后者增值的有效环节,带来产品或服务的链接和衍生。"④ 丁建华认为用户劳动不仅能推动网络经济的发展,还对现实社会中实体经济的发展起到积极作用,他说:"虚拟财产体现了网民的劳动、时间和金钱的付出,具有一定价值性。虚拟财产的价值性不仅体现在其获得方式方面,而且体现在其交易时能够产生经济效益上。例如游戏中的高级别武器装备能够以一定数量货币的价格进行出售。"⑤ 而在关于用户劳动创造的有利于网络经济发展的数据资源方面,中央电视台大型纪录片《互联网时代》主创团队认为:"工业化时代是蔑视人口数字的,从来没有一个国家因为人口数量获得过尊重,进入互联网时代,13 亿人口升值了。互联网天然集腋成裘的市场效应使来到互联网上的每一个人都是有效数据的构成部分。"⑥ 魏海(2012)认为,数据并不仅仅是单纯的数据,在它们

---

① 程洁 . 网络传播学 [M]. 苏州:苏州大学出版社,2013:30.
② 徐飞 . 学者笔谈:第 12 辑 [M]. 上海:上海交通大学出版社,2013:108.
③ 周朝民 . 网络经济与管理 [M]. 上海:上海人民出版社,2008:65.
④ 朱剑飞 . 当代传媒管理研究 [M]. 北京:中国社会科学出版社,2013:82.
⑤ 丁建华 . 侵权纠纷案例答疑 [M]. 北京:中国法制出版社,2008:77.
⑥ 中央电视台大型纪录片《互联网时代》主创团队 . 互联网时代 [M]. 北京:北京联合出版公司,2015:72.

身上凝聚着网络运营商和用户的劳动，消耗着网络运营商和用户的金钱。郑忠明等（2015）则直接指出用户群"集体劳动"产生的"大数据"具有使用价值，每一个参与者信息都会增加这一数据库容量，也因此为网络增加了价值。

一些学者紧密结合互联网技术的进步来探讨用户劳动对网络经济的贡献价值。在形容 Web 2.0 的用户黏性时，方兴东曾说，网民的劳动成果和生活都在这个网上，所以 Web 2.0 的网民忠诚度、参与程度会远远比 Web 1.0 高得多。沈江、徐曼指出："Web 2.0 的本质就是互动，它让网民更多地参与信息产品的创造、传播和分享，而这个过程是有价值的；但是这一价值没有体现出网民的劳动价值，甚至可以说较为脆弱，因为其还是缺乏商业价值。而 Web 3.0 是在 Web 2.0 的基础上发展起来的，且能够更好地体现网民的劳动价值，实现价值有效配置与均衡分配的一种互联网方式。"①

为了证明用户劳动对经济发展有着巨大的推动作用，一些学者还进行了实证研究。根据陈昭锋（1999）的研究，早在 1997 年年底美国 45% 的家庭就拥有电脑，美国电脑互联用户占全世界的一半以上。科技的发展使得美国经济近年来保持强劲的发展势头。1997 年经济增长率达到 3.9%，创 9 年来的最高纪录。芮锋、臧武芳指出："20 世纪 90 年代，美国经济自 1991 年 4 月走出第二次世界大战后第九次衰退期，到 2000 年 8 月经济持续增长了 112 个月，成为 1854 年以来美国经济史上 32 个周期中最长的一次，并继续处于高增长、低通胀、低失业的'一高两低'的良性发展阶段，进入了所谓的'新经济'的最佳运行期。"② 用户劳动促进网络经济的发展的情况并非只在美国这样的互联网强国存在。葛伟民认为"互联网用户地区分布不平衡可能使东西部经济发展差距拉大"③，因而他进行了实证研究，通过研究，得出北京、上海、广东三地的用户远多于西部地区，因而其互联网经济就很发达的结论。章剑林及黄左彦（2013）认为全球将进入一个"新互联网"时代，网络接入将不再是一种奢侈服务，多数用户将生活在互联网这一新兴市场，约 80% 的互联网用户通过移动设备访问网络，互联网将日益社交化，并更好地实现客户与企业的有效沟通。李放及卜凡鹏指出："初具规模的用户和惊人的发展潜力使得网络经济在巴西方

---

① 沈江，徐曼.新一代信息技术产业 [M].济南：山东科学技术出版社，2018：50 - 51.
② 芮锋，臧武芳.网络经济对传统经济周期的影响 [J].世界经济研究，2001 (4)：15.
③ 葛伟民.网络效应：互联网发展对全球经济的影响 [M].上海：上海社会科学院出版社，2004：277.

兴未艾，发展势头喜人。包括雅虎和美国在线在内的国际大型网络公司也看好巴西的市场前景，纷纷在这里开设了接入平台。"① 长春市工商行政管理局认为："日本作为世界第二经济大国，用户仅次于美国。日本的每一项商务活动都有电子商务的促进计划，有97％的日本网民习惯于拿着手机，人到哪里购物就到哪里。"②

上述研究审视了网络空间中用户劳动与网络经济发展的关系，使我们明白网络经济快速发展并非仅仅是网络技术所具有的经济功能所致，其关键在于使用该技术进行劳动的广大用户，网络经济的飞速发展是由于包括广大用户在内的网络用户的集体智慧和行动所致。笔者认为，在探讨用户劳动与网络经济的发展方面，我们不能停留于经济繁荣的表层，而要探讨网络企业等经营者必须拥有用户这一非职业劳动者的集体性劳动才能获利的深层次原因，从而揭示用户劳动情境中的劳动和资本的新型关系，而这正是本书要研究的重点。

（二）网络平台提供商等商家如何吸引用户进行劳动

关于网络平台提供商等商家如何吸引用户进行劳动的研究，学者们主要从做好用户定位、为用户提供舒适的体验感、了解用户搜索习惯以及与用户进行互动等方面进行研究。

在用户定位方面，布尔（2015）在《用户3.0》一书中强调，作为厂商，必须从市场定位、产品研发、生产销售乃至售后服务整个价值链的各个环节，建立起"以3.0用户为中心"的思维。亚历山大·奥斯特瓦德等（2015）在《价值主张设计：如何构建商业模式最重要的环节》一书中指出，要获得用户认可，则要巧妙地聚焦：聚焦于支付较少的费用获得巨大的用户数量；聚焦于用户怎么来衡量产品的成功；聚焦于设计、测试、创建和管理客户真正想要的产品和服务。瓦格、卡格及伯特瑞特等（2014）在《创新设计：如何打造赢得用户的产品、服务与商业模式》一书中分享了那些瞄准用户开发创新型的产品和服务，在大型的成熟公司或者在小型的创业公司中搭建团队和营造创新氛围并成为"新型创新者"的网络空间经营者的创业经验，对他们的用户定位进行了研究。在用户体验方面，日本学者樽本彻也（2015）在《用户体验与可用性测

① 冯俊扬．巴网络经济方兴未艾［N］．人民日报，2002-02-23（7）．
② 世界主要发达国家的电子商务发展状况［EB/OL］．（2015-06-08）［2017-08-09］．中国电子政务网，http://www.e-gov.org.cn/article-14082.html．

试》一书中提供了用户调查、原型制作、产品可用性评价、用户测试等方法和实践技巧，阐述了敏捷用户体验开发的相关内容。班格、霍尔德（2015）在《移动交互设计精髓：设计完美的移动用户界面》一书中系统化地梳理了移动应用的设计方法论，在理解用户、跨平台和适配设计、移动组件应用、界面视觉感染力和简约设计等方面都进行了系统的研究，并探索了如何收集用户反馈及甄别版本迭代的更新需求这一问题。在利用与搜索劳动方面，路易斯·罗森菲尔德（2013）在《SSA：用户搜索心理与行为分析》中提供了分析用户查询数据的工具，并提供了一些较为实用的用于改进搜索系统的性能和网站的导航结构、元数据及内容的方法。在与用户互动方面，比尔·唐瑟尔（2015）在《疯评：在互联网＋时代，如何让你的产品和服务站上风口》一书中深度解析了亚马逊、淘宝、大众点评网等各类购物网站的评论运作系统，揭示了网络评论如何改变商家与消费者的互动方式，并为那些被差评困扰的商家答疑解惑。珍妮·布利斯（2013）在《顾客为什么粉你：驱动顾客极度狂热的五大策略》一书中则较为全面地提供了经营用户的五大策略——从开诚布公、营造有价值的环境、寻找有创造力的人才、为客户提供他们需要的支持以及懂得如何向顾客道歉等方面来吸引用户。

国内的学者也基本沿袭了这些研究思路。首先是看到用户在消费劳动方面的价值，把用户当成粉丝来经营。黄钰茗（2015）在《粉丝经济学》一书中研究了粉丝思维、粉丝运营和粉丝营销等经济活动和现象。在谈到 O2O 的经营时，李洁明指出："'互联网＋'时代是爆款产品的时代，产品是入口，粉丝是财富。谁能让用户体验到'爽'胜过功能的产品，谁就能将用户变成粉丝，再通过粉丝'尖叫'并推荐去赚钱。因此，哪怕你是一个'草根'，只要你坚持梦想，拥有巨量粉丝，就能玩转 O2O，成就一个光芒万丈的自己。"[①] 叶开（2014）在《粉丝经济》一书中研究了如何让粉丝们自己玩起来、如何与粉丝互动、如何借助微信微博等低成本工具重构企业或品牌、如何让粉丝参与并成为铁杆脑残粉等一系列问题。颜艳春指出："随着 SoLoMoMe（社交、本地、移动、个性化）消费群的兴起，全天候、全渠道和个性化定制正引领整个零售行业的转变。我们需要重新武装我们的思想，从前台战场到后台战场、从空间战

---

① 李洁明. 无粉不活：不懂粉丝经济，你还玩什么 O2O［M］. 北京：北京联合出版公司，2015：92.

场到时间战场、从社交战场到定制战场，提前重整装备、提前组织、提前规划战略战术和路线图。"① 鄢平认为："用户作为一个消费群体，它有着与传统市场消费群体截然不同的特性，因此要开展有效的网络营销活动就必须深入了解用户群体的需求特征、购买动机和购买行为模式，了解这些网络消费者特征和偏好是网上消费者行为分析的关键。"② 而郝志中（2015）则在《用户力：需求驱动的产品、运营和商业模式》中研究了用户需求如何驱动产品设计、网络运营和商业模式构建这一问题。

其次是聚焦用户的体验方面。罗仕鉴（2010）在《用户体验与产品创新设计》一书中系统地研究了近年来国内外用户体验与产品创新设计的最新发展与成果，介绍了用户体验的要素及用户体验测试与评价等问题。罗浩认为："在这个碎了的世界里，用户体验被放大到前所未有的高度，黏住用户成了所有企业梦寐以求的愿望。"③

再次是用户的信息搜索方面。胡吉明（2015）在《社会网络环境下基于用户关系的信息推荐服务研究》一书中对社会网络环境下基于用户关系的信息推荐服务进行了研究，指出应该根据当前环境下信息资源文本内容的特点，展开资源文本建模和分类基础上的语义关联，实现用户、资源、特征词的三部关联。

除上述研究外，我国学者也对基于用户视角的信息质量问题进行了研究。刘冰（2015）在《网络环境中基于用户视角的信息质量评价研究》一书中对基于用户视角的信息质量内涵进行了全面阐释，剖析了用户信息需求、信息期望与信息质量间的内容关系，研究了交互过程中基于用户体验与感知的用户满意度和信息质量影响因素。在此基础上，构建形成网络环境中基于用户视角的信息质量综合评价体系，并提出网络环境中用户体验与感知的优化策略与信息质量提升策略。还有赵大伟（2014）、钟殿舟（2014）等人均从互联网思维方面来谈论了如何经营用户的问题。

上述研究从不同的视角探讨了如何吸引用户进行消费和生产，但都是站在网络空间经营者的立场来研究的，并没有把用户上升到劳动者的地位，也就难以揭示用户劳动的过程以及劳动者的生产关系。丹·席勒（2012）在其著作《传播理论史：回归劳动》一书中对传播研究中"劳动"的长期缺席表示遗憾。

① 颜艳春. 第三次零售革命：拥抱消费者主权时代 [M]. 北京：机械工业出版社，2014：66.
② 鄢平. Internet 下的市场营销 [M]. 广州：华南理工大学出版社，2003：61.
③ 罗浩. 用户体验：引爆商业竞争力的新法则 [M]. 北京：中国经济出版社，2016：153.

只有把用户的信息生产、传播和消费上升到劳动的高度，才能更好地揭示网络空间的劳动图景，揭示广大用户在经济上遭受剥削的实质，并借此探讨网络生产关系的改进问题，以进一步解放网络生产力，促进网络经济的发展。

本章小结

本章明确了整个研究的背景、目的和意义，对主要的研究对象、问题等进行了阐述，并详细而深入地对相关领域的文献进行了归纳、分析和评述，在此基础上确立了研究思路、构建了研究框架，并对涉及的相关理论和概念进行阐述和界定，提出了拟解决的关键问题，凸显了整个研究的学术和应用价值，为接下来各部分的研究奠定了基础。

第二章 作为劳动的传播
与作为劳动者的网络用户

自原始社会以来，人类的劳动形态发生了巨大的变迁，其轨迹为：作为与日常活动相混杂的活动—强制性的活动—高度组织化的活动—符号—生活享受与精神生产的活动。在最后一个阶段，人类的传播活动被纳入了劳动的范畴。在长期劳心与劳力的二元分割下，传播在很长的时间内都没有被纳入劳动的范畴予以考量。美国著名传播学者丹·席勒在对美国的传播理论史进行梳理后，将文化传播与劳动结合起来进行探讨，并用生产性劳动统合了旧有的将劳心与劳力分割开来的二元划分法，让传播回归到了劳动的框架中。根据马克思对劳动的论述，网络用户也可以纳入劳动者的范畴。

第一节 人类劳动形态的演变概述

自原始社会以来，人类的劳动形态至少发生了几次重大的转变：一是在原始社会，人类的劳动与日常活动相混杂，劳动是一种日常活动；二是在奴隶社会和封建社会，人类的劳动是一种强制性的任务，经常是戴着痛苦的枷锁完成的；三是在进入工业社会后，人类的劳动是在资方的组织下进行的，劳动是一种高度组织化的活动；四是在消费社会，人的活动变成了一种符号，这个时候，与物质生产相关的劳动的重要性大大降低，正如让·波德里亚所说："劳动不再是一种力，它成为各种符号的符号。"① 在物质需求已经较大程度得到满足的基础上，社会大众的生产和消费目的发生了显著的变化，他们开始追求精神领域的生产和消费。在这种情况下，娱乐、情感体验、幸福感等成为劳动的重要方向，社会大众使用各种信息资料和精神符号来进行劳动，将劳动推进到生活享受与精神生产阶段。

---

① 波德里亚（也译作鲍德里亚）. 象征交换与死亡 [M]. 车槿山，译. 南京：译林出版社，2006：11.

一、原始社会：劳动是与日常活动相混杂的活动

在原始社会，劳动是人类生存中必不可少的活动，就像氧气一样，人们是在轻松、悠闲和愉悦的气氛中进行劳动的，人们不需要艰辛的付出。原始社会的人们只要求温饱即可，劳动基本上不受私欲的控制，人们混杂而居，自发地劳动，没有谁控制谁，劳动没有任何生产之外的内容。因此，在原始社会中，人们用作劳动的时间特别少，斯塔夫里阿诺斯在对昆人的劳动进行研究后指出："昆人每周用在劳动上的时间仅为 15 到 20 小时，其余的时间都用来休息、聊天及做游戏。"①

原始社会的人们按照一定的节律过着自己的生活，没有把劳动与日常生活分离开来，究其原因，主要体现在以下几个方面：一是人们只要求食物能满足基本的生存即可；二是原始社会阶段，地广人稀，大自然的免费馈赠已足以维持他们的生活；三是没有为别人缴纳产品的负担；四是劳动收获的产品较多的话，对运输和保存来说都具有极大的挑战性。正因为原始社会的人们没有任何等级之分，每天都其乐融融地生活在一起，他们的价值观念由原始宗教来塑造，并没有与劳动发生关系，因而他们的劳动与各种日常活动相混杂，他们的劳动是在轻松、愉悦的氛围中进行的。

二、奴隶社会、封建社会：劳动是一种强制性的活动

在奴隶社会、封建社会中，人们分化成了不同的阶级，劳动也因此出现了脑力劳动和体力劳动之分。处于奴隶、农民阶层的人们被处于统治阶级阶层的奴隶主、地主赶到土地上去劳动，被强迫着进行生产，他们从事着体力劳动，而奴隶主、地主们则进行着脑力劳动。

在奴隶社会、封建社会中，劳动者除了要生产满足自己生活的必需品外，还要满足奴隶主、地主的生活享受，因此其劳动负担很是沉重，可以说，劳动者是戴着痛苦的枷锁参加劳动的，因为土地已经私有化了，劳动者没有土地等可应用于生产生活必需品的资源。这种情况使得劳动从日常活动中被分离出来，成为一种强制性的活动，不劳动就会遭受惩罚，就会得不到必需的生活资料。

---

① 斯塔夫里阿诺斯. 全球通史［M］. 吴象婴，译. 北京：北京大学出版社，2006：433.

三、工业社会：劳动是一种高度组织化的活动

随着工业社会的到来，工业生产代替农业生产成为主导性的生产活动。在这种情况下，劳动的形态也就必然发生了变化：从以家庭为单位的个体型、零散型的状态转变为高度组织化的状态。在机械化大生产中，社会的劳动生产力有了质的飞跃，劳动生产的效率显著提高，但劳动者却生活得十分窘迫。因为资本家通过圈地运动，把劳动者从他们的家园赶出去，让他们到工厂劳动，但只给予能够维持劳动力再生产的基本生活资料，劳动成为一种"必需品"。资本家通过较为先进的管理手段和更为残酷的惩罚措施来对工人的劳动进行监管。

在资本家的监管下，工人的劳动进入高度组织化的阶段，他们严格按照产品的生产流程进行程序化操作，他们一生中的绝大部分时间都在从事着劳动。而劳动分工在此时也更为精细，劳动者在生产的流水线上忙碌地作业。因此，在工业社会中，工厂内的劳动以及社会分工都被高度组织化了。

四、消费社会：劳动是一种符号

在消费社会中，第三产业迅速崛起，第一、第二产业的从业人数逐渐被第三产业的从业人数赶超，人们来到了以消费为主导的时代，与符号生产相关的劳动变得越来越重要，劳动甚至变成了一种符号。正如让·波德里亚（2012）所说，劳动不再是一种力，它成为各种符号的符号。他把劳动看成一个巨大的符号仪式。很多人天天埋头于各种各样的文件堆里面进行着符号的生产与消费。

毫无疑问，在消费社会中，消费成了劳动必需的活动，人们生产符号、消费符号，通过生产和消费符号来达到休闲的目的，劳动成为符号的符号。

五、信息社会：劳动是一种生活享受和精神生产的活动

进入信息社会，信息生产、传播和消费成为一种劳动，劳动融入人们的日常生活之中。但是这种融入与原始社会的混杂不一样，原始社会的混杂是在无欲无求、没有强迫性和诱惑性的状态下进行的自发的活动，劳动是一种生存的活动，而信息社会的劳动是在人类生产和消费目的发生转变，即人类追求意义的生产与消费，追求最高层次的需求和享受的情况下有意识的、自觉的活动。原始社会的劳动时间是极少的，人们大多数时间都用来做游戏；在信息社会，人们进行着信息的生产与消费，从中获得娱乐及情感体验、获得知识，是一种典型的精神

生产活动，并在劳动中获得享受。关于这一点在下文中会有详细的论述。

第二节　作为劳动的传播

传播不仅是一种劳动，而且是一种生产性的劳动。人类利用信息传播这一劳动手段，创造了极为丰富多彩的文化，并推动了社会经济的蓬勃发展。

一、丹·席勒有关传播与劳动之关系的研究

传播若要在语言、意识形态与意义的展示平台上占有一席之地，就必须先让"劳动"与传播产生一种互动关系。唯有从生产性劳动（productive labor）这个概念，也就是人的自我活动具有兼容并蓄及整合的性质来构成自身的认知出发，传播研究才能开始发展。

丹·席勒（2012）在《传播理论史：回归劳动》一书中，对"劳动"在传播研究中的长期缺失进行了分析，并就劳动对传播的重要意义进行了阐述。丹·席勒的研究将传播纳入劳动的视野，具有重要的开创价值，它使人类对传播的考察更加符合社会现实，并使传播在人类生产生活中的地位得以大大提升。在劳动与传播关系的研究方面，丹·席勒有两个重大贡献：一是将文化传播与劳动结合起来，二是把脑力劳动（劳心）和体力劳动（劳力）统合为生产性的劳动。

在将文化传播与劳动结合起来这个方面，丹·席勒认为传播是一种劳动，人们通过传播可以达成共识。丹·席勒（2012）指出，20世纪和21世纪之交，自我活动作为一种统合的概念再次得到强调，它现在是传播研究再次出发的逆向起点。假使人们能够再次探究劳动的概念，以此作为基础而做知识上的修正，那么就有可能让"传播/社会"的关系得到新的共同基础。其实，其他学者也认为传播能形成共识，赵月枝在《中国的传播：政治经济、权力与冲突》一书中指出，在一系列的商业化改革之后，媒介精英们成为权力核心中的重要组成部分，他们在自己的工作中不断地宣传主流意识形态，并由此重塑社会共识。至少从19世纪中期开始，就存在着对脑力劳动者在劳动中的地位和贡献的论争。而在将近一个世纪的论争中，各派学者各执一词，没有形成一致的看法。在仔细梳理各种纷繁芜杂的观点之后，丹·席勒认为有关脑力劳动的研究，可从对"文化"的进一步探险着手，于是他便将文化传播与劳动结合起来进行考察。丹·席勒高度赞赏斯图亚特·霍尔把"劳动"引进文化研究中的做法。对霍尔

而言，其重要性在于它提供了"劳动"和"语言"重新统合的前景，或至少不再用二分法区别"劳动"和"语言"。斯图亚特·霍尔（2003）认为极需要"一个关于文化的物质论的……定义"，其"根本前提"在于人类文化的基础是劳动和物质生产。人类文化……不是一种抽象地储存在大脑里的"知识"，而是在生产中物质化，并体现在社会组织中，通过实践与理论技术而进步，尤其通过语言而获得保存和传播。丹·席勒高度赞赏了霍尔将"文化"参照劳动的概念予以定位的做法，但他也对霍尔惯于强调语言而将劳动置于次要位置的做法表示遗憾。在梳理鲍德里亚、波斯特和贝尔等人有关文化的观点后，丹·席勒走向了将文化传播与劳动结合起来的道路，指出"当'知识'劳动的物化概念再次成为围绕着传播与文化研究形成和重塑的节点时，人类实践的真实范畴也相应地被裁断和改写"[①]。

在把脑力劳动和体力劳动统合为生产性的劳动方面，丹·席勒用生产性的劳动（productive labor）替代劳心劳力之分，建立了劳动的文化理论，他把传播看成一种生产性活动，认为它是人的自我活动形式，为传播作为一种劳动奠定了逻辑起点。丹·席勒认为，在传播的研究中，将劳力与劳心分开无法得到劳动的真谛。威廉斯曾从人的社会动能入手，将劳心与劳力统合起来，呼吁摒弃劳心与劳力这个存在重大问题的二分法。对此丹·席勒予以肯定，但他认为威廉斯仍然没有找到令人信服的概念来统筹非生产性的劳动。丹·席勒认为有些时候人们不知道怎样把概念上所谓的"劳心、知识的劳动"或"脑力工作"与技术工、工厂苦役、农事或家务劳动放在相同的平台上来理解。恰如丹·席勒所言，劳动与传播长期处于微妙的关系中，人们要么将劳动分为劳心与劳力，要么漠视劳动，或者只注重消费。丹·席勒始终致力于解决知识劳动的理论地位问题，使之远离不把传播者看作施为者，把物化等同于生产资料的荒唐观点，而是将传播定性为生产性劳动，将劳心与劳力统合起来。这在传播的研究方面具有划时代的意义。

丹·席勒（2012）主张摆脱劳动研究中的物化阴影。他在追溯马尔库塞、卢卡斯、威廉斯等人的劳动观点——制度分工、生产方式和支配文化等——之后指出，劳动并不仅仅是体力生产和苦力，而是人类自觉行动的独特能力与活动，它不仅包括表达与思考，同时也包括行动和能量，并且将二者统一在一起。

---

① 席勒. 传播理论史：回归劳动［M］. 冯建三，罗世宏，译. 北京：北京大学出版社，2012：35.

丹·席勒认为："生产活动延伸到经济基础和上层建筑，包括'智力'以及'手工'劳动实践活动，借助这个明显的机制去理解和分析'生产'已变得不可或缺。不同的社会关系，围绕着离散的劳动系统而凝聚起来。"① 由此，丹·席勒将劳动带入生产力与消费的视野中，开创了将脑力劳动和体力劳动统合为生产劳动的新途径。

二、传播是一种生产性的劳动

很多人认为知识的劳动不算是劳动。如凡勃伦在《有闲阶层论》一书中，就把"拥有充足资产，可以不从事生产劳动，生活以休闲和娱乐为主的阶层"②叫作有闲阶层。纵观凡勃伦对有闲阶层的阐述，很多从事脑力劳动的人都被划入有闲阶层之中。显然，凡勃伦没有意识到脑力劳动也是生产性劳动，而如果脑力劳动不是生产性劳动，那么从事信息生产、传播的劳动就不属于生产劳动。杜埃曾说："我可一点都不曾否认知识的劳动是劳动；但是使用之后对于整个社会与国家产生损失的知识劳动，并不是有用的劳动。每一种劳动必须有用才是真正的劳动。这是政治经济学的第一个特色。"③ 毫无疑问，杜埃是从对国家是否有利的角度来看待知识劳动的。

凡勃伦等人的观点招致很多学者的反驳。格朗伦德指出："无论哪一个公民，其所进行的生产性劳动都是我们需要的，这里所说的生产性劳动是生产大家所需的一切产品的劳动，不管这些产品是有形的，还是艺术或是知识层面等无形的。"④ 虽然格朗伦德的这个分类很难在概念上找到根基，也存在界限不清的情况，但是他从人的需求出发来考量，对知识劳动的生产性进行论证，是值得肯定的。意大利共产党人、安东尼奥·葛兰西认为："无论什么工作都存在着创造性的知识活动，只是需要知识量的多少不同而已。"⑤ 休伯特直接指出："知识人最大的错误就是他们认为机械工与劳动大众的工作无须使用脑力。事实并非如此。每个人都有脑，或许这个脑未曾高度开发，但只要他的脑在，他在工作的时候就会用到脑力。这不但适用于一般被称为'知识劳动'者，也适用

---

① 席勒. 传播理论史：回归劳动 [M]. 冯建三，罗世宏，译. 北京：北京大学出版社，2012：84.
② 凡勃伦. 有闲阶层论 [M]. 李华夏，译. 北京：商务印书馆，2004：3.
③ 同①69.
④ 同①70.
⑤ 葛兰西. 狱中札记 [M]. 葆煦，译. 北京：人民出版社，1983：52.

于所有的劳动。"[1] 的确,在任何劳动中,都必须使用到脑力。可以说,将脑力劳动排除在生产性劳动之外的做法是不可取的,这也是丹·席勒将体力劳动和脑力劳动统合为生产性劳动的伟大之处。

关于传播为什么是一种生产性劳动的问题,可以到马克思有关生产性劳动的论述中去寻找答案。马克思从两个方面对生产性劳动进行了界定:一是"生产劳动是给使用劳动的人生产剩余价值的劳动"[2],二是"生产性劳动是物化在物质财富中的劳动"[3]。我们知道,从资本主义生产的视角来看,生产性劳动无疑是一种雇佣劳动,资本家用工资这一可变资本来交换工人的生产性劳动。交换后,工人在劳动中不仅生产了资本家用于交换的工资资本,还为资本家生产了大量的剩余价值。在马克思看来,"从单纯的一般**劳动过程**的观点出发,实现在**产品**中的劳动,更确切些说,实现在**商品**中的劳动,对我们表现为**生产劳动**"[4]。据此可知,所谓的生产性劳动,是存在着雇佣关系、与资本进行交换、对资本的增殖起直接作用的劳动。

在马克思主义生产性劳动理论的指引下,我们来看看传播为什么是一种生产性的劳动。在马克思那里,生产性劳动并不局限于物质生产领域。马克思指出:"**生产劳动**是给使用劳动的人生产**剩余价值**的劳动"[5]。由此可知,只要劳动为资本家创造了高于它的必要成本的剩余价值,它就是生产性的。值得注意的是,马克思并不认为生产劳动与非生产劳动之间的界限牢不可破,他指出:"**同一种劳动可以是生产劳动,也可以是非生产劳动。**"[6] 马克思的这一说法是科学的,如一个舞者在酒吧自娱自乐地跳舞,或者是自己到大街上跳舞,从围观者那里挣到一些钱的劳动就是非生产性的。但如果这位舞者被某个剧院雇用,在舞蹈中为剧院挣钱,并获得了工资,这样的劳动就是生产性的,因为他为剧院生产了资本。马克思从来没有否认过生产性劳动的范围会伴随着资本主义生产范畴的扩张而不断拓展。技术、生产力在生产性劳动中起着主导作用,在技术和生产力的作用下,资本有能力将工资关系强加在许多以前是非工资关系的社会劳动身上。技术创新,包括信息存储、处理、复制和传播领域的创新,使

---

① 席勒. 传播理论史:回归劳动 [M]. 冯建三,罗世宏,译. 北京:北京大学出版社,2012:74.
② 马克思. 剩余价值理论:第 1 册 [M]. 北京:人民出版社,1975:426.
③ 同②442.
④ 马克思,恩格斯. 马克思恩格斯全集:第 49 卷 [M]. 北京:人民出版社,1982:99.
⑤ 马克思,恩格斯. 马克思恩格斯全集:第 48 卷 [M]. 北京:人民出版社,1985:47.
⑥ 同⑤53.

得众多职业中的生产者与产品和生产过程相分离。在新传播科技的赋权下，信息传播的经济效益日渐凸显，大量的信息产品被不断生产出来，信息传播者与资本之间产生了泛在化的雇佣关系——资本搭建信息传播平台，信息传播者借助相应的平台实现信息产品的生产和传播，为作为平台提供者的资方创造大量财富，使信息传播和服务突破了自我雇用的领域，出现了使用平台即被雇用的情况。而信息的传播能为资方创造大量财富，也就意味着信息传播为资本家创造了巨额剩余价值，因而传播这一劳动形式就是生产性的。

第三节 作为劳动者的网络用户

网络用户是网络空间中的重要劳动者，其在网络空间中的信息生产、传播和消费行为都是劳动，为网络媒介经济的发展注入了强大的活力。此外，网络用户的劳动也为盲点之争的统一奠定了基础。

一、从马克思对劳动的论述看网络用户的劳动者定位

马克思指出："劳动力的使用就是劳动本身。"[①] 而关于劳动力，马克思将其界定为"人的身体即活的人体中存在的、每当人生产某种使用价值时就运用的体力和智力的总和"[②]。由此可知，凡是有劳动力的人，都可以成为劳动者。网络用户具有自己的智力和体力，他们在进入网络这个信息生产空间的时候，能够根据自己的兴趣和能力（脑力和体力之和）进行劳动，生产出特定的信息产品。因此，从劳动力使用方面来说，网络用户能够进行劳动，是实际意义上的劳动者。

此外，马克思认为"劳动首先是人和自然之间的过程，是人以自身的活动来引起、调整和控制人和自然之间的物质变换的过程"[③]。"马克思揭示了资本主义社会对象化劳动的意义所在，即人以自然界为基础并在改造自然界的过程中确认自己的主体性的一般生产劳动，它是人类生存和发展的永恒基础，这种劳动的发展，带来的是整个人类的不断进步趋势。"[④] 上述的劳动过程是对象化

---

① 马克思，恩格斯. 马克思恩格斯全集：第 23 卷 [M]. 北京：人民出版社，1972：201.
② 同①190.
③ 同①201-202.
④ 王海霞. 马克思经济学人文关怀思想研究 [M]. 北京：光明日报出版社，2017：103.

劳动的过程。在这一过程中，劳动者以自然界为对象，创造出各种产品。同样，在网络空间中，网络用户也以网络中的信息资源为对象进行着信息产品的生产，这一劳动也可视为网络用户与网络中各要素之间的相互作用过程，是网络用户以自身的活动来中介、调整和控制人和网络各要素之间的信息更换的过程。网络用户的劳动在马克思所谓的"雇佣劳动"方面表现得尤为突出。自《伦敦笔记》起，马克思便开始对"商品"这一概念进行重点探讨，发现了价值和使用价值这一商品的二重性，以此为基础，马克思提出了抽象劳动和具体劳动这两个影响极为深远的概念，并开创了雇佣劳动这一新的研究领域。在资本主义社会中，"劳动日益消隐了其具体劳动的属性，完全转变为创造价值即'资本一般'的抽象劳动"[①]。在这种情况下，通常所说的雇佣劳动也便出现了。众所周知，雇佣劳动是一种能够生产资本的劳动。网络用户在网络空间中进行的信息生产、传播和消费活动，也能为各种以营利为目的的网络媒介带来巨额利润，推动网络媒介资本的增殖。因而网络用户也在进行着生产资本的劳动，只是在传播科技的赋权下，网络媒介以一种更为隐秘的方式——没有签订任何劳动合同，靠搭建网络劳动平台来雇用网络用户而已，这是一种泛化的雇用。

在西方国家，把劳动当作雇佣劳动的研究贯穿了整个20世纪。这一取向是以经济现实为出发点的，其突出特征便是以雇佣劳动作为主要的生产形式。纵观大众传媒组织，不管是营利的还是非营利的，不管是私人企业还是公共机构，都有雇员，并以工资为报酬。在新媒体技术的影响下，当今的传媒生态已经发生了重大变化，就传媒内容的生产来说，除专门的雇佣员工的生产外，还包括数量庞大的自由劳动者的生产。在网络中，网络用户以软件、知识、文化、教育艺术等公地为基础，生产出规模极为庞大的信息内容。因此，在网络空间中，网络用户统合脑力和体力，复制、转发、搜索、生产各种各样的信息产品，成为新崛起的数量极为庞大的劳动者。

二、网络用户是网络媒介的劳动者

随着网络媒体的出现与普及，有关媒体受众劳动的研究也从传统媒体的受众推进到网络媒体的用户。

---

① 杨建平. 马克思的劳动概念：兼论实践、生产和劳动概念的关系 [J]. 人文杂志，2006（3）：27.

（一）传统媒体的劳动者——受众

达拉斯·斯麦兹致力于将"传播"和"生产"联系起来，将商业媒体受众的信息接收安置于劳动的范畴中，提出了著名的"受众商品论"①。杰哈利在1987年提出了"看电视就是劳动"②的观点，这些研究使媒体受众为媒体劳动的观念逐渐深入人心。

在受众参与劳动的研究中，学者们主要以时间为切入点，认为在信息社会，时间已成为一种商品，受众用来接触媒体的时间已不再完全属于受众自身，因为媒体已经把它出售给了广告公司，受众在阅读报刊、收听广播、收看电视以及上网时，为其中的信息产品增加了价值，这种价值可以通过媒体向广告商收取广告费来测量。由此可知，受众在接触媒体时所花费的时间和精力能为媒体创造价值，因此受众的阅读、收听及收看等行为就是一种劳动。

在信息社会，媒介不再只是信息，而是信息、生产工具、平台以及消费对象的综合体，它将吸引更多的受众，让他们花费更多的时间来进行阅读、收听和收看等活动，使受众付出更多的劳动，为媒体创造更多的价值。

（二）网络媒体的劳动者——网络用户

在互联网高度普及和发展的情况下，"不在网上"的情况越来越少见，对于互联网时代的人们来说，由于网络已嵌入他们的生活中，因此"线上与线下"几乎不会再有什么区别，他们在网络上学习、工作和休闲娱乐将成为常态。

段永朝在谈到互联网背景下看"文明转向"的问题时，曾有一段精辟的论述：跟我们以前习惯的文明转向的说法不一样，过去是"层次递进法"，就是由低级阶段向高级阶段的演化，在时间上是单向的，假设了从低级到高级的单向进程。而在互联网背景下看"文明转向"，里面包含有继承的成分，一定程度上也还是凭着过去的文明成果或者惯性在往前走。但另一方面，它又对过去的文明成果有一种彻底的颠覆或者全新的认识。互联网是一次前所未有的、真正的解放，不但与人类的"数字化生存"息息相关，更事关我们如何嬗变为"新物种"。我们将这种"解放"名之为"新物种的诞生"③。生活在这种新文明背

①　SMYTHE D W. Communications：blind spot of Western Marxism [J]．Canadian Journal of Political and Social Theory，1974，1（3）：20.

②　JHALLY S. The codes of advertising：fetishism and the political economy of meaning in the consumer society [M]．New York and London：St. Martin's Press and Frances Pinter，1987：6.

③　段永朝，姜奇平．新物种起源：互联网的思想基石 [M]．北京：商务印书馆，2012：46.

景下的人，他的个体的重要性在降低，但作为群体的重要性在上升。我们把它命名为新的物种形态。互联网就是新物种起源，新物种就是处在信息时代、信息社会的"我们"。这种说法契合了网络用户的信息生产对人类文明的颠覆性影响这一社会现实，对与网络用户劳动相关的研究有着较大的指导意义。

随着技术的进步，生产效率将会不断提高，而这必然会使人类获得更多可以自由支配的时间。利亚姆·班农等认为："世界范围内所做的所有研究工作都表明，不管社会处于什么样的发展水平，也不管政治和经济组织采取何种形式，90％的自由支配时间是用于闲暇活动的。"① 在互联网时代，人们的休闲活动主要在网上进行。而按照"上网就是劳动"② 的说法，人们将把更多的时间投入网络劳动中。在绪论中，我们已经对"网络的使用者即为网络用户"进行过论述。由此可以说，新传播科技的发展催生了新的劳动者——网络用户，在网络社会中，网络用户这一新物种必然成为重要的劳动者。

作为网络空间的重要劳动者，网络用户已被嵌入网络空间的信息生产、传播与消费的劳动过程中，他们已成为广义上的劳动者。关于这一点，《宁波日报》的一位受访者在接受访谈时也予以了肯定，他说：

> 劳动者是一个非常宽泛的概念，哲学、经济学、法学对此都有不甚相同的界定，但是共同点也很明显：一是有劳动能力，二是有劳动动机或者说诉求并付诸实施。结合马斯洛需求层次理论，从这两个特征来评判，网络用户应属于广义上的劳动者。③

众所周知，网络用户扮演着信息消费与生产的双重角色，他们在网络空间的活动能够生产大量的信息产品，创造出巨大的经济效益，因而从产品的生产和效益的创造这个方面来说，网络用户也是当之无愧的劳动者。暨南大学的一位教授在接受访谈时认为网络用户创造了大量的价值，指出网络用户是一种名副其实的劳动者。他说：

> 在互联网时代，人人都是媒体，人们从过去的读者变成了今天的网络用户，各种终端在向网络用户提供信息和娱乐的时候，也在引导着网络用

---

① 班农，巴里，霍尔斯特.信息社会 [M].张新华，译.上海：上海译文出版社，1991：88.
② 曹晋，张楠华.新媒体、知识劳工与弹性的兴趣劳动：以字幕工作组为例 [J].新闻与传播研究，2012 (5)：60.
③ 受访者 I1，受访时间为 2016 年 11 月 20 日。

户生产内容。如"全民 K 歌"这个 App 平台平时只提供音乐伴奏，偶尔策划一些线上活动，它主要靠网络用户下载伴奏、录制歌曲并上传至平台上来获得发展。在录制和上传歌曲的过程中，网络用户生产了内容，为该平台带来了较大的经济效益，也就进行了劳动，成了名副其实的劳动者。[①]

对于网络用户的产品生产与价值创造，厦门大学的一位教授也给予了充分的肯定。在受访中，他从生产性劳动和消费性劳动两个方面对网络用户的劳动者地位予以了阐释：

> 劳动分为脑力劳动和体力劳动，在网络空间中，网络用户花费了大量的时间和精力，因而网络用户也是劳动者。换句话说，在网络中，用户既是消费者，又是生产者，这种劳动主要体现在两个层面：一是用户在上网时会发布信息，这是一种直接的劳动。二是用户点击、转载别人的信息，留下的数据也是一种"劳动成果"，因为数据本身也是一种资源，这种资源往往会让其他的人产生消费行为，也会产生经济效益，这是消费性劳动。[②]

三、网络用户的类型

作为网络媒介的劳动者的网络用户，是一个泛化的指称。一般来说，网络用户这类劳动者包括以下两种类型。

（一）作为个体网络用户——个体劳动者

总体来说，网络用户这种劳动者是较为分散的，他们摆脱了时空的限制，可凭自己的兴趣爱好随时进入网络空间进行劳动，并可以随时退出劳动。这就决定了网络空间的劳动者绝大多数都是以个体的形式存在的。但个体劳动者的作用却不容小觑，他们往往能够独立地完成信息产品的生产过程，并能够参与信息产品的传播与消费，是网络空间中粉丝经济及社群经济发展的主要推动力量。

（二）作为群体网络用户——群体劳动者

就群体来说，网络用户又包括有组织的群体和无组织的群体两种类型。有组织的群体往往是围绕共同关心的事项和共同的目标，在统一的意志之下从事

---

① 受访者 P3，受访时间为 2017 年 2 月 14 日。
② 受访者 P4，受访时间为 2016 年 12 月 8 日。

协作性劳动的。因而在网络信息的生产和传播中，有组织的群体一般都约定俗成地遵守相关的信息生产和传播规制，并往往具有较高的责任感。值得注意的是，有组织的群体包括网络媒介有意识地组织起来的群体和网络用户自己形成的群体。网络媒介有意识地组织起来的群体包括网络媒介的会员群体等，而网络用户自己形成的群体则有字幕组等。无组织的群体是那些有着共同爱好的人，根据自己的爱好与他人临时组成一个群体，就共同关注的事件或者人物发表观点，或者临时吆喝。如在网络直播中，许多人临时聚集在直播平台上，围绕直播者和相关信息进行交流，或者只是作为围观者或起哄者。他们不需要遵守特定的群体规制。不管是有组织的群体还是无组织的群体，均能在信息的生产、传播和消费中创造大量价值。不过相对来说，在信息的生产、传播中，无组织的群体生产、传播负面信息的可能性更大。

需要指出的是，不管是哪一种网络用户，都是网络媒介、广告商等商家全力追逐的对象，因为他们都为这些商家带来巨额的经济财富。

四、网络用户劳动的主体性、属性、方式、工具及类型

网络用户的劳动具有一定的主体性，其劳动属于非物质化劳动的范畴，劳动的方式主要体现在数字化方面，劳动的工具是网络用户的大脑和思维，劳动的类型包括点击浏览及收听收看、搜索、生产数据以及内容等。

（一）网络用户劳动的主体性

随着网络技术的发展，网络用户纷纷进入网络空间，进行着各种各样的劳动。在网络用户的劳动中，与网络媒介签订合同，存在着法律上的雇佣关系的人数极少，而泛化雇佣关系（本研究认为网络用户使用网络媒介提供的信息平台即为被雇佣，这将会在第五章中进行较为详细的论述）的网络用户则极为庞大，其活动极为频繁，因而对泛化雇佣劳动者的劳动之研究就显得尤为重要。

在新传播科技赋权和用户的知识素养不断提升的背景下，网络用户在劳动中的被动性已大大消解，其劳动者的主体性不断凸显，劳动的自由性正不断提升。在哲学视域中，"主体性是人将本身的本质力量外化或释放在客体身上而表现出的一种能动的属性，亦即人的自主、主动、能动、自由、有目的地活动的地位和特性"[①]。按照这一说法，当劳动者自主、主动、能动、自由、有目的地

---

① 张澍军. 马克思主义哲学若干重大问题讲解 [M]. 北京：高等教育出版社，2006：15.

劳动时，其劳动就具有了主体性。"网络劳动者的劳动正是一种自主、主动、能动、自由和有目的的劳动，因而是一种主体性的劳动。"① 网络用户劳动的主体性除了体现在其劳动资料、对象、目的、时间等方面外，还体现在网络用户在网络价值链上的主体性这个方面。我们将围绕这几个方面对网络用户劳动的主体性进行阐述。

1. 劳动资料的主体性

在工业生产中，劳动资料属于资方所有，劳动者并不拥有用来生产产品的资料，资方提供劳动必需的生产资料给劳动者，使劳动者为资方劳动，劳动者在生产出资方认可的产品后可以获得一定的经济报酬。而在网络空间中，网络用户拥有了众多的可以用于信息产品生产的劳动资料。我们都知道，不管任何人，只要拥有某种可用于信息生产的电子设备，并将其接入网络中，便可以进入网络这一庞大的信息生产场所从事信息生产的劳动。就电子设备来讲，相当多的网络用户有属于自己的电脑、iPad、照相机和摄影机，几乎每个网络用户都有手机。而利用这些设备上网时，网络用户常常是自己付费（含上网费、电费和设备耗损费等）。值得注意的是，即便是使用诸如工作单位、图书馆等拥有的电子设备来进行劳动，网络用户也没有使用属于网络媒介所拥有的劳动资料来劳动，而是利用由于自身的便利条件所能获得的劳动资料来进行劳动的。由此可以说，网络用户往往使用自己的劳动资料在网络空间进行劳动。网络用户拥有了自身的劳动资料，便为其主体性劳动奠定了基础。

2. 劳动对象的主体性

大家都知道，在现实空间的劳动中，劳动对象皆为物质实体，资方对其拥有所有权。而在虚拟化的网络空间中，劳动对象则变成了各种各样的信息，而信息属于非实体性的东西。在网络空间的劳动中，网络用户将临时搜索得来的或者自己之前就拥有的信息进行组合和加工，生产出可以满足社会大众特定需求的信息产品。由此可知，网络用户劳动中的劳动对象也往往是网络用户自身所拥有的。网络用户拥有了信息这一劳动对象，也为其主体性劳动奠定了基础。

3. 劳动目的的主体性

以工业产品的生产为例，在工业生产中，工人按照资方的要求，在特定的

① 杨逐原，周翔. 网络信息生态位视域下网络劳动者的主体性与价值增值分析［J］. 西南民族大学学报（人文社会科学版），2016（2）：56.

时间、空间中生产出一定数量的标准型号的产品，以获得相应的经济报酬，这是工人劳动的目的。而在网络信息产品的生产中，网络用户在自身能够自由支配的时间中生产特定的信息产品供他人消费，或者自己消费他人生产的信息产品（消费也是一种生产，这将在第三章进行较为详细的论述），在生产与消费中使特定的需求得以满足，这是网络用户劳动的目的。网络用户的需求也包含着马斯洛所说的生理、安全、归属与爱、尊重以及自我实现等五个类型。此外，网络用户在使上述五种需求中的某个（些）或全部得以满足的同时，在消费与生产的劳动中还可以进行情感体验、获得娱乐的快感。在网络空间的劳动中，网络用户能够较为自由地根据种种主客观条件及自身的喜好、需求等来设定劳动目的，不受网络媒介等外在性的因素的指定。这亦为网络用户的主体性劳动筑牢了平台。

4. 劳动时间的主体性

在工业生产等劳动中，劳动者必须在资方规定的时间内进行劳动，不然就会受到资方的惩罚。而在网络空间中进行劳动，除了职业化的信息生产外，广大网络用户是可以自由支配自己的劳动时间的，无论白天夜晚，无论哪一分哪一秒，网络用户皆能根据自己的空闲情况和特定需求进行支配，较为自主地劳动。

5. 网络价值链上的主体性

网络用户在劳动中特有的创造性是网络用户在网络价值链上的主体性的重要体现。在网络这个极其庞大的信息生产场所中，网络媒介及广告商等资方的信息生产、管理和营销都围绕着网络用户来进行，他们都期待着从网络用户那里获得巨额经济利益。而网络媒介及广告商能否从网络用户的劳动中获得巨额经济利益，网络用户的创造力起着决定性作用。因此，我们可以将网络用户的创造性看成衡量其主体性的一个重要标尺。正是由于网络用户创造力所拥有的巨大价值，作为资方的网络媒介才绞尽脑汁地打造各式各样的可供网络用户进行创造性生产的劳动平台，从而获得更多的价值。因而在网络这个信息生产场所中，网络用户劳动的创造力牵动着网络价值链上的相关各方，使其在网络价值链上的劳动具有主体性。

综上所述，网络用户基于特定的劳动目的，利用自身拥有的劳动对象和劳动资料，凭借自身可以自由支配的劳动时间，以及在网络价值链上的创造性所体现出来的主体性，较为自主地在网络空间进行着劳动，使自身的劳动具备了主体性特征。

（二）网络用户劳动的属性

麦克尔·哈特和安东尼奥·奈格里将非物质性劳动定义为"生产非物质成果的劳动，比如服务、文化产品、知识或者通信"①。毛里齐奥·拉扎拉托（2005）认为非物质劳动概念产生于这样一种意识，即对于资本积累而言，知识、创造力、情感和社会合作拥有日渐增长的核心重要性。凯瑟琳·麦克切尔及文森特·莫斯可（2013）将非物质性劳动定义为与知识及其影响、符号相关的工作。

在新技术的赋权之下，人们劳动的力量已发生了翻天覆地的变化：劳动不仅包括生产有形商品的活动这一形式，还包括生产社会形式、价值体系和社会经验结构的非物质劳动这一形式。拉扎拉托（2005）认为非物质劳动有两个方面的内容：商品的"信息内容"及生产商品"文化"内容的行为。商品的"信息内容"指向工业以及第三产业中劳动者的劳动过程的变化——在工业及第三产业的大公司里，直接劳动中所需要的技能慢慢被机器管控的技能所替代。就第二个方面的内容来讲，非物质劳动内含着一系列的活动，但我们不能用日常所说的"工作"来指称这些活动，因为它包含着界定和区分时尚、品位、艺术和消费指针乃至公共舆论这一更具策略性的东西在内的各种各样的信息项目的活动。哈特和奈格里（2003）也指出，工业化的工厂的劳动在减少，其优先地位让位给交流性的、合作性的、富有情感的劳动。因此，不少学者把工业时代的劳动归到物质劳动的范畴中，而把信息劳动这一信息资本主义时代的劳动形式归到非物质劳动的范畴中。

在网络这个信息生产的巨大场所中，网络用户进行着各种各样的信息产品的生产，因此网络用户必须有足够的智力和技术素养来支撑自身的劳动。就技术素养来说，网络用户的劳动是在网络信息技术的作用下得以实现的，它融汇了网络这一新兴的传播科技，在生产中具有象征性及创造性。如"屌丝"这一网络热词是网络用户创造性地生产出来的，同时它也用来象征"矮、丑、穷、矬"这一类人。此外，网络用户在通过社交网站进行人际交往时，往往会伴有情感的生产及控制。据此可以说，网络用户的劳动是一种非物质性的劳动，网

---

① 哈特，奈格里. 帝国：全球化的政治秩序 [M]. 杨建国，译. 南京：江苏人民出版社，2003：56.

络用户是非物质劳动的主流劳动者。

（三）网络用户劳动的方式

数字化生产是网络用户劳动的主要方式。网络媒介具有两个根本的特征：传播上的互动性及技术上的数字化。因而，在网络这个巨大的信息生产场所中进行劳动，网络用户必须借助数字化这种特殊的技术形式，数字化劳动是网络劳动中的最具代表性的特征，数字化生产是网络用户劳动的一种主要手段。借助数字化技术这一工具，网络用户的劳动必将对全球网络价值链乃至全球经济结构产生巨大的影响。

"随着网络技术的发展，特别是 Web 2.0 的出现，网络用户生产内容的平台大行其道，受众商品论在新的媒介环境中再度焕发理论活力。"① 达拉斯·斯麦兹、杰哈利等人把受众收看电视的行为看成一种劳动，将这一观念推衍到网络中，可以把网络用户的上网活动也看成一种劳动。在新传播科技的赋权下，网络用户在网络空间借助数字技术这一手段，对数量庞大且非结构化的信息资源进行生产、加工及标引，并进行传播和管理，使网络信息的生产、传播无比兴盛。网络用户生产的各种各样的信息产品，可以为资方带来巨大经济利益，并能为社会大众的娱乐消遣打开全新的渠道，使网络社会中的生产、消费充满活力。

（四）网络用户劳动的工具

毫无疑问，网络用户劳动的工具是大脑。也许不少人会习惯性地认为网络用户劳动的工具是电脑、移动终端等一系列电子设备。的确，互联网是以电子设备为基础的，电子设备对互联网的作用就相当于土地对农业生产的作用一样。但我们都知道，土地在农业生产中所起到的是承载作用，为农业生产提供空间。由此可知，电脑、移动终端等设备在网络用户的劳动中只起到承载作用，而非网络用户劳动中的核心工具。在网络用户的劳动中，真正起核心作用的是网络用户的大脑和思维，网络用户在网络中的一切行动——点击、浏览、搜索、转发、下载以及生产信息等——只受大脑及思维的指挥和支配。如果某个网站的信息没有被网络用户所利用，网络用户没有在网站上进行互动，那么这个网站的价值就很难得到体现。

---

① 章戈浩．数字时代的受众商品论［M］//胡正荣．新媒体前沿．北京：社会科学文献出版社，2012：60.

在劳动中，网络用户使用大脑这一工具生产、传播和消费着各种各样的信息，为网络媒介经济的发展注入了巨大的活力。

（五）网络用户劳动的类型

伊东（Ito，2008）将人们在网上的行为称为胡闹、闲逛和极客，认为人们使用网络的心态是胡乱用用、随便逛逛和专门做做。这一说法形象地描述了人们的网络使用状况。网络是一个万花筒，网络用户的上网动机和行为各式各样，他们有的只是抱着娱乐的动机随意点击浏览网页，有的是抱着学习或利用信息的动机搜索使用网络，有的则抱着分享、恶搞或寻求成就感而在网络上生成信息。不管是出于什么目的，他们都乐此不疲地使用着网络。网络用户的这些行为其实对应了几种劳动方式，即点击浏览、搜索及生成内容。同时，网络用户的一系列劳动行为为网络媒介生产了大量数据，网络媒介则可以利用这些数据赚取巨额利润，因此网络用户的劳动方式还包括数据劳动。下面将分别对网络用户劳动的几种类型进行阐述。

1. 点击浏览、收听收看的劳动

这类劳动可分为阅读、收听收看网络广告和点击浏览网页等两种类型。尽管网络用户的点击浏览、收听收看的劳动没有直接生产信息产品，但他们却投入了大量的劳动时间。按照斯麦兹的"在发达资本主义国家，所有时间都是劳动时间"① 的观点，网络用户的点击浏览、收听收看活动也是一种劳动。此外，网络用户的每次点击浏览网页、收听收看网络广告或其他音频视频的行为都被网络媒介所记录，网络媒介能将这些行为转化为商品而出售，所以对网络媒介等资方来说，这样的劳动无疑具有巨大的价值。

杰哈利（1987）指出，媒介把受众的收看（听）时间卖给广告商，收看（听）广告是劳动的一种形式。据此可以把网络用户点击浏览、收听收看网络广告时所花费的时间看成资方生产巨额经济利益的时间。不少网络用户在接触网络广告后会自觉不自觉地购买广告商的商品，为广告商带来相应的经济利益，网络用户也进入为广告商劳动的路径之中。网络用户的数量越大、点击浏览及收听收看的行为越多、接触到的网络广告条数越多、花费的时间越长，其为网络媒介及广告商等资方劳动的量就越大、所创造的价值也越多。

---

① SMYTHE D W. Communications：blind spot of Western Marxism ［J］. Canadian Journal of Political and Social Theory，1974，1（3）：9.

除了点击阅读、收听收看网络广告这一劳动之外,网络用户在点击浏览网页时也花费了大量的时间,因而也在为资方生产巨额经济利益,这是数字资本主义时代的典型情况。网络用户点击和浏览各式各样的网页,不管接受信息的效果如何,都毫无例外地增加了网络媒介期望的点击量,都为网络媒介不断积累网络虚拟资本做出了贡献,而在网络媒介将网络用户的网页点击量作为资本,与网络广告商进行交换时,网络媒介所拥有的虚拟资本就能迅速地变成现实的资本。也就是说,网络用户的点击、浏览其实就是在为网络媒介劳动,并为之带来巨额财富。网络媒介将网络用户在网上花费的时间作为商品,卖给广告商从而获取相应的经济利益,网络用户就进入为网络媒介劳动的路径之中。我们通常把收看公交车上的移动电视比作"无聊经济"(强迫人们利用乘车的无聊时间观看)、"注意力经济",据此可把点击网页的行动所催生的经济形式称为"点击经济"。值得注意的是,网络用户对网页的点击是不存在同质化的,网络只计算点击了多少次,而不管是谁点击的,也不管是在哪里点击的,点击越多越好。通过网络用户不断地点击和浏览,网络媒介就能够不断地获取价值。因而网络用户的点击行为必将使网络媒介获得的利润不断增加,使得其资本积累越来越多。

网络用户对网页和广告的点击率已经成为网络媒介和广告商共同关注的因素。作为一种劳动类型的点击浏览、收听收看行为为资方创造巨大的经济效益,而广告商支付给媒体的广告费在网络用户购买商品时就转嫁到了网络用户的身上(见图 2-1)。

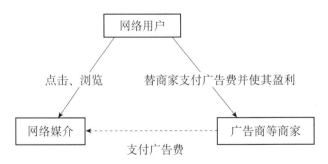

图 2-1 网络用户点击浏览、收听收看的劳动类型

不过到目前为止,点击浏览、收听收看行为是不是都在为资方劳动仍然存在着争议。如一位西安的网络用户在接受访谈时就认为,上网是不是劳动,要视情况而定,如果是利用网络来查询资料和学习知识就是在劳动。如果是利用网络来进行娱乐（如浏览网络小说和笑话、听音乐、看娱乐视频等），就不能称为劳动，因为其只是一个单纯的自我享受过程。①

这种观点应该予以修正。笔者认为，不管是出于什么样的目的，只要点击浏览了网页，就都为网络媒介生产了数据产品，从而为网络媒介积累了资本，因而都是劳动。

2. 搜索劳动

网络用户的搜索劳动已经成为网络媒介盈利的重要手段。"与新闻网站不同的是，用户在使用百度和谷歌等搜索引擎时，他们从事的是'信息搜索'劳动。'信息搜索'劳动制造'关键词''搜索排行'和'搜索结果'等，有学者认为，这是谷歌公司利用用户搜索劳动创造的三种商品，可以直接卖给广告商获利，从而实现交换价值。"② 美国学者李·米奇（2011）以"受众商品论"为起点，详细分析了谷歌（Google）这一在搜索引擎中占据霸主地位的网络公司的关键词广告之运作机制，揭露了 Google 把网络用户不计其数的搜索行为转化为商品的途径：建立关键词搜索评估报告，投放关键词精准定位广告，提升关键词交换价值。在我国，百度鸿媒体也紧跟 Google 之后，运用"天目技术"详细分析受众的搜索行为，然后进行精准的广告营销。

一般来说，当网络用户需要某种知识、某种产品、某种服务信息的时候，都会使用搜索引擎进行搜索，这种搜索行为往往能产生共享经济，没有搜索时处于闲置状态的信息在搜索中成为新的资源，并焕发出蓬勃的生机。网络用户的搜索使曾经归属于某个网络媒介、某个人的信息资源瞬间变成商品并可以供人们共享，这就是人们常说的"共享经济"。如为全球 70 多座城市的出行者提供方便用车的优步（Uber），其手中不需要一辆车，万辆私家车可能的闲置时间却被它汇聚起来，单是 2012 年一年便促成了 100 万单生意，它 2013 年的年收入超过 10 亿美元。这些碎片化的需求在传统工业时代是无法捕捉的，现在却可以轻松地实现全球对接，这是一种使用文化对现有产权文化的挑战。（中央电视台大型纪录片《互联网时代》主创团队，2015）

毫无疑问，网络用户的信息搜索劳动已成为网络媒介等商家获取经济收入的重要渠道，针对网络用户的信息搜索，网络媒介等商家能够把握网络用户的

---

① 受访者 U14，受访时间为 2017 年 2 月 6 日。
② MICKY L. Google ads and the blindspot debate [J]. Media，Culture & Society，2011，33（3）：48.

信息需求状况，从而实现信息的精确推送和广告的精确营销。恰如华中科技大学的一位教授在受访时所说：

> 借助搜索引擎，网络媒介能想方设法地根据人们的需求、兴趣爱好等传播、推送信息，以此扩大粉丝量。在搜索引擎的作用下，网络用户能够快速地从浩如烟海的信息中找到自己需要的信息。因此，人们是在商家的技术和理念下来获取、生产信息的。而这能为网络经济的发展增加较为强劲的动力。①

不过，网络媒介根据网络用户的搜索来实施广告推送往往会给网络用户带来较大的困扰。成都一个长期遭受困扰的网络用户在接受访谈时较为激动地说：

> 网络会根据我们的信息搜索情况，不断地推送特定的信息来吸引我们，因而网络对我们的信息消费起着控制作用。其中强行植入广告、推送产品是主要手段。在推送广告时，不是网站会员的话必须眼睁睁地等待广告播完，是会员的话又要给网站付费。而即使是通过网页推送，也让人心烦：我之前考研究生，一直关注国内某知名大学，之后在打开百度及其他网页后，网页上便自动弹出该大学的研究生招生简章，甚至还弹出了该大学的自考招生、继续教育招生等信息。我把这些烦人的招生信息关掉，可没过几分钟又弹出来了，让人感觉极其郁闷。②

3. 数据劳动

海德堡指出，人口统计学意义上的数据商品，譬如网站的用户，每次浏览、点击、阅读信息等行为会制造一种"流量数据"，如果注册登录，又会产生人口统计学数据。这些数据都属于"半成品"，这些"半成品"具有使用价值，从这几点上来说，这类用户行为都是"劳动"。

近年来，Apple Watch 以及 Google Glass 等一系列可穿戴设备被人们称为"革命性产品"，使用范围越来越广。可以毫不犹豫地说，当这些可穿戴设备普及到一定程度后，社会大众的身体参数、日常行为等信息都有可能随时被上传至网络。《时代》周刊将这种情况称为"全身上网"。就技术层面来说，

---

① 受访者 P2，受访时间为 2016 年 7 月 11 日。
② 受访者 U12，受访时间为 2016 年 12 月 13 日。

处于各种设备联网中的网络用户自身的各种行动、身体参数以及随身携带的各式各样的电子设备，皆可以成为物联网的组成部分。由于物联网能够实时、全方位地监视与人们的生产、生活密切相关的物体，并能把监视中的物品商品化，因而今后的数据商品大有可为。我们已经发现，靠着云储存，物联网能够不断积累与网络用户日常生活相关的各个细节，并经由云计算技术处理后形成网络用户的"完整肖像"，而这些"完整肖像"是通过各种数据组合而成的，网络媒介掌握这些数据后，就可以了解网络用户全貌进而进行针对性的营销，如通过可穿戴设备发现某个人的皮肤有问题，就能够及时推销相关的护肤品。

数据尤其是大数据，其本质在于将与网络用户相关的影像、文本等信息精确量化。在量化的过程中，网络用户的消费需求、人口属性以及心理状况等都被以数据的形式进行记录、采集、分析和统计，并由此转化为饱含商业价值的数据商品，进而产生巨大的经济和社会效益。各种各样的网络用户产生的数据，对广告商和网络媒介都产生了巨大的影响。首先，对广告商来说，在数据环境下，精确广告得以以"大生产""专业化"的形式展开，数据变成了广告业新的核心要素，促使广告业务流程、链条和投放策略发生了新的变革。其次，对网络媒体来说，是实现数据打包出售。网络用户的注意力、日常信息需求和信息活动都会产生"网络用户数据"。"网络用户数据"经过网络用户调查和统计分析后，被打包成"数据商品"而出售。据道格·莱尼估算，2009 年至 2011 年间，Facebook 共收集到了 2.1 万亿条网络用户喜好的"获利信息"，其中每条信息平均有大约 4 美分的价值。除了与广告商交易能从用户的数据劳动中获得利益外，网络媒介还可以通过直接的数据变现的方式从政府等生产的数字商品中获利。关于这一点，武汉大学的一位教授有着较为深刻的洞察，他在接受访谈时说：

目前很多网络公司动用云平台，在政府存储的社会大众的数据如人们的购车数量、车牌号等数据（这些数据在政府部门的数据库里只是数字化储存）方面做文章，通过与政府部门合作，挖掘到这些数据以后，就可以把数据推向市场，实现数据变现。①

① 受访者 P1，受访时间为 2016 年 6 月 30 日。

网络用户劳动产生的数据商品是未来网络经济资本发展的重要途径。不过我们应该明白，网络大数据生产的背后是被分割的网络用户，这种分割的界限是网络媒介的边界，这也导致网络大数据有着资本主导的边界领域，实质上是网络资本圈地运动，将网络用户圈养并通过不同的网络资本介入到价值的挖掘之中。所以人们在关注大数据时不能忽视了大数据的来源，正是网络用户的集体性信息劳动贡献了取之不尽、用之不竭的大数据资源。因而在网络用户的劳动中，大数据及其产业链都应该置于信息资本主义的新型发展逻辑中，劳动价值的分析、大数据商品背后的大数据产业链的各环节都应该得到具体说明，并描绘这样一种产业链的现有结构。

总之，数量极为庞大的网络用户的集体劳动所产生的数据，在云储存、云计算技术的作用下，出现了变"数据废气"为宝的良好局面，对"数据废气"的循环利用，能够改善网络媒体乃至社会的现有服务，并能开发新服务，从而促进网络媒介经济的发展。

4. 生成内容的劳动

目前有三种由用户劳动直接生成内容（信息产品）的模式：UGC（用户生产内容）、PGC（专业生产内容）和OGC（职业生产内容）。PGC是具有专业的学识及资质，并且在所生产内容的领域有一定知识背景和工作资历的人生产的内容，UGC中的劳动者在专业的学识、资质及工作资质等方面都不如PGC中的劳动者，但由于UGC和PGC都由与网络媒介没有签订劳动合同的广大网络用户生成，因此PGC实际上是UGC的中的一部分。而UGC和OGC的区别在于是否获得相应的经济报酬。UGC一般没有经济报酬，是出于娱乐等动机而生产内容的，而OGC则是职业化的生产，因而是有经济报酬的。一般来说，UGC与OGC不存在交集，因为既是平台提供商又是平台用户的人非常少。鉴于PGC的专业生产能力，OGC网站和UGC网站都很欢迎PGC中的劳动者。

网络用户往往是以消费者的身份而存在的，但在网络技术的赋权下，网络用户也参与了网络信息的生产，尤其是一些具有某种独特的专业知识及技能的网络用户，他们能积极主动地参与到网络产品的设计、制作和传播中去，对网络信息的生产与传播起到了不可忽视的作用。诸如2012年中国制作的极具影响力的纪录片《舌尖上的中国》等，就是在充分吸引公众中的"智库资源"参与生产后制作出来的。由此可知，在众多的媒介产品的生产中，"草根"智库所做的贡献不小。数量极其庞大的网络用户不受时空限制，随心所欲地穿梭于不同的网页之间，寻求、生产自身感兴趣的信息，当有了感兴趣的信息后，许多网络用户就会把相关网址保存起来，以便以后进行浏览。不少网络用户还会把相关的信息进行复制后粘贴到自己的朋友圈、亲友圈，以及各种社交网站和论坛之中，使相关的信息被不断地转发和浏览，形成波纹效应，为网络媒介增加更多的点击量，加速了网络媒介资本积累的进程。

在网络信息的生产中，网络用户的劳动除了生产具有使用价值或交换价值的"大数据"外，还生产具有消费价值的信息产品。一般来说，网络媒介在依赖网络用户的集体劳动产生的"数据产品"并将其作为广告价值来源的同时，也依赖网络用户生成的文字、图片、音频及视频等信息，而这些信息本身也具有消费价值，网络媒介可以利用网络用户劳动创造出来的各种各样的信息内容来吸引其他网络用户。基于网络用户生成内容的巨大价值效应，很多网站如56网等等专门做起了与UGC相关的生意，而一些知名的门户网站如搜狐等也提出了专业和网络用户生产两条腿走路的口号，开辟了专门的网络用户生成内容的渠道。经营网络用户生成内容能让网络媒介减少对专职人员（OGC）的成本投入，加之网络用户生产的内容往往更能贴近大众的需求，吸引他们转发及分享，而转发和分享本身又是一种劳动。

在对信息的转发、分享中，网络用户虽然并没有生产任何内容，但与单纯的信息接收有着巨大的区别：大量的转发和分享广泛地传播了有关内容，使相关的信息产品迅速地、不间断地产生裂变，从单一产品衍生出大量的产品。值得注意的是，即使裂变衍生的产品在内容甚至形式上都与裂变前的单一产品毫无二致，但他们却是独立的、可以随时随地获取的信息产品。在这种病毒式的传播中，产品的价值链被不断延伸，经济效益被不断扩大，因而也可以看成是生成内容的劳动。

在生成内容的劳动中，网络用户复制粘贴信息，使信息的点击量不断增加，形成一个个的波纹效应，不断扩大网络媒体的点击量和影响力。这样一来，网络用户就进入为网络媒介劳动的空间，为网络媒介吸引了巨额广告费。而在点击广告之后，很大一部分网络用户会因为广告效应去购买产品，由此进入为广告商劳动的空间，并为其创造了巨额经济价值（见图2-2）。

值得注意的是，不同于传统媒体顾忌传播内容的同质化问题，在网络媒体中，用户的这种复制粘贴越多，扩散范围越广，网络媒体越能获取数字资本，

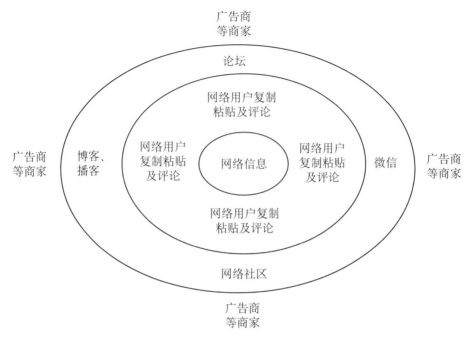

图 2-2 网络用户粘贴传播信息的劳动类型

即使同一信息的反复复制和传播，也不会因为同质化使博客等网络媒介受损，反而会为其带来更多的好处。因此，网络用户生产内容成为网络用户为网络媒介劳动的主要方式。

在今天，网络用户将自身所拥有的劳动对象及劳动资料等投入网络生产中，生产出众多内容和形式各异的信息产品，并把这些信息产品上传至网络供其他网络用户进行消费。由于草根用户在整个网络用户中所占的比重极大，使得其生产的信息极易在网络中产生共鸣，其点击量也会不断攀升，因而此类劳动所创造的价值极为巨大。也就是说，草根用户生成内容的劳动能为网络媒介带来巨大的点击量，使之获得巨额广告费，同时网络媒介还能在将这些产品出售给有需求的单位或个人时获取额外的费用（见图 2-3）。

用户生成内容的劳动方式可以分为两种情况：一是上传"信息成品"，直接供其他网络用户进行消费。二是所谓的"树状理论"。也就是说，网络用户上传至网络空间的信息产品被其他网络用户不断予以修改和补充。这样一来，原先上传的产品，其信息量会迅速变大，整个信息产品犹如一棵大树，不断长出新的枝叶，这无疑会不断扩大原先上传的信息产品之价值量。上述两种情况都能为网络媒体带来巨额利润。

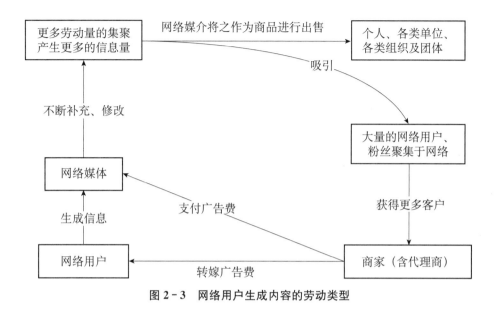

图 2-3　网络用户生成内容的劳动类型

第四节　几种马克思主义视域中的网络用户劳动的性质和作用

正是由于传媒由少数专业人士向更多业余人士开放，从国家、市场向非市场开放，而传媒产业和其他产业的界限越来越模糊，才使将传媒置于更为多样化的马克思主义理论视野中进行考察成为可能。

一、马克思主义视域中的网络用户劳动的性质和作用

T. 特拉诺瓦（Tiziana Terranova，2014）最早对自由劳动进行了论述，并总结出自由劳动的三个特征：一是自由劳动是免费的劳动；二是与自主同义，相较于雇佣劳动，自由劳动的自主性更大，而异化程度则较小，且自由劳动是可以被享受的；三是自由劳动是被资本剥削的劳动。

本章的第三节对网络用户劳动的主体性进行了论证，从中可知网络用户的劳动是较为自由的，他们可以随时随地进入网络空间中开展劳动，并可以随时随地停止劳动。也就是说，网络用户的劳动是不受雇佣胁迫、不受时空限制的自由的劳动。毫无疑问，自由劳动概念对于阐明社交网络领域的新发展是非常有效的。在数字资本主义中，反思这些人类活动就成为重要挑战之一。然而，

"自由劳动"中的劳动的概念严重缺乏分析的严谨性,它将许多不同的实践活动混为一谈。下载一首歌曲和在社交网络平台中与朋友聊天是可以比较的吗?这两种活动又可以和阅读邮件或生产维基百科条目相提并论吗?所有这些活动都贴上了自由劳动的标签,但是它们肯定是不同的事项。

马克思曾经对生产性劳动和非生产性劳动(productive and unproductive labour)进行了区分。他认为,在资本主义国家,生产性劳动是为资本而生产的劳动,生产性劳动最明显的特征是生产商品、交换价值和利润(剩余价值),非生产性劳动不生产剩余价值。[①] 如果将网络用户的自由劳动套用到马克思的概念上,从目的上来说,用户的劳动不是为资本而生产的劳动,他们是抱着娱乐、信息利用和寻求幸福感等动机而劳动的,因而在马克思的视域里,网络用户的劳动似乎是非生产性的。但是我们也论述过,就是马克思从来没有否认过生产性劳动的范围会伴随着资本主义生产范畴的扩张而不断拓展。在技术和生产力的作用下,资本有能力将工资关系强加在许多以前属于非工资关系的社会劳动身上,加之网络用户的劳动会为网络媒介创造巨额剩余价值,因此,从马克思主义视域来说,网络用户劳动也是生产性的劳动,这种劳动在文化传承和发展、人类文明进步和社会经济发展中起着不可忽视的作用。

二、自治主义马克思主义视域中的网络用户劳动的性质和作用

20 世纪 50 年代,在意大利产生了自治主义马克思主义学派,六七十年代该学派有了短暂的繁荣,70 年代末期被暴力镇压后处于边缘化状态,而随着《帝国》一书的出版,自治主义马克思主义学派又重新受到关注。这说明自治主义马克思主义是一个具有生命力和代表性的学派,因而有必要将网络用户劳动置于该学派之下来考察。

自治主义马克思主义研究的重心是自由劳动。自治主义马克思主义学者信奉的是"自治"或"自主"的逻辑,强调劳动尤其是活劳动的独立性,强调工人阶级相对于工会、政党及国家的自主地位,以及工人阶级的自我组织和自我革命对资本主义发展的促进作用。在马克思看来,只有当自由劳动变成主导的生产方式并取代雇佣劳动时,自由劳动的概念才具有意义。而在自治主义马克

---

① 上海市哲学社会科学规划办公室,上海社会科学院信息研究所. 国外社会科学前沿(2013):第 17 辑 [M]. 上海:上海人民出版社,2014:33.

思主义针对集中生产、商品和文化分配的传统形式中，文化和经济的控制性联系不断减弱。因此自治主义马克思主义学者如内格里等指出，在工人的劳动中，以工资契约为纽带的生存方式正在逐渐减少。利用这个观点审视网络空间，可以说网络用户利用新传播科技在一定程度上摆脱了福特主义大众化生产和泰勒式劳动管理控制的限制，能够自主地分配劳动时间和劳动力，在自由自在的劳动中为网络媒介创造了大量剩余价值。

三、数字马克思主义视域中的网络用户劳动的性质和作用

英国诺丁汉特伦特大学艺术与人文学院高级讲师 A. 维特尔认为："数字技术带来了一个从根本上不同的传媒景观，大众传媒开始有了分布式传媒（distributed media）做伴，同时它们似乎逐渐地被这个新成员所代替。分布式传媒是网络化的、非线性的，媒体内容从许多生产者向许多消费者多向度地相互流动。"[①] 这里所谓的"分布式传媒"，是针对大众传播媒体的社会组织来说的。

数字技术对大众传媒产生了广泛而深刻的影响：一是大众传媒的生产者数量急剧增加。在新传播科技的赋权下，可以说今天的每个人都是传媒内容的潜在的生产者。二是数字技术给大众传播媒体带来了全新的生产和发布形态，如信息内容的分享等。三是在大众传媒生产者的数量不断增加的情况下，传媒正变得无处不在。四是数字技术已经嵌入人类信息生产的所有流程之中，而不仅仅是传播技术而已。在这种情况下，数字技术不仅仅与大众传媒相关，也与各种各样的信息与通信技术形式相关，甚至有人预测其将成为一种新的生产方式。

网络技术与数字技术密切相关，网络用户使用网络技术在网络空间进行劳动，生产着各种各样的数字产品，因此其劳动是一种数字化劳动。而在劳动中，网络用户也深受数字技术引起的信息生产和发布形态、信息生产流程变革的影响，网络用户这群数字化劳工也遭受着网络媒介资本的剥削，并为网络媒介资本的发展做出了巨大贡献。

四、网络用户劳动使"盲点之争"趋于统一

作为商品的大众已变得日益荒谬，而他自己的荒谬竟又成为一种商品。这

---

① 上海市哲学社会科学规划办公室，上海社会科学院信息研究所. 国外社会科学前沿（2013）：第17辑 [M]. 上海：上海人民出版社，2014：32.

是德波在《景观社会》一书中对大众被商品化的情况的深刻描述。在互联网时代，网络用户自身及其行为的商品化现象更为突出，而网络用户及其行为的商品化，以及网络媒体在开展用户经营的同时注重发挥其意识形态的功能，使"盲点之争"在网络用户劳动的情境中得以逐渐统一。

（一）"盲点之争"的由来及论争

按照受众商品论的观点，媒介广告时段的价值是传播产生的间接效果，而媒介的音乐、新闻等内容则是"钓饵"性质的"免费午餐"，并不是媒介生产的真正商品。大众媒体生产的消息、思想、形象、娱乐、言论和信息，就像 20 世纪那些出售啤酒的小店为顾客提供额外的"免费午餐"一样，目的是用来吸引顾客进入的。网络媒介提供的音乐、喜剧、戏剧、游戏和新闻等，是用来吸引网络用户进入网络空间中点击网页、生成信息以换取巨额广告费的"免费午餐"。由此可知，媒体公司是以集合、打包出售受众为目的的。斯麦兹告诉我们受众才是媒介的真正商品，尽管他们只是临时聚集起来的商品。这说明作为资方的媒介，已经把受众置于其资本积累和扩张的版图之中。正如姚建华所说："当代数字资本主义的发展使时间和空间的重要性日趋减弱，不同国家和地区的媒介产业的数字劳工不可逆转地被裹挟进全球价值链的生产体系之中。"[①]

斯麦兹将传播视为马克思主义的盲点，历数了诸多马克思主义者在这一问题上的失误。他认为，在经典的马克思主义作家生活的时代，报纸主要受到政治党派的影响和支持，而非广告商的影响和支持，因而 20 世纪 20 年代以前的马克思主义者认为大众媒体的主要产品是它的影响。此后葛兰西、法兰克福学派，直到威廉姆斯和阿尔都塞，都没有从历史唯物主义角度看待意识形态工业，此后的传播政治经济学者如丹·席勒也未能认识到这一盲点。换言之，由于没有考虑垄断资本主义控制下的大众媒体如何将受众制造成市场商品，上述学者关于意识形态生产的理论与实践都建立在主观的、不真实和非历史的基础之上。斯麦兹并未仔细探讨马克思主义传播学者这一盲点产生的缘由，他的兴趣更在于受众商品本身。他认为，垄断资本主义控制下的商业化的大众媒体的主要商品就是受众力，受众是被作为商品出售的（Smythe，1977）。受众付出了劳动，创造了大量价值，但他们不但得不到经济报酬，反而还要承担相应的经济后果。默多克认为，斯麦兹的受众商品论并非适用于所有媒体，如出版业和电影业并

---

① 姚建华.传播政治经济学视域下的媒介产业数字劳工研究［J］.南京社会科学，2018（12）：118.

不存在受众商品论的模式，欧洲非商业电视网也并非完全适用这一理论框架（Murdock，1978）。

　　麦克斯威尔也指出，斯麦兹未能区别作为人的受众和作为商品的受众。他认为广告业所青睐的其实是作为集合的受众，并提出了受众拜物教的概念来做出进一步解释。（席勒，2012）杰哈利（1982）等更多学者在进一步争论中发展了斯麦兹关于受众商品的观念。与斯麦兹关注"广告商购买的是什么"不同，他们认为重要的是"媒体出售的是什么"——媒介出售的是主观时间（objective time），受众与电视网共同生产了商品受众的观看时间。当然，这个时间是抽象的时间，而非具体受众的时间。不同于斯麦兹，杰哈利等人认为受众其实是在为媒体工作，而不是在为广告商工作，剩余价值来自扣除节目制作成本后的利润。其实受众既在为广告商工作，也在为媒体工作。

　　什么机构制造受众力以供广告商购买？斯麦兹认为有两个层次的机构。首先是与受众相连的媒体企业，如商业化的电视台、广播电台、报纸、杂志甚至电子公告板和邮件广告，以及为媒体服务的机构，如通讯社、出版商等。其次是教育机构，特别是中小学。教育机构一方面通过所谓职业培训课程，如商务英语、广告、营销之类直接教育儿童媒体与商业如何运作，另一方面在培训过程中又间接让儿童学会对权威的顺从（席勒，2012）。

　　受众与广告商谁付出更多？从表面上看，受众用受众力交换商业媒体的内容，这种交换是平等的，甚至是对受众有利的。不过在资本体系下的事实并非如此。斯麦兹通过对比美国和加拿大广播电视受众成本（购买价格、使用年限、电费、维修）与广告商成本发现，受众承担的成本大于广告商。这与报纸杂志稍有不同，报纸杂志的广告商承担了70％～90％的成本，用户只承担了发行的成本（Smythe，1977）。

　　斯麦兹在晚年再次系统地阐述了受众商品论。在经历了传播政治经济学内外的多次学术交锋之后，他甚至不无得意地认为，大众媒体的受众是一种商品，而且受众从事劳动，引发了人们对不少既定思维方式的思索。他指出，在回答"到底什么是大众媒体主要商品"这一问题时，有两种主要理论工具：主观的、理想主义的和客观的、现实主义的。几乎所有的资本主义与相当数量的马克思主义的传播学者都是理想主义的，他们将大众媒体当作讯号、信息、影像、意义、娱乐、教育、导向、操纵；所有这些概念都是主观的精神实体，而与现实生活脱节；这些概念所揭示的不是大众媒体内容的某一方面，而是它的效果，或是目的。尽管受众力对广告商的影响发生在受众的头脑里，但其仍然摆脱不了建立在垄断资本主义的物质基础之上的困境。

米瀚提出的收视率商品（rating commodity）成为"盲点之争"的收官之作。米瀚（1984）认为，实际的受众（人头数）并不是媒体生产的商品（以劳动量来计算，而不是以人头数来计算，一个人可以进行多次劳动），而只是关于受众的信息（人数的多少、类别情况以及他们使用的媒体形态等等）。她认为在商品化过程中，"交换的不是信息，也不是受众，而是收视率"（靠点击）。

（二）网络用户劳动的兴起及"盲点之争"的统一

1. 何为"盲点之争"的"统一"

这里所说的"统一"，是指在传统媒体时期产生的"盲点之争"，在网络用户劳动的情境下被消除之前争论的焦点问题，在新的空间已经被统合了。根据上文的论述可知，"盲点之争"所争论的焦点有两个：一是受众是不是一种商品；二是强调受众的商品性是不是忽视了媒体的意识形态功能。只要这两个问题不存在争议，就说明"盲点之争"走向了统一。

2. 网络用户劳动情境中的"盲点之争"如何得以统一

相比传统媒体，新兴信息技术的交互性明显增强，特别是 Web 2.0 技术的应用，让媒体受众兼具内容消费者和内容生产者的双重身份成为现实。此外，早年的"盲点之争"并没有提及资本如何控制受众的劳动，也没有论及使用价值如何从受众中异化出来，而这些恰恰成为基于互联网和移动互联网的新媒体时代受众商品论研究的重要领域（胡正荣，2012）。那么，在网络用户成为重要劳动群体的背景下，"盲点之争"是不是已经走向了统一？要弄清这个问题，就需要弄清两个小问题：第一个小问题是网络用户是不是一种商品，其主要包括两个方面，一是网络用户是不是一种被网络媒介制造、被出售、被购买以及被消费的商品；二是网络用户是不是在劳动中为作为媒介的资方创造着财富，这些财富是不是最终通过网络媒介出售点击量和信息产品以及购买商品时付出的广告附加费来体现。第二个小问题是强调网络用户的商品性是不是忽视了媒体的意识形态功能。如果第一个小问题的答案是肯定的，第二个小问题的答案是否定的，那就说明"盲点之争"已经走向了统一，因为它们意味着，对于网络媒体来说，网络用户不但是一种真正的商品，而且还是一种能够为网络媒介公司生产剩余价值的商品，同时强调网络用户的商品属性更说明要重视媒介的意识形态功能。

（1）网络用户是一种商品。

其一，网络用户本身是一种 prouser 商品。

克里斯蒂纳·福克斯（2012）一直倡导批判网络研究，揭示网络经济背后的信息资本主义实质。他将甚嚣尘上的互联网经济区别为商业化的互联网经济与非商业化的互联网经济，认为后者基于礼物馈赠原则，只有价值但没有交换价值，使用者无须花费成本也不必担心附着的广告。但是随着 Web 2.0 技术的引入，出现了网络用户免费使用，而平台提供商从中获利的互联网礼物商品经济（internet gift commodity economy），实质上是新媒体时期受众商品模式的翻版。与以往的受众不同，新媒体受众既是使用者，也是内容生产者。福克斯因而提出了 prosumer 商品和 prouser 商品：前者是制造者（producer）与消费者（consumer）的合成词，后者是制造者（producer）和用户（user）的合成词。这就说明，在斯麦兹那里作为隐喻的受众劳动，在当下则成为真实的付出。传统媒体中受众只是通过"观看"，或者通过付出额外的时间而经由媒体内容被商品化；Web 2.0 的用户们在"免费"使用各种网络服务如 Google、雅虎（Yahoo）、聚友网（Myspace）、Flickr、油管（YouTube）时，也在为这些平台生产内容。[①] 福克斯所引入的概念正好对应着当年斯麦兹的论断，电视网向广告商出售的既是作为产品的受众，也是作为劳动的受众。在新媒体时代，受众同样被网络媒介作为商品出售给广告商，而这种商品化的背后，受众们或者 prosumer 们是真真正正地在付出劳动：不仅他们本身成为商品被出售给广告商，他们劳动的产品也会被平台提供者再次商品化出售。[②] 与传统媒体相比，网络等新媒体在利用诸如 Cookie 等技术来获取网络用户的行为方面更具优势，这也是我们经常能在新媒体上看到"个人化"的广告的原因。社交媒体产生后，人的社交关系也走上了商品化的道路，这使得信息资本家又有了新的牟利空间。自此，受众商品论由传统媒体进入新媒体，为盲点之争走向统一奠定了基础。

其二，网络用户的行为是一种商品。

网络用户的行为包括点击浏览信息、搜索信息、生成信息等多种形式，它们都是商品，即行为产品。蓝江认为："QQ、微信、Facebook 等社交软件的出现导致数字化身份是长期在线的，即便是在主人身体不在线的时候，它们仍然

---

① 胡正荣. 新媒体前沿［M］. 北京：社会科学文献出版社，2012：24.
② 同①24.

有可能保持着对其他数据流的反应（如离线的自动回复）。"① 从这一点来看，作为网络用户行为的商品，还应该把这种自动回复的情况计算进去，因为对媒体来说，它至少意味着一种数据商品。

如果按当年"盲点之争"中的某些观点来看，特定受众的观看时间才是媒体业出售给广告业的商品，那么这种商品在网络等新媒体中则更难以被测量。但如果是一种商品，就能够找到测量的方法，而这难不倒作为资方的网络媒介，因为它们很快就能寻找到替代产品，如搜索引擎关键词。换句话说，特定受众/用户使用的词语而非时间成了新媒体出售给广告行业的商品（胡正荣，2012）。

2010 年，曼泽罗尔（V. Manzerolle，2010）的作品《移动的受众商品：无线世界的数字劳动》同样基于斯麦兹的受众商品论来研究无线网络的移动终端的使用。他借用了福克斯提出的 prosumer 商品的概念，提出基于移动平台的应用更为个人化和定制化的观点。桌面平台的用户使用搜索引擎，移动平台的用户更偏向使用应用程序，不少应用通过网络用户生产的内容来支撑，从而招徕广告。受众作为商品，不仅是新媒体的内容生产者与利润来源，同时也是移动设备生产商、新媒体平台、电信企业的利润来源。正在兴起的定位服务（location-based service，LBS）提供了受众商品或者 prosumer 商品"变现"的可能。移动网络用户通过 LBS 应用对消费过的商家进行"报道"与"评价"，移动平台或是 LBS 应用程序商可通过用户这类报道与评价将移动设备的用户再次商品化，就像传统媒体通过广告评估体系将受众商品化一样。正如当初斯麦兹通过对无线电频谱资源的讨论而转向受众商品论和传播政治经济学一样，曼泽罗尔认为借用受众商品论对于移动平台的讨论最终也将走向对于移动网络宽带甚至无线电频谱的讨论，从而揭示电信企业垄断了本当属于人类公共资源的无线电频谱并将其商业化的事实。

2011 年，李·米奇（Micky Lee，2011）选取搜索引擎 Google 为个案，着重分析了当下受众商品的演进，即对伯尔米约的互动性商品化过程的进一步探讨。李·米奇的分析由 Google 的广告机制入手：尽管与传统的媒体公司有着这样或那样的差异，但在通过广告盈利这一点上却与传统媒体的运行机制异曲同工。Google 的大部分服务均为免费，颇有几分斯麦兹当年定义的媒体"免费午餐"之意。李·米奇（2011）将她的分析限定于广告关键词（Adwords），这种

---

① 蓝江. 生存的数字之影：数字资本主义的哲学批判 [J]. 国外理论动态，2019（3）：13.

基于搜索、文本的广告机制的商业过程，与其他的互联网门户网站的广告机制（如弹出式广告、旗帜广告）不尽相同。与传统广告行业广告商购买电子媒体的播出时间或是印刷媒体的展示空间不同，Adwords 购买的是搜索"关键词"，即用户搜索某个关键词时，会出现针对这个关键词的广告。李·米奇的分析对比了当年杰哈利和李凡特对于斯麦兹理论的扩展：观看就是受众的劳动，剩余价值出自受众观看节目之外的广告。在 Google 的广告机制里，价值来源于网络用户的点击。与杰哈利和李凡特所揭示的机制不同的是，关键词与观看时间不一样，它是可以被网络用户源源不断地生产出来的，并不是一种稀缺资源。此外，关键词的意义无关紧要，一个拼写错误的关键词由于出现频率高甚至也会被投以重金，或者英语中某个关键词的复数形式也能成为重要的关键词。换言之，商品的交换价值是否有意义，与商品是否有使用价值毫无关系。李·米奇认为斯麦兹的"受众拜物教"（audience fetishism）的观念更能充分解释这种现象。

米瀚对于斯麦兹受众商品论的一个重要补充在于评估体系及其对产业的影响，而在新媒体环境中，这种情况也发生了变化。除关键词之外，Coogle 等社交媒介还建立起自己的评估体系，进而摆脱评估产业的控制。Google 可以利用网络用户的劳动创造出关键词商品，又因为同时拥有广告业和评估业，所以可以调整这类商品的成本。

（2）强调网络用户的商品性并没有忽视媒体的意识形态功能。

"盲点之争"还有一个较为重要的焦点，就是媒体的意识形态生产的功能问题。在不少学者看来，媒体同时具备服务于经济的发展和服务于意识形态的生产等功能。这也是默多克指责斯麦兹忽略了国家的作用的地方，他认为斯麦兹过于强调媒体的商品属性而忽略了媒体在意识形态生产方面的作用。对于默多克等人的指责，斯麦兹也予以了回应，他指出在用马克思主义观点分析传播媒介时，要采用"历史的、唯物主义的、辩证的方法来分析阶级斗争的现实，才能反映这一过程的政治、经济、心理因素"[①]。从斯麦兹和默多克的论争可以看出，西方国家在资本主义中所处的位置、媒体意识形态的生产是他们最为关注的问题，虽然斯麦兹在强调受众价值的同时并没有对国家的作用和媒体的意识形态生产进行论述，但这并不意味着他否认这些问题。也就是说，斯麦兹关注

---

① 莫斯可. 数字劳工与下一代互联网［J］. 全球传媒学刊，2018（12）：128.

"传播作为一种经济力量对社会的影响以及社会政治、经济权力机构对传播活动的作用"①，并不是要刻意淡化媒体的意识形态功能。相反，他还要求以历史的、唯物主义的、辩证的方法来分析阶级斗争的现实。对于斯麦兹采用"历史"的视角来看问题这一观点，李凡特是认可的，不过他强调媒介研究的盲点在于对受众的非历史的概念化，只是在现代才出现了对受众工作能力的生产与交换的研究（胡正荣，2012）。

其实，作为资方的网络媒介在吸引网络用户进行信息产品生产和消费时，已经将意识形态置于其中了。以那些不提供内容的搜索引擎为例，在李·米奇看来，搜索结果也是一种商品，搜索结果的展示与排序也就展现了 Google 自己的意识形态：互联网上的信息应当即时被获取，信息多总比少好。而对这种意识形态的鼓励，势必带来网络用户更多的搜索行为，"搜索劳动会使得关键词的交换价值不断提升，最终让 Google 得以从中获利"②。而从斯麦兹的"尽管受众力对广告商的影响发生在受众群体的头脑里，但还是建立在垄断资本主义下的物质基础上的"这句话可以看出，斯麦兹也是看到了国家和媒体的力量。斯麦兹对西方马克思主义者在传播方面的一个批评，即"马克思主义的传播学者都是理想主义的，他们将大众媒体当作讯号、信息、影像、意义、娱乐、教育、导向、操纵；所有这些概念都是主观的精神实体，而与现实生活脱节；这些概念所揭示的不是大众媒体内容的某一方面，而是它的效果，或是目的"③，也是有道理的。

网络用户作为重要的劳动群体，在他们积极、主动地参与到网络空间的信息生产的过程中，将信息的生产、消费看成一种娱乐活动。网络用户疯狂的劳动使得接收媒体的信息、自己创造信息成为日常生活的一个重要组成部分，媒体在巧妙地控制、引导他们进行信息生产、消费等劳动的同时也在为他们灌输着意识形态的知识。"网络空间的各种资本影响认同的可重构性"④ 使网络用户没有意识到自身是一个劳动者，没有意识到自己被当成一种商品来交易。因此

① 夏玉凡. 传播政治经济学视域中的数字劳动理论：以福克斯劳动观为中心的批判性探讨 [J]. 南京大学学报（哲学·人文科学·社会科学），2018（5）：3.

② FUCHS C. Dallas Smythe today: the audience commodity, the digital labour debate, Marxist political economy and critical theory. Prolegomena to a digital Labour theory of value [J]. Journal of Consumer Culture，2012：692-740.

③ 胡正荣，等. 新媒体前沿 [M]. 北京：社会科学文献出版社，2012：29.

④ 杨逐原，陈莉. 流动的异乡：网络空间中的身份认同 [J]. 青年记者，2019（2）：29.

可以说，对于网络媒介来说，受众力是可以被制造、被出售、被购买以及被消费的，它有着自身独特的价值，是一种极为诱人的商品。众所周知，在发达的资本主义社会，任何时间都可以被视为劳动时间。所以网络用户在接触、使用网络媒介时，并不只是一种娱乐消遣行为，他们还在劳动着，为资方创造着财富，这种财富最终通过网络媒介出售点击量和信息产品，以及购买商品时付出的广告附加费来体现。除此之外，网络用户经常都在接触媒体的意识形态的引导甚至参与意识形态的生产。由此可知，网络用户不仅仅是一种商品，他还生产着各种各样的信息商品。因此，在传统媒体时期争论不休的盲点，在网络用户参与信息生产、传播和消费的网络媒体中得到了统一。

本章小结

　　本章对丹·席勒有关传播与劳动的关系进行了研究，并对传播的生产性劳动属性进行了探讨。在厘清传播是一种劳动的基础上，本章对网络用户的劳动者属性进行了研究，结合马克思有关劳动的观点对网络用户的劳动者定位进行了探讨，对网络用户劳动的主体性、属性、方式、工具及类型进行了分析。值得一提的是，本章在对网络用户的劳动者定位进行研究时，还对几种马克思主义视域中的网络用户劳动的性质和作用进行了分析，并在网络用户劳动的视角下对"盲点之争"的论证及最终走向统一进行了梳理和评述。本章为研究网络用户的劳动状况和报酬情况搭建了基础性平台。

第三章 处于技术赋权与资方权力控制中的网络用户劳动

在劳动与资本的关系中，技术起着重要的规制作用。美国著名的马克思主义经济学家哈里·布雷弗曼指出："《资本论》研究了作为一种社会形式的资本和作为一种技术组织的资本主义生产方式之间的关系，技术产生了社会关系，但它也是由资本所代表的社会关系所产生的。"① 在资本主义生产的过程中，技术并不是一个外生的变量，虽然技术前进的方向受到资本生产特性的规制，但技术的发展却可以成为资本生产中的稳定器。技术在规制劳资关系方面起着重要的作用，它虽然不会在生产中起决定作用，但资本家却能借助技术资本来指挥和控制劳动者的劳动过程。在本章中，我们将对网络技术赋权给网络用户劳动带来的巨大影响进行深入探讨，并对网络技术赋权下资方（一般指网络媒介）如何对网络用户的劳动进行控制，从而将网络空间中生产之决定权牢牢掌握在自己的手中进行较为详细的阐释。

第一节 网络技术赋权与网络用户劳动空间的解放

从传播学的视角来说，网络是一种新型的传播技术。网络对传播学的影响并不只是增加了传播的新渠道，它在提升社会大众控制和筛选信息的能力方面也发挥了重要作用。此外，网络还为大众参与信息生产提供了渠道。因此，网络技术对传播理论和传媒产业都起着变革性的影响，使传播生态发生了根本性的变化。

一、网络技术赋权与网络劳动空间的诞生

---

① 布雷弗曼. 劳动与垄断资本：二十世纪中劳动的退化 [M]. 方生，朱基俊，吴忆萱，等，译. 北京：商务印书馆，1979：23.

（一）网络技术赋权概述

20 世纪六七十年代，西方的学术研究中开始提及"赋权"（empowerment）一词。关于赋权，学者们有着诸多有价值的界定，但最令人称赞的当数康格等人。他们以个体心理学动机为切入点，对赋权进行了较有见地的界定，他们认为赋权是"赋能"或者一种"自我效能"，它源自个体对自主的一种内在需求（Conger，1988）。个体通过提高自身的效能意识，不断增加自身达成目标之动机，进而使自己有控制局面之感。[①]

我国学者陈树强以社会关系为切入点为赋权下了一个定义，指出"赋权是一个动态的、跨层次的、关系性的概念体系，是一个社会互动的过程"[②]。一般来说，赋权其实是一个赋权对象在其所参与的各种活动中应该拥有的权力、效能等不因负面评价和刻板印象而减少甚至无权的过程。赋权在更宽泛的层次上来说，还是一种精神状态，包含着权力再分配的过程及目标。总的来说，赋权是处于"无权"或"少权"状态下的人们，通过学习知识、获取和利用相关资源来争取权力的赋予的过程。

在传播学中，赋权也成为学者们研究的热门问题。在《赋权与传播：来自社会变革的组织经验》一文中，美国知名传播学者罗杰斯（E. M. Rogers）等就对赋权进行了研究，他认为赋权是一种传播过程，这一过程往往来自小群体成员之间的交流（丁未，2009）。伯格斯马（Bergsma，2004）认为，从心理赋权这个视角来说，传播能与个体的公民身份产生联系。由于需要有外在刺激个体的赋权才能够得以实现，而相应的刺激过程往往发生于群体的交流过程中，因此传播在赋权中扮演着较为重要的角色。有关赋权的研究还体现在发展传播学中，在发展传播学研究方面较有建树的学者，如詹姆斯·凯瑞等，也对赋权有着较为深刻的见解。通过对传播学进行文化批判的反思，詹姆斯·凯瑞等人发现，在很多发展中国家，现有的权力结构呈现出严重失衡的状况，这使得在单纯的信息发布、创新扩散中，只有身处城市中的数量较少的精英能够获益。但就发展传播学理念来说，只有针对广大的草根群体的赋权行动才是有价值的。在凯瑞等学者研究的启发下，越来越多的发展传播学的学者对赋权理论展开了

---

① CONGER J A，KANUNGO R N. The empowerment process：integrating theory practice ［J］. The Academy Management Review，1988（7）：471-481.

② 陈树强. 增权：社会工作理论与实践的新视角［J］. 社会学研究，2003（5）：70-83.

探讨，赋权理论与发展传播学产生了共鸣。

伴随着网络技术的普及和发展，人们能在全球范围内传播和共享信息，因而与网络这一新传播科技赋权有关的研究也在全球兴起。在网络赋权的定义方面，梁颐等指出："互联网赋权指的是社会中有机会使用互联网并有可能通过使用互联网而提升自己权力的人，通过使用互联网进行信息沟通、积极参与决策和采取行动的实践性互动过程。"[①] 通过赋权，个人的不利处境会得以改变，自身的能力或权力也会得以提升，并由此改变了社会的权力结构。以色列传播学者伊尔·阿米凯-汉布格尔从个体、人际、群体以及公民等四个层面进行思考，把众多的与网络传播特性密切相关的研究发现均纳入电子赋权的范畴中。（Yair Amichai-Hamburger，2015）就个体来说，伊尔·阿米凯-汉布格尔（2006）认为网络有两个重要的作用——提高个人效能和身份重建。就提高个人效能方面来说，网络能为世人提供特别高效的掌握经验和模仿学习的环境；就身份重建来说，个人在网络空间中的种种活动都可以视为其寻求重新定位身份的行动。师曾志等（2013）在《新媒介赋权：国家与社会的协同演进》一书中指出，网络公共空间能对经济资本、社会资本和文化资本进行重新分配。对于想改变自身境况、提升自身权力的个体、群体以及组织来说，技术赋权使他们有了主动作为的途径，而那些原本不想改变自身权力的个体、群体和组织，也被动或主动地思量改变策略。就社会结构方面来说，网络等新媒体的赋权呈现出自上而下与自下而上相结合的情况。网络自组织能够较为有效地助推民间力量的发展壮大，使公用政策和权力机构的某些缺失得以弥补，而赋权也因此能惠及弱势群体。

综上所述，我们可知，网络技术赋权是社会中"无权""少权"的群体通过使用网络实现信息沟通、决策参与以及采取行动的实践互动过程。在网络技术的赋权中，"无权""少权"的群体的权力和能力得以提升，并由此改变社会权力结构的社会事件状态。在赋权中，网络赋予的是权力而非权利，其赋权的对象是"无权""少权"的草根大众。对于网络用户来说，网络除赋予其政治参与、发表意见等权利外，还赋予了其参与文化传播、信息生产和消费的权力，使之成为集信息生产、传播和消费为一身的社会群体，成为网络空间中名副其实的劳动者。

---

① 梁颐，刘华. 互联网赋权研究：进程与回顾［J］. 东南传播，2013（4）：38.

（二）网络技术赋权下网络劳动空间的诞生

网络技术构建了一个规模空前的信息生产和传播体系。可以肯定的是，在网络这种新信息技术的赋权下，五彩斑斓的新媒体彻底颠覆了旧有的信息传播理念、方式、规律及传受关系，并通过构筑电子商务、智能家居及智慧城市等网络或设施大幅度地改变人类旧有的生活方式、行为方式及生存条件，还创造了新型的经济形态——网络经济，以及经济增长的新方式如电子商务等。此外，往更大处来说，网络还在国家间的网络信息渗透、网络煽动与攻击，以及发动网络战争等方面成了决定国家安全的重大工具。由此可以说，网络是信息革命最为标志性的成就，它如此广泛、深刻地影响着人类的生产与生活，使得其成为人类通往信息社会的最佳途径。网络空间中的信息生产与消费已成为推动信息产业发展的新的力量，网络成为信息流通的最为核心的基础设施，信息资本的增殖场所已转向了网络，这使得信息产业的重心开始转入网络，一个全新的劳动场所由此诞生，而积极使用网络进行信息生产、消费的用户已成为网络空间中的重要劳动者。

"人类社会运动阶段性的重大变化，背后总是伴随着相应的某种重大技术的诞生。那些重大技术的诞生不约而同地成为人们把握过去漫长岁月的历史地标。"[1] 互联网注定是载入史册的伟大技术，它必将为人类社会的发展进步画上浓墨重彩的一笔。犹如19世纪的钢铁生产一样，当前乃至未来相当长的一段时期，人与电脑的互动能力将是关键的科技。毫无疑问，网络技术将成为网络经济发展的强大生产力：网络技术更普遍和深入地履行了技术与经济融合发展的历史使命，推动网络经济的迅猛发展。"在1996年即将结束之际，世界贸易组织新加坡会议起草了一份协议，决定取消对价值5 000亿美元的计算机与软件产品征收贸易关税。这一数字大体相当于世界农业贸易总额。"[2] 正是在网络等信息技术的作用下，信息才成了推动社会经济发展的核心资源，并使社会经济出现新的增长模型：

$$Y = AL^{\alpha}K^{\beta}I^{r}$$

其中，Y代表所观察的系统的总产出，K代表资本投入量、L代表劳动投入

① 中央电视台大型纪录片《互联网时代》主创团队. 互联网时代 [M]. 北京：北京联合出版公司，2015：18.
② 席勒. 数字资本主义 [M]. 杨立平，译. 南昌：江西人民出版社，2001：63.

量、I 代表信息化投入量，A 代表除信息要素之外的其他技术进步水平和剩余影响要素（这里仍将 A 作为常数），α、β 和 r 分别为总产出 Y 对劳动 L、投入资本 K 和信息 I 的弹性。通过此模型，我们可以测算出劳动、资本及信息在社会经济增长中的贡献度。在该经济模型中，"信息化投入量 I" 是极为重要的，它与信息生产力密切相关，而信息生产力要素中，最活跃的就是信息技术。事实上，正是在网络等信息技术的作用下，网络用户才成为网络经济发展的重要贡献者。

具体来说，在网络这一劳动空间中，网络技术具有如下作用：一是人们凭借网络技术可更好地组织生产，不断提高劳动生产率并由此获得更多利润。网络技术已成为网络信息资本生产的指挥棒，哪里有技术平台，哪里就能聚集劳动力进行生产。早在 20 世纪 80 年代，网络技术的作用就受到了人们的重视。惠而浦与通用电气这两家公司是最早将网络技术纳入生产的公司，它们也因此而获得巨大实惠：惠而浦公司充分利用网络技术，将数千名产品工程师有效地组合起来，使其遍布世界各地的生产工厂能够按照标准一致的技术平台来生产产品。而在网络技术的帮助下，通用电气公司的整个供货链发生了巨大的转型——从书信往来转为电子网络，这种转型每年为通用电器公司节省了数亿美元的开支。网络技术将各式各样的计算机系统连接起来，使公司内部之前相互隔绝的一个个活动孤岛之间实现了互联，这样一来，即使只是对某些工作实施战略重组，也能够为公司节省大量的成本。的确，在网络生产中，通过改进网络设施可以更好地为每个分支机构或生产部门提供有效的服务，并能实现生产者与消费者的直接对接，由此节省企业的经营成本。同时，网络技术能让人们通过互联的系统实现资源共享，消除重复劳动，提高企业生产中的安全性及生产效率。二是网络技术使全球市场无缝连接的可能性大大增加。在今天，全球市场已成为一个无缝连接的网络，这个网络使得各种生产资源在不同产品生产商之间得以合理配置和利用，保证了世界经济的快速发展。三是网络技术能有效消除信息产品生产与传输中的干扰因素。"即使是核打击也无法使信息传输中断，因为信息包可以绕过网络中受损的部分。"[1] 这充分说明，在网络技术的支撑下，信息生产具有超强的时空适应性和抗干扰能力，网络技术能够有效消除信息产品生产与传输中的干扰因素。

---

[1] 席勒. 数字资本主义 [M]. 杨立平，译. 南昌：江西人民出版社，2001：63.

网络技术打造了众多生产链和增值链，这些生产链及增值链已成为全球民族国家之间相互竞争的新疆域。不过，我们不要陷入"技术决定论"的圈套。技术决定论往往使人一叶障目，丧失以理性的、综合的方式去思考技术变革的复杂性。人类生产、生活的需求决定了技术的采用过程及运用方式，并不是技术塑造了人的行为，技术只是赋予了人们行为发生的可能性。技术的迷思起源于人类社会关系的拓展，技术只有进入寻常百姓家，为寻常百姓掌握后其社会影响力才能达到顶峰，否则技术始终只是技术。一句话，网络技术所扮演的是劳动工具的角色，劳动工具提高了生产力，虽然赋予了技术以价值内在驱动力的地位，但劳动工具最终仍需要通过人的物质劳动和精神劳动才能发挥力量。网络技术的发展将以低于鼓吹者所希望的速度进行，但却不会像其批评者所担心的那样糟。

二、网络技术赋权下网络用户劳动空间的解放

网络技术为用户提供了一个巨大的信息生产、传播与消费的空间。在这个空间中，借助新的思维方式和劳动手段，网络用户劳动的自主权得以大大增强，劳动空间得以大大解放。

（一）网络用户的劳动是不受资本家强迫的劳动

在近 20 年来的网络信息生产、传播和消费中，资方和消费者都被网络技术高度赋权。但在本轮赋权中，一向处于弱势地位的消费者获得了较大的权力空间。这使得素来被视为原子、分散孤立般存在的社会大众变成见多识广、广泛联结的庞大群体，积极主动地参与到人类的信息生产和传播中。为获得更多的经济利益，几乎所有企业都想方设法地通过网络即时跟踪、搜集信息，以便全面掌握社会大众的个性化需求，并有针对性地进行产品开发。这样一来，传统的以企业为中心的产消格局迅速转变为以消费者为中心的全新格局。在这一格局中，新的基础设施不断投入使用，新的资源要素不断培育和运用，为信息时代全球经济的快速发展提供了充足的燃料。在网络用户等社会大众成为信息劳动者的状况下，人类劳动的范式与劳动者规模实现了转移和升级，互联网经济体异军突起。

在网络空间中，人类的生产从厂商和零售商的霸权时代进入了网络用户这一草根大众的主权时代。互联网的诞生使信息的生产、传播与消费能够突破时空的限制，从而使具有共同文化特征、价值观念、兴趣爱好和需求的人们能够

自由聚合，实现人人联网和价值再造。例如，苏宁易购高度重视互联网＋战略，积极构筑网络开放平台，全面实施互联网化战略，用以集聚品牌商、零售商以及服务商的各种资源和智慧，为用户提供丰富的产品和优质的体验。

莫斯可等人对网络用户等知识劳工的较为自由的劳动状况给予了特别关注，指出"一个社会中知识劳工的数量与这个社会的发达程度相关。知识劳工使用的原材料是无形的，不是物质实体。而且与制造业劳工不同，知识劳工对劳动过程拥有较高程度的控制。他们使用信息进行工作，占据着享有特权的位置，因为他们经常最先使用新设备和新方法，而这些革新随后便开始普及，并由此创造了巨额财富"①。这说明在网络空间中，厂商和零售商都围绕网络用户的需求来进行生产，网络用户的劳动摆脱了传统劳动中的强迫性，他们完全凭借自己的兴趣进入网络空间中进行劳动，使自身的劳动空间得以大大的解放。

（二）网络用户的劳动是突破时空限制的劳动

在网络技术的赋权下，网络用户的劳动能突破时空的限制，将碎片化的闲暇时间变成劳动时间，进入网络空间进行劳动。就单个网络用户来说，其劳动的时间显得较少，但就整个网络用户人群来说，其劳动时间量大得惊人，这就是克莱·舍基所说的时间上的认知盈余。安德烈·高兹认为，人的自由时间在今天的资本主义社会中显得尤为匮乏，这让人们没有时间去从事自己感兴趣的、具有创造性的活动，也没有时间去发展自身的自治能力，致使自身处于异化状态而不自知，因而他要求将时间解放的政治以及分享工作作为前提条件，让所有公共服务部门和大公司都把生产率的提升和相关的技术发展、职员水平提高和时间安排等规划联系起来，在持续协商中推行计划，从而实现劳动的解放（Andre Gorz，1985）。安德烈·高兹认为要"生产得少些""消费得好些"，在劳动中通过权力分散和自主决定劳动时间来实现劳动与休闲的一体化，实现劳动的解放。这说明劳动与闲暇的统一能实现劳动的解放。最关键的是，网络用户不但有了闲暇时间，还有了不受地域限制的网络工具，这些时间和工具为网络用户在网络空间中的碎片化劳动提供了保障，使他们可以随时随地进行劳动，这也意味着网络用户劳动空间的解放。在接受中央电视台大型纪录片《互联网时代》主创团队访谈时，美国学者埃里克·布林约尔松指出："人人都能参与到

---

① 莫斯可，等. 信息社会的知识劳工［M］. 曹晋，罗真. 林曦，等，译. 上海：上海译文出版社，2014：152.

互联网中，只要你足够聪明，无论是在印度、中国或是在非洲，如果有个好点子，放在网上，就可以触及上十亿人。在人类历史上，这是前所未有的。"① 网络新技术能搭建网络用户碎片化劳动的平台，推动网络经济的蓬勃发展。

需要特别指出的是，网络用户的劳动空间之解放并不等于其劳动是完全不受控制的，因为看劳动受不受控制，要从生产关系的视角来探讨。在网络劳动中，劳动者处于被剥削地位的劳资关系并没有发生变化，他们仍然是在为资方创造财富。也就是说，网络用户在劳动中仍然受到资方的控制，只是这种控制以一种极为隐蔽的方式进行而已。

第二节　网络用户劳动中的资方权力的隐身与生产

到目前为止，在人类的劳动中，权力的控制并没有消失。如果控制的对象不再是肉体，那就必然是精神。在网络用户的劳动中，网络媒介作为资方，正是通过网络技术搭建引诱网络用户劳动的平台，使网络用户在劳动中因精神得以愉悦和舒缓而对劳动欲罢不能，用一个词语来说就是"劳动致死"，而资方对网络用户的控制权力就像施了隐身术一样存在于网络用户劳动的平台之中，以比直接强迫还要有效的方式运行着，并可以在网络用户的劳动中不断地再生产。对此，我们有必要建立和发展一种对网络用户劳动的全面认识，因而考察这一产业的劳动状况、劳动关系、权力结构和生产特点是极为重要的。网络空间中的权力关系之间的相互作用共同构建了包括网络信息资源在内的各种资源的生产、分配及消费。

一、网络用户劳动中的资方权力的隐身

网络技术的普及和其极低的准入性使得普通大众都能利用这一技术进入网络空间进行劳动。在这种情况下，之前那些掌握了特殊技能就可以在一定程度上控制劳动过程的技能型工人跟普通的工人一样，完全失去了对劳动过程的控制权，资方剥削对象的范围得以大大拓展，将具有上网能力的人（不分男女老少）都纳入信息资本主义的生产、剥削体系之中。更有甚者，那些因为残疾或

---

① 中央电视台大型纪录片《互联网时代》主创团队. 互联网时代［M］. 北京：北京联合出版公司，2015：29.

技术鸿沟不能自行上网的人也被纳入了生产、剥削的范畴，因为他们可以在亲友的帮助下接入网络而进行网络信息（文字、图片、音频视频等）的生产、传播与消费——根据上网就是劳动的观点，这些行为能够扩大信息的阅读/收听/收视率，因而在亲友的帮助下接入网络而生产、传播和消费信息的人也在遭受着剥削。关于资方通过先进的技术手段对劳动者实施更深、更广的剥削这一点，很多学者都进行过研究。如马尔库塞等就指出："资本主义进步的法则寓于这样一个公式：技术进步 = 社会财富的增长（社会生产总值的增长） = 奴役的加强。"① 这说明在网络技术的赋权下，作为资方的网络媒介对网络用户这类劳动者的控制更为广泛和深入了。

事实上，在网络用户的劳动中，网络技术赋予网络用户的往往是一种技术能力，而不是一种技术权力，网络技术释放的权力仍然牢牢地掌握在资方的手中。因为"一个人之所以拥有权力，是因为其与他人存在着某种（些）关系，并且拥有某种稀缺的或者不可替代的资源，可以控制、影响他人"②。权力可以理解为，在社会行动中，某些人为了实现自己的预期目标，便充分利用自身所拥有的资源、使用一定的手段实现对他人的影响、操作、控制，因而一旦实现对他人的操控和支配，便拥有了权力。在网络空间中，作为网络媒介的资方利用网络技术超越时空的信息承载和传输能力、能够实现即时互动等优势，搭建网络信息生产平台，吸引网络用户进行劳动。所以在网络空间中，作为资方的网络媒介与网络用户的控制和被控制关系仍然存在着，只不过这种关系被没有法律上的雇佣关系、没有任何经济报酬的表象遮蔽住了而已。

（一）从福柯等人的观点看网络劳动中资方权力的隐身状况

众所周知，从视觉上来说，隐身是改变反射光的波长使人肉眼无法看到相关的物体，或者用特殊的背景将物体掩盖起来，让人的大脑分辨产生误区，从而难以发现原有的事物。网络用户劳动中的资方权力的隐身与此有着异曲同工之处，资方的控制权力仍然存在，只是隐退到靠技术和资本搭建的平台中，以没有任何合同关系为幌子，而网络用户在此情况下没有意识到作为资方的网络媒介之权力的存在。在后马克思主义者看来，许多受剥削者在资本主义新历史

---

① 马尔库塞，等. 工业社会和新左派 [M]. 任立，译. 北京：商务印书馆，1982：82.
② KNOKE D. Political networks：the structural perspective [M]. New York：Cambridge University Press，1990：65.

阶段缺乏反抗意识和阶级意识，或者说这些意识难以在受剥削中觉醒。网络用户对资方权力操控的无意识与资本主义新历史阶段受剥削者的无意识极为相似，网络媒介等资方将驱使网络用户劳动的权力隐身到靠技术、经济等资本搭建的网络平台中，让网络用户乐此不疲地进行劳动而无被剥削之感。就整个网络社会来说，资方的这一隐形的权力发挥着结构性的支配作用。

资本增殖的逻辑存在于任何形式的投机之中，因而在网络空间中，资方会不遗余力地利用现代网络技术把权力隐藏起来。对于资方权力的隐身，福柯的观点可以给我们巨大的启发。福柯的《规训与惩罚》一开篇就对中世纪权贵阶级对犯人的血腥惩罚场景进行了描述：五马分尸、血肉横飞，暴力以一种赤裸裸的手段向社会个体展示。这种权力震慑和征服是以赤裸裸的方式进行的。随着被统治者的反抗和社会文明的进步，赤裸裸的暴力惩罚消失了，但统治者的规训与惩罚仍然存在，只不过这些权力借助现代技术实现了隐身。在这种情况下，权力虽然隐蔽起来了，但是却能更加有效地对人进行监视。福柯用"全景敞式监狱"之功能来形容此种情况，指出"'全景敞式监狱'能在被囚禁者身上造成一种有意识的和持续的可见状态，从而确保权力自动地发挥作用"[①]。

布迪厄也对权力的隐身进行了研究，其观点与福柯的是相通的。布迪厄（1997）以符号化的社会结构为研究的切入点，对隐藏在社会区隔中的不平等的权力关系进行了考察，认为这种不平等的权力关系是通过一种"误识"的方式来实现的，无权阶层在惯习之中无法识别真正的权力所在。而作为权力的所有者来说，他们会通过特定的手段将权力隐身起来，使被支配者对之产生误识，从而获得被支配者的认可并使被支配者习以为常。

（二）资方权力如何实现隐身

从福柯、布迪厄有关权力隐身的论述中可知，权力并没有消失，它真实地存在着，并有效地发挥着作用，只不过其通过技术进化、"客观结构的主观化"等一系列隐身术实现了隐身，使人们无法正确意识到它的存在。

1. 网络技术的赋权为资方权力的隐身提供了有效途径

网络技术的赋权存在多面性，在给网络用户劳动空间赋权的同时，也为资方赋权。利用网络技术，资方能够把控制的手段化为各种各样的"平台"（各种社交网站、电子商务等），将劳资关系隐藏于平台之中。由于平台只是以聚集网

---

① 福柯. 规训与惩罚 [M]. 刘北成，杨远婴，译. 北京：三联书店，2003：86.

络用户进行信息点击、浏览以及发表信息等网站或贴吧的形式存在，已经被符号化为可供网络用户娱乐的网页，网络用户凭着惯习很难感觉到平台控制权力的存在。

劳资关系是经济学中的一对重要关系。网络技术在统合了所有媒体技术的同时，还建构了人与人之间即时交互的空间，全面渗透在人们日常的生产、生活中。网络是一个泛符号化的世界，因而不管是什么物体和关系，在进入网络后都被符号化了。在网络这个泛符号化的世界中，权力能够对符号的意义进行建构。在网络用户的劳动中，资方正是通过将劳资关系进行重新建构而实现权力的隐身的。

2. 将权力在场转化为缺场而实现隐身

互联网搭建网络用户劳动平台，最大限度地吸引网络用户进行信息生产、传播和消费。网络用户在进行信息生产、传播和消费等劳动时，往往只感觉到与自己属于同一群体的人的存在，他们把交谈者、围观者和点赞者视为圈内人，被娱乐和社交的天性牵引着与他人发生互动。即使是作为资方的网络媒介的员工带着操控的思想与网络用户进行互动，也往往被网络用户看成一般的交流或者认为交流的员工正致力于为其提供更好的服务。很多时候，在网络用户仅有的信息交流和娱乐理念的指引下，劳动变成了娱乐和交谈，资方的权力操控被抛诸脑后，权力在场无形中变为了缺场。在这种情况下，资方的权力实现了由在场向缺场的转变。

此外，网络技术使资方在网络空间中构建起一座座"全景敞式监狱"，资方掌控着网络空间中的各种符码。因此，即使资方真的暂时缺场，在对网络用户的劳动行为进行全方位的监视后，资方也能够将网络用户劳动的符码进行解码，获取不在场的掌控能力。

（三）资方隐身权力的作用逻辑

技术的进步并不是权力隐身的根本因素，资本的运行逻辑一直想为权力寻找隐身场所。因而作为资方的网络媒介借助网络技术实现权力在网络空间中的隐身，是资本的运行逻辑在网络时代的必然表现。

在必要的时候，权力往往会想方设法绕开理性意识的框架，从而在感性层面、在期望控制的对象的无意识中发挥作用。随着人类文明程度的提升，以暴力为表征的、带有强迫性的权力会越来越少，而带有隐性控制的"平等协商"的权力会逐渐增多。在这种趋势下，就网络空间来说，必然会出现网络劳动中资方权力被完全隐蔽的情况。但是，劳资双方不平等的权力结构依然发挥着作用。在网络用户的劳动中，资方依靠网络信息技术和互联网时代的商业运作逻辑这两大武器，无声无息而又实实在在地对网络用户的劳动进行着权力操控，网络用户劳动中的控制与被控制的关系仍然没有发生变化。

二、网络用户劳动中的资方权力的生产

一般来说，权力是处于特定场域中的某一方对其他方的支配和决定性的东西。其实，权力还以另外一种方式存在，那就是关系性的权力。这两种权力都能在网络空间中生产出来。

在网络空间中，资方的控制权力转化为符号化的平台，也是随着新技术的出现而得以实现的，而随着网络技术的进步，资方对网络用户控制的一系列权力还会不断地被生产出来。在网络社会的发展中，资方的权力将会由压制性的权力转变为生产性的权力。权力并不都意味着威胁和惩罚，它还包括激励的成分。福柯认为权力有两种对立的性质——否定与肯定、压制与生产、消极与积极。福柯强调生产、肯定和积极的一面，认为生产性的权力激活了活力、诱导了思想、引发了话语。在互联网时代，强制性的权力已经招致巨大的反抗，作为资方的网络媒介将技术变为吸引性的手段，以一种貌似理性的方式对网络用户进行控制，网络媒介不仅仅是因为拥有更具决定性的技术和更多的资本而获得权力，更为重要的是它还能不断地将这些资本转化为受众更乐于投入其中的劳动平台，不断生产出新的能愉悦网络用户的权力资本，最大限度地激发网络用户的生产能力。此外，我们还可以看到，在网络用户的劳动中，资方支配性的权力会从劳资双方的权力关系中不断被生产出来。

第三节　资方控制：回归权力依附逻辑的网络用户劳动

众所周知，劳动、技术和资本的运作不可能在真空中进行，其背后存在着起支配作用的资方的权力。戴维·F. 诺布尔（2007）认为，第二次世界大战以后，权力圈和学术圈不断融合，技术的可能性可以最大限度地满足新的霸权国家的要求，而新的霸权国家也在努力寻求技术的创新与发展，两者之间存在着史无前例的互补关系。而技术与诸如控制理论、信息理论以及通信理论等科学

理论的高度融合为技术的可能性提供了平台，某些人的权力与科学理论的权力一起发挥作用，使特权者在维持其现有权力的基础上不断扩大自身的权力。网络技术是人类发展史上的又一个坐标，但科技的进步不足以形成资本主义社会化大生产的制度，恰恰是资本的权力使资本利用技术控制劳动者成为可能。这使我们明白，在网络空间中，技术已不仅仅是劳动资料那么简单，它意味着作为资方的网络媒介对网络用户劳动的控制。也就是说，在围绕各种网络平台而进行劳动的情况下，网络技术被有目的、有计划地整合到了信息的生产体系中，它逐渐与网络用户的劳动分离开来，成为一种独立的生产能力，并诱导网络用户为网络媒介劳动。

由此可以说，资本主义已借助上层建筑这一手段创造出了一种转化为资本主义技术和劳动过程的空间。在信息资本主义体系中，技术也被资方雇用了，技术也是资方的一种资本，甚至已经演化成了资方的权力。网络技术削弱了网络用户的能力，一定程度上剥夺了网络用户的主体性，让网络媒介牢牢地控制了网络用户的劳动，使网络用户按照网络媒介的意愿进行劳动。

一、资方对网络用户劳动生产过程的控制逻辑

有史以来，技术始终作为生产进步的标志载入人类史册，对技术的掌握和使用成为推动人类生产发展、提高人类生活水平的有效途径。技术无所谓善与恶，但对技术的掌握与否却成为有无技术资本的分水岭。随着新传播科技的发展与赋权，网络用户凭借先进的网络技术，在网络空间中生产和利用信息、进行娱乐和情感体验，获得了大量社会资本。不过，相对于网络媒介来说，网络用户的技术资本数量显然是微不足道的。网络媒介凭借其所掌握的技术这一巨大的资本，打造劳动平台供网络用户劳动并从网络用户的劳动中赚取利润。因而，在网络用户的劳动中，网络用户与网络媒介之间没有雇佣合同关系，也不存在支付薪酬的情况，所以网络媒介与网络用户之间没有直接的、明显的权力强迫和被强迫的关系，这种情况似乎映衬了处于资方的网络媒介是"无权力"的。但是在本章的第一节我们论述过，资方将权力隐蔽起来，对劳动者进行在场或不在场的控制。这种控制方式可以称为是所谓的"无权力"的权力控制，它让我们明白，处于资方的网络媒介将技术作为一种资本，融入整个资本体系中去，让技术这一特殊的资本形式成为带动其经济资本积累的主要引擎。这就要求我们在研究网络用户的劳动时，必须考虑其中的权力掌控问题，因为经济

权力的集中（垄断）能够带来信息资本的集聚效应。

资方对劳动者的控制主要体现在对劳动过程的控制上，这是接下来本章要重点探讨的问题。

二、资方对网络用户劳动生产过程的控制方式

为了充分发挥网络用户的信息生产、传播和消费能力，获取巨额的经济利益，作为资方的网络媒介会不遗余力地加强对劳动过程的控制。在没有强迫性劳动关系的网络用户的劳动中，资方对网络用户劳动生产过程的控制主要考虑用技术营造更有吸引力的劳动平台的方式来进行。

（一）资方对网络用户劳动生产过程的技术控制

一直以来，技术都有一个属性，就是作为一种资本，供掌握它的人利用。对于网络用户来说，虽然也掌握一定的网络技术，但相比作为资方的网络媒介对网络技术掌握的广度和深度来说，作为个体存在的网络用户所掌握的网络技术显然是不值一提的，因而网络技术也是网络媒介凭借权力而得以掌控的优势资本，而网络媒介将技术作为一种资本来利用，必然能为其带来大量的经济利益。

1. 技术控制概述

技术是资方对劳动进行控制的工具。技术控制即通过设计机械体系并计划工作流程，把劳动力转化为劳动的流程最小化，同时实现效率最大化。技术控制并不只是提高劳动生产率而不改变相关的控制因素这种简单的控制，也不只是简单的机控节奏，它是一种对绝大部分或整个生产过程都起到指导作用并控制其节奏的控制。在采用技术的方式对劳动过程进行控制时，资方力图使为之劳动的人同质化，即所有人都能够进行资方要求的劳动，为资方生产期望的产品。新技术带来了新的劳动空间和劳动者，但劳动力的征用以及劳动的报酬都被资方的技术优势掌控着。

马克思在谈到资本扩张时曾说："资产阶级，由于一切生产工具的迅速改进，由于交通的极其便利，把一切民族甚至最野蛮的民族都卷到文明中来了。"[①] 网络技术使网络用户这类新的劳动者卷入了网络媒介的信息资本体系中并为之乐此不疲地服务。陆地将这种情况称为新的"奴隶主义"，认为用户对网

[①] 马克思，恩格斯. 马克思恩格斯选集：第1卷 [M]. 3版. 北京：人民出版社，2012：404.

络技术产生了巨大的依赖性：从行为参考到行为依赖、从精神调剂到精神依赖以及从信息使用到信息依赖。① 陆地呼吁网络用户及时抬头，不要一味低头做奴隶。但事实上，在网络媒介的技术控制下，网络用户很难抬头。

2. 从布雷弗曼等人的技术控制论看资方对网络用户的技术控制

一般来说，经济社会生活中的"技术"交织在具体的社会与生产的关系中，它在塑造资本主义生产的过程中发挥着巨大作用，从更深的层面来说，它甚至能够对已有的社会制度、权力关系等因素进行改组。科学技术本质上是瓦解资本家权力的力量，不过其在特定的历史阶段却能够大大增强资本的权力，在强化资产阶级的统治方面发挥着巨大的功效。在网络用户的劳动中，网络技术使网络空间的信息生产变得日益大众化，技能型劳动者的劳动技能逐渐被普通大众追赶上，技能型劳动者由此丧失了对劳动过程的控制权。

在对技术控制的研究中，布雷弗曼是一位杰出的学者，他的主要贡献在于"去技术化"控制的研究。布雷弗曼认为在现代社会，工人对劳动过程的控制已逐渐丧失，因为现代科学管理手段的广泛应用使生产对工人的技能的依赖性逐渐减弱。② 据此可以说，工人已将劳动的中心地位让给了机器，逐渐走向了生产的边缘，在机器技术的作用下，劳动过程反过来开始控制工人。迈克尔·布若威也是"去技术化"控制的研究者，但他认为在劳动中，资方的"强迫"与劳动者的"甘愿"有着同样重要的地位，因而在《制造同意》一书中，他提出了与布雷弗曼的"去技术化"截然不同的观点："生产过程中工人阶级的再生产并不仅仅是资本有意控制的单向过程，在'赶工游戏'的过程中，工人阶级的主动参与和对剥削的'同意'同样是资本控制工人劳动过程的重要方式。"③ 的确，工作在当今的劳动中已经被物化了，工人们经历了这一过程，但这一过程是非主体性的，在不知不觉中，工人也积极地参与到了对自己的剥削中。安德烈·高兹也认为资本靠技术来控制劳动者，他指出："社会选择正以技术选择为借口而强加给我们。……资本主义的生产和交换关系已经铭刻在由资本主义馈赠给我们的技术之中。"④

---

① 2016 年 7 月 16 日，在第七届全球传播论坛上，陆地提出了这一观点。
② 布雷弗曼. 劳动与垄断资本：二十世纪中劳动的退化 ［M］. 方生，朱基俊，吴忆萱，等，译. 北京：商务印书馆，1979：23.
③ 布若威. 制造同意 ［M］. 李荣荣，译. 北京：商务印书馆，2008：5.
④ GORZ A. Ecologyas politics ［M］. Boston：SouthEnd Press，1980：19.

网络技术属于数字技术，不管是资方还是被资方所左右着的技术圈，对数字技术的追逐已经成为一种常态。数字技术的自动化功能已成为资方控制劳动者的最强有力的手段，对数字技术的狂热将其他技术予以抹杀了。当前，绝大部分网络用户都接受了良好的教育，许多可以称为知识分子，将知识运用于生产中，可以推动生产的腾飞，但知识分子在生产中仍然被资方所控制。由于经济资本的差距，知识分子还没有与资方进行叫板的资源。知识分子尚且如此，知识水平较低的人就更不用说了。因而在网络劳动中，资方仍然对生产的过程有着根本的选择和控制能力，不论网络用户的劳动能力有多强，资方实施的大规模组织化生产的手段都会将他们纳入信息资本扩张的体系中。因而，在网络用户的劳动中，资方要做的就是如何使用网络这个新传播科技来美化劳动环境，使网络用户适应并学会配合该技术背景下的劳作。

将目光投入信息资本主义的技术体系中，能很清晰地看到网络技术的权力本性。芬伯格告诉我们，在整个资本主义社会的权力结构中，占主导地位的资本家奉行着一套核心价值理念：控制与效率。通过"操作自主性"以及"有效"这两种规制，控制与效率的价值理念就被安置在技术代码中，成为具体技术活动的指导原则，有人将之称为"技术铁令"。信息资本家正是利用这种"技术铁令"，指导整个信息生产过程，以最大限度地占有网络用户劳动所创造的价值。

总之，在网络劳动中，作为资方的网络媒介通过对网络技术的掌控，将网络用户劳动中的价值的生产、实现过程牢牢地控制在自己的手中。而在这种情况下，网络媒介的着眼点发生了巨大的变化：由提供服务获利到追求新的市场逻辑——组织信息的生产、传播与消费而获利。它们利用网络技术使属于自己的用户建立起一个基于网络平台的集成性的生产和消费系统。但过度着眼于市场逻辑，将导致网络媒介过度关注利润而忽视了服务社会的一面，过分追求利润使网络媒介很难承担附加于网络设施上的各种社会责任。

（二）资方对网络用户劳动生产过程的经济控制

使劳动者服从资本主义的生产方式的是社会经济的力量，资方对劳动者的控制往往是通过其雄厚的经济力量来实现的。也就是说，利用绝对的经济优势，资方通过一系列的技术手段，对劳动者的劳动过程进行控制。而在控制劳动者劳动的过程中，资方又获得了更多的资本，使自身的经济力量不断壮大。

与技术一样，资本也是一种权力。在劳动中，对资本掌握的多寡决定着权力的大小。不少学者认为，利润是资本家凭借其对于其他经济活动者的"权力"

对净产出进行的扣除。此处主要站在资方对劳动者的"权力"的角度,对"资本权力"进行剖析。从这个视角出发,可将"资本权力"分为两个部分,即工资支付中的议价能力和对生产的控制能力。

新古典理论认为"工资=劳动力边际报酬"。其实,工资的决定是极为复杂的。除技术和制度因素外,工资还受到失业率的影响,两者呈反向运动,失业率越高工资就越低;反之亦然。工资与失业率的这种反向运动反映的是劳动力的供求规律,失业率高,说明劳动力充足,劳动者一旦失业就很难找到称心的工作,就会在工资的议价中处于不利地位,而资方则处于有利地位;反之,劳动者就能在工资的议价中处于有利地位,而资方则处于不利地位。但是,正如布雷弗曼等学者所说:"工资的决定还取决于技术和生产过程的组织形式。"①倘若技术和生产过程对劳动者的技术水平有特殊的要求,则资本家会采用高薪的手段雇用劳动者。但如果是在"去技能化"的简单、重复的劳动中,劳动者就失去了对劳动生产率的影响,生产过程的控制权就掌握在资本家的手中。在网络空间中,网络用户平均的技能掌握程度不断提高,网络空间的劳动变得相对简单和重复,这个时候作为资方的网络媒介就能凭借自己的经济优势对网络用户的劳动过程进行控制。

其实,我们都知道,技术是有成本的,并不是不花费购买、学习就能掌握技术。网络技术的准入门槛较低,但是作为数字技术,要利用它来搭建可吸引劳动者进行劳动的平台,或生产让人鼓掌的产品,不同的人之间显然是存在着鸿沟的。因而网络技术给予广大网络用户进行简单的信息产品生产的便利性,但是在更为复杂的、需要掌握高水平技术才能进行的平台搭建等劳动领域,网络也为人们制造了鸿沟。要缩小鸿沟,必须付出更高的成本以掌握更高水平的技术。

由此可知,技术需要成本,谁承担了相应的成本,谁的利益诉求就会首先得以满足。而如何对成本进行投资、投资多少,都由经济力量来决定,要在网络空间中进行有效的投资,显然往往只有资方才能做到,因而经济资本对网络用户的劳动起着控制作用,技术总是按照网络媒介的资本扩张需求来运作。故而经济资本就是权力,网络用户的劳动处于资方规划的信息资本积累的体系中。

---

① 布雷弗曼. 劳动与垄断资本:二十世纪中劳动的退化 [M]. 方生,朱基俊,吴忆萱,等,译. 北京:商务印书馆,1979:25.

对于资方来说，有两个压力迫使其不断寻思解决办法：一是与其他资方间的竞争让其寻思如何提高生产率和提供个性化服务；二是劳动阶层的抗争（在网络空间中往往表现为网络用户纷纷对资方进行挞伐，并纷纷离开资方搭建的劳动平台）使资方寻思如何加强对劳动过程的控制。在控制劳动者的抗争中，资方将在自己经营的网络平台上倾注心血，使之像机器一样能够为网络用户进行信息生产、传播和消费提供良好支撑，信息资本主义的生产方式由此有了适合自己生存和发展的物质基础。由于网络技术已进入千家万户，所有网络用户都能够进行点击、浏览、收听收看、搜索及上传信息等劳动，因而靠技术搭建起来的网络劳动平台就成为控制劳动过程的重要武器。在网络空间中，作为资方的网络媒介获得的价值多少由网络用户这类劳动者提供的产品数量和质量来决定，资方靠技术平台来吸引用户不分昼夜地劳动，大大地延长了生产劳动时间，攫取了网络用户创造的巨额价值。此外，在经济资本控制方面，作为资方的网络媒介也经常采用折扣等手段来吸引网络用户进行劳动。

（三）资方对网络用户劳动生产过程的空间控制

1. 福柯的空间与权力关系简述

在权力的洞察方面，福柯是极为令人钦佩的。仔细阅读福柯关于权力的阐述，发现其有两大侧重点，一是对权力与知识关系的剖析，二是对权力与空间关系的洞悉。此处重点对福柯有关权力与空间关系的论述进行梳理。

对于考察信息技术空间中的权力关系来说，福柯提供的理论工具具有极大的指引作用。福柯从空间框架入手，对权力的运作机制进行阐释，研究了权力与空间之间的复杂关系。福柯指出："要探讨权力关系得以发挥作用的场所、方式和技术，从而使权力成为社会批评和社会斗争的工具。"① 在具体研究中，福柯选择了监狱、军营等权力关系单纯的规训（discipline）机构的建筑空间来考察空间与权力的关系。他考察了一种被他称作"全景敞视主义"风格的监狱。这种监狱的设计使监管人具备对被监管人行使管理、监视以及控制的能力。对福柯来说，监狱无疑是一种体现权力的工具，因而他依托监狱的空间概念建构起了一个权力与空间的知识体系。按照福柯的论述，人们在设计和建造监狱这一空间的过程中已经把权力嵌入空间及制度的安排中。犯人在监狱中时刻被监视着，每个犯人都被安置在统治者给定的位置上，个体的任何动向都将被记录

① 谢立中. 现代性后现代性社会理论［M］. 北京：北京大学出版社，2004：161-163.

在案，权力在监狱空间中完全依据等级制度来运行。在此种情况下，监狱的空间设计目的已悄然改变，实用和美观已不是主要追求，能够对监狱内的动向实施有效的控制成为主流诉求，因而空间滑向了权力帮凶的位置。

2. 网络用户劳动空间中网络媒介的权力嵌入

借助福柯的监狱空间与权力关系的相关观点，对比网络空间中的用户劳动的情况，可以对网络用户劳动空间中资方的权力介入做出如下假定：资方借助网络技术构建了特定的劳动平台（此处可将平台理解为福柯所谓的监狱），在数量众多的网络平台的设计和建设中，资方就把权力嵌入平台空间及制度的安排中，网络用户在平台上的劳动都会被资方通过特定的监控手段进行监控，劳动的数据都会被记录和整理在案，权力在平台上按照劳资双方的支配能力来运行。与监狱不同的是，由于网络用户的劳动不存在直接的强迫性，因此网络平台的空间设计要讲求美观，要能吸引网络用户。

事实也正是如此，当资方利用网络这一信息技术建构一个网络平台空间时，权力已被嵌入这个空间的基础设施中：依靠大数据跟踪技术，资方能确切知晓网络用户在网络空间中的具体位置，这等于资方将网络用户放入网络平台这个类似于监狱的规训机构中的特定位置上。同时，资方通过"后台程序"这个终端使用者难以察觉的东西，建构起网络用户认知之外的权力监控系统，将其隐藏起来对网络用户进行全天候监控，在监控中将网络用户的劳动行为和喜好一一记录在案。在资方构建的网络空间中，权力的存在也与福柯有关监狱中权力的存在相吻合，即权力应该像监狱一样不是虚无缥缈的而应该是可见的，但也应该是无法确知的。就可见来说，被囚禁者能够目睹、窥视"监狱"的中心瞭望塔的轮廓；就无法确知来说，被囚禁者在任何时候都难以知晓自己是不是正在被窥视。资方在搭建网络平台的时候，就等于建造了一个全景敞视的监狱。也就是说，网络软件技术对资方权力嵌入网络用户的劳动空间起到了巨大作用。

面对用户这一网络空间中数量更为庞大的劳动者，对网络空间中劳动过程的"空间性"分析也应该受到重视。如网络用户不分白天夜晚、利用碎片化时间进行劳动，工作场所突破了办公室界限延伸至劳动者的家中乃至各种交通工具上等一系列现象，就应该在借助原有劳动理论范式的基础上，发展出新的理论工具。

（四）资方对网络用户劳动生产过程的文化控制

作为资方的网络媒介拥有巨大的文化（这里的文化主要指商业文化）资源，拥有营造文化氛围的强大力量，形成了借助文化资本力量对网络用户进行控制的文化权力。资方利用网络这个全球性的文化生产和传播体系，提升文化生产速率、缩短文化成果的流行周期，将文化纳入资本运行的商业逻辑，使商业文化成为具有高度可控性的东西。在这种情况下，网络用户的文化生产与消费不再是自觉的合力，而是资方有意识地运作的结果。

用户在网络空间的劳动往往受到社会文化的影响，他们的信息生产和消费往往基于自身的信仰、风俗习惯等来进行。资方可以针对社会赋予网络用户的文化价值观念、象征意义及范式等来构建网络劳动的空间，使网络用户受到社会文化的浸染而向资方所期望的方向去生产、传播和消费信息。这也就是当经济资本的力量不足以吸引和控制网络用户进行劳动时资方会祭出文化资本这一大旗的原因，它们想让经济通过文化资本来发力，更好地对网络用户实施隐形的"柔性控制"，而事实证明这种柔性的文化控制是极为有效的。

（五）资方对网络用户消费行为的控制

"消费即生产"这种说法在网络空间体现得淋漓尽致，因为在现实社会中，人们的消费是为了使生产继续下去，消费并不是真正的生产。但在网络空间，网络用户的信息消费如转发等行为，就是在扩大信息的波及面，使单个的信息产品裂变为若干个信息产品，因而是一种实实在在的信息生产方式。由此可说，在网络空间，吸引了消费也就吸引了生产。在信息资本主义时代，生产与消费之间的界限已经越来越模糊，网络用户的知识劳动突破了雇佣劳动和市场关系这一旧有的劳资关系的阈限，成了信息时代资本积累的重要来源。因而与劳动一样，社会生活中的各个领域也被卷入资本积累的体系之中，很显然，网络用户的信息消费也被纳入这一体系之中。

在探讨资方如何对网络用户的消费行为进行控制之前，首先看看什么是消费。消费有广义和狭义之分，广义的消费包括生产消费和生活消费，狭义的消费仅指生活消费或最终消费。（陈启杰，2011）随着新兴技术的应用，社会劳动生产率不断提高，人们用于现实社会中的生产时间逐渐减少，闲暇时间逐渐增多。由于网络的巨大诱惑力，人们纷纷将闲暇时间投入网络信息的生产和消费中，信息服务产品将会越来越受到消费者的青睐，这必然让精神娱乐和情感体验等享受型生活逐渐普及，人类的消费结构得以不断升级。

在传统经济理论中，人们认为生产和消费是相互作用的，生产决定着消费，消费制约着生产，如马克思的再生产理论就对此进行了阐述。在马克思看来，消费对生产的制约作用主要体现在两个方面，即"只是在消费中产品才成为现实的产品……消费创造出**新的**生产的需要……消费创造出生产的动力"[①]。马歇尔也认为："一切需要的最终调节者是消费者的需要。"[②]

上述生产与消费的关系情况仅存在于工农业社会中。在互联网时代，信息生产与消费的关系发生了革命性的变化。网络用户上网除了将自己制作的文字、图片、音频以及视频等信息上传至网络空间（这种活动被称为用户生产内容）之外，还进行着点击浏览文字和图片、收听收看网络者视频、转发网络信息、搜索利用信息以及玩网络游戏等活动。一般来说，前者是信息生产活动，后者是信息消费活动。但网络信息产品生产过程的特殊性使得这两种活动都成为信息生产活动，这也使得点击浏览图片文字、收听收看网络者视频、转发网络信息、搜索利用信息以及玩网络游戏等活动也成为生产劳动，因为网络用户在网络空间的每一个行为都会被作为资方的网络媒介所记录，网络媒介会把网络用户的这些活动与广告商、数据库利用商家等进行交易，使这些活动商品化（这将在第五章进行详细的论述）。同时，网络用户在消费信息的同时也生产出他们的象征价值或者意义，因而这种情况对商家来说是典型的生产活动。由此可说，网络用户的信息消费属于生产活动，这些生产活动也成为劳动。如鲍德里亚就将消费称为劳动，认为它是"对符号的积极操作"。在网络用户的信息消费这种类型的劳动中也存在着资方的权力控制。资方根据网络用户的信息消费习惯和个性需求，开辟有效的劳动空间，吸引网络用户劳动，并将网络用户消费行为转化为可供出售的商品，在出售中赚取利润。

其实，作为网络媒介的资方对网络用户这类劳动者的控制已经深入网络用户的生活中，网络用户尤其是年纪较轻者的日常生活因为有了网络的介入而发生巨大变化。这可以从杭州的一位网络用户在接受采访时的言语中窥见一斑：

> 网络技术对人们的控制是极为强大的，互联网已经成为一种家居化的存在，久而久之成为生活中的习惯，就像每天要刷牙洗脸一样。就我自身

---

① 马克思，恩格斯.马克思恩格斯全集：第12卷［M］.北京：人民出版社，1962：741.
② 马歇尔.经济学原理［M］.朱志泰，译.北京：商务印书馆，1981：111.

的情况来说，网络的便利征服了我，吃饭我上美团订餐，穿衣或者买日常用品我上天猫及唯品会等网站选购，买房买车我上网了解和咨询，找工作我在网上投简历，晚上即使很累了我仍然舍不得睡，我不停地通过微信与朋友和家人聊天……我感觉我的生活成了网络控。①

在信息时代，人们对信息的需求是较为刚性的。鉴于网络媒介与生俱来的覆盖面广、信息容量大、使用便捷、准入门槛和成本较低等优势，人们在获取信息时往往将网络媒介作为首选渠道。而人们在利用网络媒体获取信息时，往往受到网络媒介的强有力的控制。上海的一位网络用户在接受采访时认为网络媒介在三个方面对网络用户的日常信息消费进行着控制，他说：

> 网络对我们日常的信息消费方式有着较大的控制作用。网络的控制手段主要表现在三个方面：一是上网时网络会附加地弹出很多信息，这些弹出的信息往往是我们不喜欢、不需要的，但我们不得不浏览一下，因为只有浏览才知道是不是自己想要的信息；二是网络媒介有"设置议程"的作用，会为我们设置相应的主题，迫使我们关注相关的信息内容，强化了网络对我们的影响作用；三是"网络绑架"，在互联网时代，出于求知、娱乐等需要，人们会情不自禁地把大量的业余时间花费在网络上，网络成了我们生活的必不可少的一部分，每天不花点时间上网就会显得无所适从。②

总之，在互联网时代，网络技术赋予了网络用户信息生产和消费的权力。通过赋权，网络用户在劳动空间获得了一定程度的解放，网络用户的劳动不受资方强迫，他们还可以利用碎片化的劳动时间随时随地进入网络空间进行劳动，并可随时随地终止劳动。但是，网络技术赋权是双向的，网络在赋予网络用户权力的同时也赋予了资方权力。资方将权力隐蔽起来，通过技术、空间、经济以及文化等权力控制手段，对网络用户的劳动生产过程实施全天候的监控和支配，由此从网络用户的劳动中获取了巨额价值。在整个控制中，我们发现，资方对网络用户劳动过程的控制其实遵循着从工人控制到平台控制这一逻辑。

---

① 受访者 U10，受访时间为 2017 年 1 月 14 日。
② 受访者 U3，受访时间为 2016 年 12 月 5 日。

本章小结

本章首先对网络技术赋权下用户劳动空间的解放进行了探讨，目的是弄清网络技术对网络这个新劳动空间的创造能力，以及在网络空间网络用户的劳动获得了什么样的解放。以此为基础，本章探讨了网络技术赋权下作为资方的网络媒介是如何将自己的权力隐藏起来的、其权力在隐身中的作用逻辑是什么、资方如何进行权力生产等一系列重要问题。最后，本章将视野投射到一个根本的逻辑体系之中，即通过对作为资方的网络媒介的技术、空间、经济以及文化资本等权力控制手段的研究，分析网络用户的劳动生产过程是如何回归到网络媒介的权力控制体系中的。

本章是对全书副标题中的"技术与权力关系"这个逻辑框架的一个有效的呼应，为接下来的研究打下了良好的基础。

第四章　网络用户在网络信息生态系统中的生态位及其劳动的价值

就整个网络来说，它是一个巨大的信息生态系统，这个信息生态系统中各要素所处的生态位不同，它们对网络经济发展的贡献度也就存在着区别。由于网络用户是信息的生产者、传播者和消费者，是网络媒介、广告商等商家重点关注的劳动者，因而他们在网络信息生态系统中处于极其重要的位置。

网络用户的劳动具有极为巨大的经济价值，它使网络经济出现了平台模式、分享模式、体验模式、粉丝模式、社群模式以及网络游戏模式等一系列新的发展模式，这些模式对促进网络经济的发展具有十分重要的意义。此外，网络用户劳动也使网络经济资本的增殖路径和规律出现了新变化，而这些新的变化同样有利于网络经济的发展。

第一节　网络用户在网络信息生态系统中的生态位

要了解网络用户在网络经济发展中所扮演的角色，就必须首先弄清楚其在网络信息生态系统中所处的位置，即网络用户的生态位。网络用户的信息搜索、点击浏览、生产内容和生产数据的劳动，是网络媒介盈利的重要来源，网络用户在网络信息生态系统中占据着重要位置。

一、网络信息生态系统及网络信息生态位概述

(一) 网络信息生态系统

为了更好地理解和把握网络信息生态系统，我们有必要先弄清楚什么是信息系统。骆正山曾对信息系统进行了界定，他认为信息系统是"将信息从信息源传递给有关用户的职能系统，它是由包括人、设备、信息传递交流过程及目的等系统对象所组成的综合体，是人们为了搜集、处理、存储、传递交流信息

而建立的一种人工系统"①。根据骆正山的界定，我们可以这样理解信息系统：
一个由人、设备、信息环境以及信息传递沟通过程等一系列因素相互链接和相
互作用而形成的综合体系。什么是网络信息生态系统？娄策群认为它是"信息
人与信息生态环境相互联系、相互作用而形成的具有信息流转和信息共享等功
能的有机整体"②。按照娄策群的界定，我们可从三个方面来理解网络信息生态
系统：第一，网络信息生态系统是一个有机整体，它是由信息生态环境、信息
人等若干信息要素组成的。需要指出的是，组成信息生态系统的各个要素并不
是孤立存在的，而是相互影响、相互作用的。第二，信息生态系统是社会生态
系统的一个子系统，它与社会系统中的其他的生态系统有着千丝万缕的联系，
并较为广泛地渗透到其他的生态系统之中。需要指出的是，信息生态系统不是
自然生态系统，而是社会生态系统，因为在信息生态系统中起主导作用的信息
人不是一个自然概念，而是一个社会概念。第三，在信息生态系统中，信息、
技术等各种资源要素可以进行流动和转化，信息人之间也可以共享信息系统中
的各种信息。加拿大学者布莱恩·阿瑟（1989）在对网络信息系统进行深入的
研究后对网络信息系统的功能进行了总结，认为信息生态系统具有三大功能：
一是培育信息生成、共享和使用的组织环境；二是满足员工信息需求和使用；
三是提升信息对用户的潜在有用性。

美国知名学者休伯曼（Huberman，2001）认为网络是一个极为庞大的信息
生态系统，人们可利用它来对人类行为与社会互动作用的理论进行定量测评。
网络的成长及其结构的变化都受到网络特有规律的影响，通过对网络的链接关
系的梳理，我们可以把握处于网络空间中的网络用户之间的关系。网络的链接
结构造就一个个虚拟的社区，处于社区中的成员常常在一些共同关心的问题上
产生共鸣。匈牙利学者弗伦茨（2004）曾从网络的拓扑结构出发，将网络信息
生态系统与生物界的食物网做比较，运用图形理论对网络生态系统的结构进行
了深入的分析。网络是一个交织分布的拓扑空间，在这样一个空间中，包括网
络用户在内的网络信息主体、网络信息内容、技术及环境等诸要素的相互联系
和影响，形成了一个各要素之间纵横交错却又错落有致的庞大系统，这个系统
就是网络信息生态系统。

---

① 骆正山. 信息经济学［M］. 北京：机械工业出版社，2013：20.
② 娄策群. 信息生态系统理论及其应用研究［M］. 北京：中国社会科学出版社，2014：8.

　　网络信息内容及网络信息技术是网络信息生态系统的重要资源，因而可以把网络信息主体、网络信息资源和网络信息环境看成网络信息生态系统的三大组成要素。在网络信息的交流、循环过程中，这三大要素在特定的时间、空间中相互作用、相互影响，形成了一种极为特殊的生态系统。其中，网络信息主体也称为信息人，即需要信息而且参与到特定的信息活动中的人（含单个人或者多个人），他们在网络信息生态系统中起着信息生产、传播、消费及监管的作用。网络信息环境是指在网络信息生态系统中对信息人的生存和发展具有直接或间接影响的各种信息因素的总和，它由信息本体、技术、时空及制度等要素组成（陈明红等，2012）。

　　信息生态主体（各类信息人，包括网络信息的生产者、传播者、消费者及监管者）是信息生态系统中最具能动性的要素，网络信息、网络信息技术、网络信息时空及网络信息制度则构成网络信息生态环境。因为网络信息生态系统只是社会系统的一个组成部分，因此在网络信息生态系统的外部还存在着政治、经济、文化、科技、军事、教育等多个社会子系统，它们与信息生态系统存在着相互影响、相互联系的关系，共同构成了网络信息生态系统的外部环境（见图 4-1）。

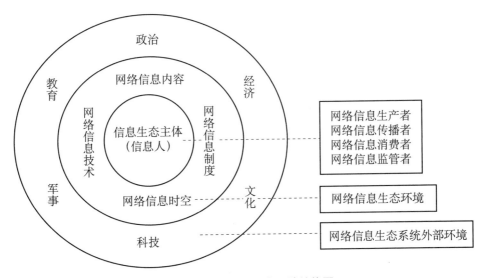

图 4-1　网络信息生态系统结构图

　　信息生态主体——信息人——在网络信息生态系统中起着核心作用，信息人之间存在着相互联系、相互作用的关系，使信息人之间产生相互联系和相互作用的纽带是信息资源的流转如信息共建共享等方式。信息人在相互作用中会产生几种效果：一是经济效果。信息人之间的相互作用会增加经济收益，降低经济成本，扩大市场规模，推动经济的发展。二是社会效果。信息人的相互作用会使其社会影响力、社会地位以及社会形象发生变化。三是信息人的个人素养效果。在相互作用中，信息人的学识、观念及能力等会发生变化，个人素养也由此发生了变化。值得注意的是，上述三种效果并非是孤立存在的，它们是相互渗透、相互影响的。信息人之间相互作用产生这样那样的效果，但并不是每个信息人在与其他信息人的作用中所收到的效果都是一样的。其实，在相互作用中，信息人相互作用效果的分配情况如下：有些获得正效果，有些获得负效果；大家都获得了正效果；大家都获得负效果。

除信息人以外，网络信息生态系统中还存在着网络信息生态环境这一相对较为重要的因素。但在网络信息技术、网络信息内容、网络信息制度以及网络信息时空等诸多网络信息生态环境的因子中，任何两个因子之间都只有通过信息人才能发生直接的作用。从这个意义上来说，信息人成为网络信息生态环境的各个因子之间相互作用的桥梁。在网络信息生态环境中，信息人会不断地适应环境，并会对环境进行改造，而对环境的改造也存在着改良环境和破坏环境两种情况。

在网络社会中，人们构筑信息生态系统的核心目的就在于促进社会的进步与发展。不管是哪一类生态系统，要保持生态平衡进而实现健康发展，其中的各类"物种"都必须处于协调运作的联系之中。网络作为信息生产与传播的主流阵地，人们凭借网络技术对网络信息的价值进行挖掘，使网络信息生态系统在整个社会系统中的特殊作用日渐凸显。要保持网络信息生态系统的平衡和良性运行，首先要构建网络信息主体、资源及环境等诸多要素间协调运转的支撑体系，而要搭建这个支撑体系，就必须弄清楚包括网络用户在内的网络信息主体在网络信息生态系统中所处的位置，也就是网络信息主体的生态位。这是接下来要重点探讨的问题。

（二）网络信息生态位

"生态位"一词是美国学者约翰逊在 1910 年提出来的，经由格林内尔、埃尔顿、哈奇森等人的借鉴和使用而广泛流传开来。在网络生态位方面，现有的研究尚未注意到网络用户在网络信息生态系统中的重要地位及其劳动价值创造和增值等问题。如果要从总体上把握网络信息生态系统的社会价值及其发展变迁，单从其构成要素、运行模式等一般层面来进行探讨显然是不够的，必须从该系统的信息生态链这一深层次上进行探讨，才能弄清网络信息生态位中的核心要素，才能有效地利用它来促使生态链价值增值，从而掌握网络信息生态系统的发展和演变轨迹，优化其运行机制，使其保持动态平衡和健康发展。

当前，受到广泛认可的生态位的定义是由惠特克提出来的。惠特克认为生态位是指每个物种在群落中的时间、空间位置及其机能关系，或者说群落内一个物种与其他物种的相对位置。（任青山，2002）娄策群（2006）曾对这个定义进行分析，认为惠特克的定义描述了生态位的三个特征：相对性、功能间的关联性以及显著的时空结构性。据此可知生态位是生物在生态环境中所处的位置，处于不同位置的生物在生态系统中所起的作用是不相同的。

借鉴生态位的一般定义可知"网络信息生态位是指网络信息生态系统中的各种要素在网络信息生态系统中所占据的特定位置，它既显示网络生存空间的特性，也体现了活跃于网络空间中的各要素的特性和作用，其宽度、重叠程度以及移动、分离情况对整个网络信息生态环境有着巨大的影响"[①]。众所周知，生态系统由生物部分和非生物部分组成。就网络信息生态系统来说，其生物部分有信息生产者、信息分解者、信息消费者以及信息利用者等几个要素，但这些要素并不是完全不变的，如网络用户这一网络信息生产主体就扮演着信息生产者、分解者、传播者和消费者的角色。其非生物部分有硬件设备及信息资源要素两个方面，其中硬件设备包括电脑、iPad、手机等联网的终端，以及光纤等网络传输设备。非生物部分在整个网络信息生态系统的运行中起着巨大的支撑作用。网络这个极其巨大的生态系统连接了成千上万的网络用户，这些网络用户在伦理道德、知识素养、技术水平、信仰以及价值观念等诸多方面都存在着一定的差距，但是他们在进入网络信息生态系统后，通过人与机器、人与人之间极为复杂的交互作用，便能在系统层面形成一种自组织模式，从而影响着网络信息生态系统的变迁。据此可知，生物部分与非生物部分对网络信息生态系统的发展都起着较大的作用，然而由于它们在网络信息生态系统中的生态位不同，因而所起作用的大小也不同。

网络信息生态位有自身的维度。我国学者娄策群（2013）认为信息生态位

[①] 杨逐原，周翔. 网络信息生态位视域下网络劳动者的主体性与价值增值分析［J］. 西南民族大学学报（人文社会科学版），2016（2）：154.

有时空、功能及资源三个维度。依此来说，网络信息生态位也存在着时空、功能及资源三个维度。首先是信息时空生态位。信息时空生态位是复合性的，涵盖了信息时间和空间这两种生态位，信息时间生态位是信息人在进行信息活动时所占用的时间段，信息空间生态位是信息人生存空间及其活动空间的类型与位置。其次是信息功能生态位。信息功能生态位是信息人在网络信息环境中所扮演的角色，它能反应信息人在网络信息生态系统中的权责定位。再次是信息资源生态位。信息资源生态位是信息人在网络信息生态环境中所占有、利用信息资源的情况。信息是一种极为有效的资源，信息人占有信息的多少、所占有信息的质量对其生态位有着直接的影响。

二、网络用户在网络信息生态系统中的生态位

网络信息主体包括网络信息生产者、传播者、消费者及监管者四种类型。此处将重点分析一种新崛起的网络信息主体——网络用户。由于直接参与到网络信息的生产、传播以及消费等环节之中，并且是网络媒介及广告商共同追逐的对象，所以在网络信息生态系统中，网络用户占据着核心位置。因而我们可用网络用户和网络媒介来代表网络信息主体，以图 4-2 来展示网络用户这个最主要的网络信息主体以及各类信息资源在整个网络信息生态系统中的生态位，并较为明了地呈现它们之间的相互关系。

网络媒介起着链接网络信息生态系统中各个要素的作用，乍一看其在网络信息生态系统中处于核心位置，对网络经济发展的贡献度也最大。然而，从本质上来说，网络媒介扮演的是网络信息资源的储存者和信息传播者的角色，它是信息的载体，网络媒介靠网络用户对广告的点击浏览、收听收看等行为从广告商那里赚取到广告费，并将网络媒体承载的信息出售给相关的利用者（含个人、企事业单位及各类团体等）以获得经济利益，由此实现自身的生存和发展，并为网络经济的发展注入活力。但只有网络用户接触网络广告后网络媒介才能从广告商那里获得广告费，同时网络媒介售卖给相关信息利用者的信息，很大一部分是网络用户生产的（含 PGC、UGC 等），且购买信息的对象中也包括网络用户。此外，广告商毫不吝啬地花巨资让网络媒介打广告的目的是最大限度地吸引网络用户购买其产品，当网络用户去购买广告商所宣传的产品后，广告商便成功地把广告费转嫁到了网络用户的身上（这也是在图 4-2 中用虚线来表示商家支付广告费的原因），而且还在售卖商品的过程中从网络用户那里赚取了

巨额利润。因此，处于网络信息生态系统的中心位置的是网络用户，其对网络经济发展的贡献是极为巨大的。鉴于网络用户特殊的生态位，网络媒介的信息产品开发、管理与销售，广告商的产品售卖，以及各种群体对网络信息的利用，都围绕着网络用户的劳动来展开。从整体上来看，网络用户不但拥有充足的信息资源，还直接参与到了网络信息的生产、分解、传播及消费等各个环节中。换句话说，在网络信息生态系统中，网络用户是极具能动性的劳动者，对信息生态链的各个环节都有着巨大的影响，如果没有网络用户，整个网络信息生态链就会因为失去主体要素而发生断裂（见图 4 - 2）。

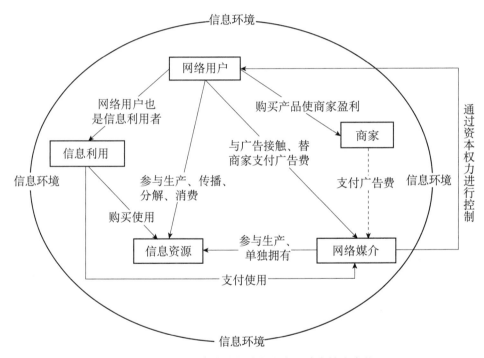

图 4 - 2　网络用户在网络信息生态系统中的生态位

　　需要特别指出，网络用户的劳动不是自然而然发生的。网络用户要进行信息传播、消费等劳动，必须有网络媒介为其提供相应的劳动平台，网络媒介通过技术、经济等资本搭建起各种各样的网络平台，吸引网络用户集聚到平台上来进行劳动。可以说，网络媒介靠资本这个威力极为巨大的权力手段，为网络用户开辟劳动空间和搭建劳动平台，对网络用户的劳动过程进行隐性的掌控，使网络用户心甘情愿地为之劳动。需要特别指出的是，网络媒介虽然可以通过资本这一权力手段掌控网络用户的劳动，但由于网络媒介所获取的经济效益必须通过网络用户的信息生产、分解、传播和消费来实现，因而所有营利的网络媒介都以网络用户为中心来设计劳动平台。这说明网络用户在网络信息生态系统中是有着较大的能动性的，网络用户积极、主动的劳动为网络媒介经济的发展注入了强大的动力。

三、网络用户在网络经济发展中的地位

互联网不仅仅是一个传播工具，它还是一个集聚和分配各种资源的扁平化平台。作为人人都可以随意进出的平台，互联网赋予了个人强大的力量。在新传播科技赋权和网络媒介的精心经营下，网络用户在网络媒介经济发展中的地位得以不断提升。在此种情况下，"网络用户劳动与网络资本增殖的关系"这一主题已成为网络用户劳动研究的重要方面，对网络用户在网络经济发展中的地位展开研究，能探明网络用户的劳动在信息资本积累中所扮演的角色。

（一）网络用户是推动网络经济发展的主要劳动者

在网络经济的发展中，网络用户这类劳动者功不可没。在网络用户大规模地参与信息生产、传播和消费的背景下，中国网络经济异军突起。"大众媒介是首要的经济实体，通过商品生产和交换，其作为剩余价值的创造者具有直接的经济角色，同时通过广告，在商品生产的其他部门的剩余价值创造中也具有间接的经济角色。"① 互联网属于大众传播媒体，其同样具有上述的功能，且其相对于传统媒体所具有的突破时空的技术优势，使得互联网在创造剩余价值、促进经济发展中的作用更为巨大。如果说工业革命创造了"在轮子上奔驰的人类"，那么信息革命的重大成果便是创造了"在网络媒体上腾飞的人类"。

在这种新情况下，服务性经济正逐步取代产品生产性经济而成为主流的经济形态，数量越来越庞大的劳动力开始从农业及制造业转向了服务业，网络用户的劳动逐渐在网络媒介经济发展中占据主导地位，网络经济成为信息社会中经济发展的一大亮点。据波士顿咨询的统计数字，2016 年，"二十国集团"的互联网经济成为世界第五大经济体（仅次于美国、中国、日本和印度）。而据麦肯锡 2011 年的统计数字，在 1995—2009 年这 15 年的时间内，互联网经济对世界经济的 GDP 增长之贡献率平均达到了 10%；进入新世纪后，互联网经济对

① 莫斯可. 传播政治经济学［M］. 胡春阳，黄红宁，姚建华，译. 上海：上海译文出版社，2013：123.

世界经济 GDP 增长之贡献率更高，仅在互联网普及率还不算高的 2004—2009 年间，每年的平均贡献率就达到了 21%。当前，包括中国在内的众多国家已经从新兴市场国家转变成了互联网经济体，人类来到了工业互联网时代。与依靠不断增加要素投入来实现增长不同，互联网经济体具有巨大的网络效应及协同效应，能在较长时间内避免滑入边际报酬递减这一旧有的经济增长模式所固有的困境之中。在欧美等较为发达的国家和地区，网络已被看作经济发展中不可或缺的基础设施，它们都纷纷着眼未来，提前规划网络的发展，以提高信息社会的生产力，促进了网络这一重大的信息经济体的持续繁荣。我国也应该迎头赶上，科学规划网络经济的发展。其实，早在 2005 年 1 月，国务院就出台了相关文件，要求大力发展电子商务，开创实体与网络虚拟经济相互促进、共同发展的良好局面。人们"纷纷从'经商'转化为'网商'，利用网络用户的劳动来创造新的财富"①。

(二) 网络用户信息生产与消费为网络经济的发展注入新活力

网络用户借助网络技术，可以参与到网络信息的生产和消费中。

首先，网络用户可以直接生产信息。由于网络用户多来自草根阶层，因而其生产的信息具有贴近现实、贴近生活的特点，更能引起普通大众的共鸣，并由此产生巨大的社会效应。当前，搜狐、56 网等网站都纷纷搭建平台，鼓励网络用户参与到网站的信息生产中来，它们则可以利用网络用户生产的信息来扩大网站的点击量和信息量，并由此积累更多的信息资本。

其次，就消费来说，网络是一个饱含信息资源的媒介平台，网络用户在点击浏览、搜索网页时便成为网络信息的消费者。有学者还针对网络用户的消费角色把其称为消费族群，即"SoLoMoPe"，这是四个英文单词"social"（社交化）、"local"（本地化）、"mobile"（移动化）、"personalized"（个性化）的缩写结合体。在万物的互联中，网络用户信息消费的成本逐步降低，这使得信息反馈的成本也持续降低。同时，碎片化的消费也使得"消费者赋权"开始发力。由此来看，即使网络用户不是以生产者（劳动者）的身份进入网络社会化大生产的场所中，而是以体验者、交流者、呐喊者、情感宣泄者、曝光者以及消费者等身份进入该场所中，也在客观上生产了大量的信息资本，使网络信息消费真正成为拉动网络经济发展的马车。

---

① 张健. 生产关系改变下的互联网经济 [M]. 北京：中国财富出版社，2013：138.

再次，网络用户的非职业化劳动是网络经济发展的一大驱动力。在接受中央电视台大型纪录片《互联网时代》主创团队采访时，兰卡斯特说"传统意义上的全职员工与自由职业者之间的界限已经越来越模糊了"①。信息资本主义时代网络用户劳动的特征使职业和非职业（有薪酬和无薪酬）劳动的边界越来越模糊。劳动不仅关乎职业生产，也关乎人类社会交往。从这个意义上来说，恰恰是非职业的网络用户的免费劳动构建起了网络空间中社会交往的劳动板块，成为整个信息资本体系的重要价值驱动力。

可以说，网络用户劳动这一词语是互联网时代资本和劳动重构的产物。在网络空间，网络用户数量不只是数字，而是代表着生产、传播与消费等加快信息资本积累的力量。网络用户的劳动已成为高科技下的劳动密集型产业。人们习惯性地认为是杰出的网络媒介管理者决定着网络经济的发展，常常忽略了网络用户的力量。然而事实证明，网络用户在网络经济的发展中发挥着极为重要的作用，他们通过各种活动为网络媒介生产了大数据商品和关键词等商品，并能直接生产各种各样的信息产品。作为网络信息生产、分解、传播和消费的重要力量，广大网络用户给网络经济的发展注入了强劲的动力。

第二节　网络用户劳动在网络经济发展中的价值

在当今中国，网络加速了改革开放、市场经济以及自由竞争的进程，在正在浮现的"互联网经济体"中，网络用户的劳动功不可没，它为网络媒介积累信息资本、推动网络媒介经济的发展进而壮大了"互联网经济体"。具体来说，网络用户的劳动在促进网络媒介经济发展方面具有以下几个作用。

一、网络用户劳动开创了网络经济发展的新模式

众所周知，网络经济属于信息经济，而信息产业是知识、技术和智力密集型产业，在发展中主要依靠信息的及时乃至实时传播，推动资金、能源及人员的快速而合理的流动，促进生产、技术及商贸的不断增值，进而实现社会、经济、资源的协调发展。因而可以说，信息产业是一种全新的生产体系，它走的

① 中央电视台大型纪录片《互联网时代》主创团队.互联网时代［M］.北京：北京联合出版公司，2015：166.

是一条无污染、低投入、低能耗、高效益的可持续发展道路，这条道路是人类求得长远发展的唯一途径。网络等信息技术将个人和各个社会组织、各种物质联系起来，使全球的信息交流更为通畅，使人们能够建立全球性的伙伴关系，共同分享和利用地球上的各种资源，以实现可持续发展的宏伟目标。此外，网络等信息技术能够快速地渗透到社会的各个行业之中，加速社会、经济等系统整合的进程，实现经济、社会等各领域的协调发展。因此，信息产业的充分发展是实现可持续发展的重要前提。

作为网络空间的主要劳动者，网络用户的劳动催生了一系列网络信息经济发展的新模式，对网络经济的持续、快速、健康发展有着重要的意义。

（一）平台模式

1. 平台概述

在网络空间中，"平台"是指网络媒介组织根据多个主体的情况而建立起来的资源共享、发展共赢的一种有效的商业生态系统，其最大的特点就是开放性。平台是网络经济发展的驱动力。平台经济是网络经济最主要的类型之一，构建互联网劳动平台，能够极大地发挥网络经济的平台效应。按照梅特卡夫定律，网络的价值以网络用户数量的平方的速度增长。而按照里德定律，随着联网人数的增长，网络用户的网络价值呈指数级增加。在网络用户劳动中，平台效应主要包括两种类型，即同边效应与跨边效应。其中同边效应是指随着网络平台某一边的网络用户数量的增多，会吸引更多的网络用户向同一边聚集，从而增大同一边的网络用户数量。如某个网络用户津津有味地玩着微博、微信，周围的人可能会受到其兴致的感染而去使用微博、微信。而跨边效应则是指网络平台某一边的网络用户数量增多，会让另一边的网络用户数量增多，如使用微信的网络用户越多，越会吸引更多的人开发各种微信应用软件。因而现在的各种网络媒介平台往往让用户免费使用，以不断扩大网络用户的规模，从而不断放大平台效应。同时，很多网络媒介平台还不断增加各种新功能，不断提升网络用户的体验感，吸引网络用户持续使用，增加网络用户的活跃度和黏着度，全力强化平台效应。

2. 从电商平台经济体的勃兴看用户劳动中的平台模式效应

网络媒介要形成自身的平台思维，深入领会网络媒介的商业模式和组织形态，科学地构建起多方共赢的网络平台生态圈。当前，在互联网领域出现了商务、搜索以及社交三大平台体系，而其中最受人称赞的就是商务平台。在网络经济的发展中，电子商务的作用尤为巨大，因而在探讨网络用户劳动对网络经济发展的平台模式中，本研究将以电子商务平台为例来展开。

在原有的商业环境中，货品的生产和消费流程至少包括生产、批发、零售和消费四个环节。而在电子商务环境中，批发和零售环节将被直接舍弃，货品能从生产商直接配送到消费者手中。与欧美发达国家一样，目前我国也进入了电子商务的繁荣时期，电子商务在中国风生水起，B2B、B2C、C2C、O2O 以及 B2Q 等电子商务模式已在中国争相上演。有学者指出，走中国特色的信息化道路，首先就要对中国特色的经济增长模式进行研究。在我国已有 9.04 亿网民（截至 2020 年 3 月的统计数据）而且数量还在不断加速增加的网络空间中，新的经济平台、新的商业模式层出不穷。全球经济研究的热点开始从新兴市场国家向互联网经济体转移，其中，中国的新型电子商务经济体受到了研究者们的高度关注。在当下的中国，电子商务正成为互联网与传统产业的"连接器"，在促进和带动全国的经济转型升级中风头日盛，打造了举世瞩目的电子商务经济体。所谓电子商务经济体是指"具有电子商务属性的经济活动的集合。广义的电子商务经济体包括电子商务应用、电子商务服务、电子商务相关互联网基础设施和电子商务相关互联网设备制造等四个部分。狭义的电子商务经济体则仅包含电子商务应用和电子商务服务"①。在互联网经济体阶段，随着我国网络用户和网商数量的日益壮大以及电子商务基础设施的不断完善，电子商务对我国经济的影响日趋强劲，将会不断催生出新的商业生态和景观，促进网络经济的蓬勃发展。

电子商务究竟是什么？赵大伟认为电商是指"企业利用电子网络技术和相关的技术来创造、提高、增强、转变企业的业务流程或业务体系，使之为当前或潜在的客户创造更高的价值"②。在电子商务模式中，商业模式从农业时代的游牧模式、工业时代的链条模式发展到了银河模式，如微信并没有规定每天几点必须要登录、每天几点必须要退出，如达不到要求就会受到责罚，但是微信用户们都以近乎狂欢的方式不分时间地点地刷微信，微信犹如一个巨大的磁场把用户黏住。由此可知，电子商务中的平台犹如一个宇宙，吸引各种要素围着

① 信息社会 50 人论坛. 边缘革命 2.0：中国信息社会发展报告 [M]. 上海：上海远东出版社，2013：118.
② 赵大伟. 互联网思维独孤九剑：移动互联时代的思维革命 [M]. 北京：机械工业出版社，2014：39.

其转，并为其带来巨大的商业利润，这种情况就像是月球围着地球转动，地球带着月球一起围着太阳转，而太阳又带着太阳系围着银河系的中心转一样。在网络空间中，每个网络用户就像一滴水，无数个网络用户就能汇成汪洋大海，把这个汪洋大海汇集在网络平台这个巨大的消费池中，就能创造出无限的经济效益，这恰如电子商务的一种重要模式——C2B 模式。C2B 模式让网络用户能参与到产品的创新中，消费者的主导地位得以凸显。在深层次的 C2B 模式中，消费者的需求得以聚合考量，网络媒介可以根据网络用户的个性化需求来重新生产产品、重构供应链。在 C2B 模式中，数量庞大的网络用户不断搜索、点击和下单，为商家带来了巨大的平台效应。在这种情况下，电子商务产生了生态大爆发之奇观：电商服务业延伸的领域和层面不断拓展，一个新兴的、巨大的产业集群已然崛起。据信息社会 50 人论坛编著的《边缘革命 2.0：中国信息社会发展报告》的统计数据，早在 2012 年，我国电子商务服务业的整体市场规模就达到了 2 463 亿元，与 2011 年相比，增长了 72%，其中支撑服务业的市场规模达到了 1 174 亿元，交易服务业的市场规模达到 688 亿元，由电子商务所衍生的服务业的市场规模则达到 601 亿元。[①]

　　从总体上来说，网络用户对电商平台的贡献极为巨大，但不同的网络用户的贡献度是不一样的。在信息经济学中有一个非对称信息理论，它反映了日常经济活动中参与人拥有的信息量和特质不同而造成非对称信息状况下的交易和契约安排的情况。从理论上来说，素养高且拥有更多相关信息和闲暇时间的用户，其在网络空间中劳动所创造的价值更大。张军（2009）在《网络信息链的分析流程与重构方法》一文中采用了信息产出率公式来计算某信息人的信息产出量与其信息摄入量之比，即：

$$EO = QO/QC$$

其中 EO 表示信息产出率，QO 表示信息产出量，QC 表示信息摄入量。上述公式体现了信息参与者所摄入的信息量与信息产出量之间的关系，EO 越大，说明在所摄入的信息中，用于生产新信息或物质产品的信息越多，信息对信息人产出的作用越大。网络用户作为信息生产的重要劳动者，其在网络空间中的劳动生产出各种各样的信息，供大家分享和利用，使参与网络信息产品生产的信

---

① 信息社会 50 人论坛 . 边缘革命 2.0：中国信息社会发展报告 ［M］. 上海：上海远东出版社，2013：111.

息人摄入的信息量不断加大，极大地增加了用于生产新信息或物质产品的信息量，对信息生产和信息社会中经济社会的发展做出了积极贡献。

（二）分享模式

在网络时代，人们搜索、生产和消费信息已成为常态，而这些行为在使自己获得娱乐、信息和成就感的同时，也为他人提供了信息和娱乐的渠道，同时，人们也能从他人提供的信息中获得知识和娱乐，这就是所谓的分享。在分享中，人们正逐步摆脱利己主义的市场经济理念，进入以合作、互动互惠及平等为特征的市场经济阶段。由于网络提供了平等合作、公开透明的分享渠道，任何唯利是图者都将在这样的环境中失去更多的东西。

克莱•舍基（2011）指出，对于我们每年消耗的一万亿小时的空闲时间来说，任何转变——不管多么微小，都可能是很大一部分时间 。因而人类的创造和分享并不需要大幅度转变个人行为，全世界的盈余时间太多了，只要每人拿出一丁点时间来进行创造和分享，就能累积成巨大的效应。

2020 年 3 月，We Are Social 携手 Hootsuite 发布了新报告《2020 年全球网络概览》，世界网民数量已超过 45 亿人。网络用户的范围比网民还广，其每年的网络使用量也就更为巨大。在分享经济时代，网络用户的目光和手指所到之处必将缔造巨大的财富，网络媒介只需要关注网络用户的眼球和分享行动就可以挖掘到这些财富。网络拥有巨大的让网络用户相互感召、相互吸引的力量，网络中的一个小事件、一条短小信息或一个简短音频、视频片段，都可以引发群体的行动，使无数拥有共同关怀之情的人互相围观和发表言论。这是一种无组织的组织力量。通过网络，用户可以以全新的组织和连接方式化合出难以计数的集体行动，这必将增加网络媒介的点击量，由此创造更多的经济资本。恰如美国《大连接》的作者克里斯塔基斯所说："群体具备个人所不具备的性质。而究其原因，则在于我们组织个体的方式使得群体优于个体。想一想碳元素，把碳原子以某种方式连接，你将得到铅笔中软而黑的石墨；而如果以另一种方式连接碳原子，则将得到坚硬而清澈的钻石。"[①] 网络用户遍布全球各地，网络媒介可以以地球为平台，以全球网络用户为范围组织信息生产、传播和消费，从网络用户的信息分享中汲取无穷发展的力量，并以人类的经验不能体验到的

---

① 中央电视台大型纪录片《互联网时代》主创团队 . 互联网时代［M］. 北京：北京联合出版公司，2015：120.

速度，结出前所未有的经济硕果。

(三) 体验模式

在互联网时代，体验经济快速崛起，成为网络经济中的另一道亮丽的风景线。通常来讲，感性选择植根于人类的日常生活之中，人们在长期的日常生活中形成的体验感受和行为模式，往往比理性更能影响人的决策行动。在商品极为丰富、在线体验成为常态的今天，感性选择已成为人们选择的主流，催生了一种不同于农业经济、工业经济和服务业经济的全新的经济形式——体验经济，这种新的经济模式推动了人类经济生活的变革，在互联网普及的今天尤具发展活力。

传统产业中的体验经济主要在服务上做文章，侧重于用户在消费中的服务体验。粉丝群体中的情感体验以及价值认同能形成以体验为核心的消费模式。社群经济的体验则突破了既有的范式，涵盖了生产、销售和消费等一系列环节。社群成员可以对产品功能、产品设计与生产，乃至产品的消费场景等进行全方位的体验。这里需要指出的是，在体验至上的今天，消费场景的体验正变得越来越重要。彭兰 (2015) 指出，人们生活在全方位、无缝连接式的移动互联场景中，场景是消费者所处的时间、地点、空间、情绪状态、社交关系等各种要素的集合。当前，随着大数据技术的发展及深入运用，网络媒介、广告商等资方借助大数据技术，搭建迷人的消费景观对网络用户实施精确营销，甚至为消费者重新打造新的体验场景，已显得尤为重要和迫切。

在网络空间中，网络媒介通过在线追踪网络用户的消费习惯，寻找到网络用户的体验个性，然后根据用户的体验需求开发新的产品，并营造、延展有效的消费环境，以博得网络用户的青睐，使网络用户在得到情感体验后实现经济交换，获取经济利益。派恩等在《体验经济》(*The Experience Economy*) 一书中预测未来社会的经济成果中，产品约占 4%，服务约占 16%，体验约占 80%。[①] 在现代社会化大生产中，商品很容易被代替，只有在商品开发和服务中针对用户需求形成差异化、具有特殊体验感的效果，才能赢得用户的芳心，并由此实现经济的繁荣。

(四) 粉丝模式

粉丝 (fans) 原指狂热者，后来成为追随、支持明星人物的社会群体的指称。而此处所论及的粉丝，其追随和支持对象除了明星人物外，还包括产品和

---

① 派恩，吉尔摩 . 体验经济 [M] . 毕崇毅，译 . 北京：机械工业出版社，2012：5.

服务。当粉丝针对追随和支持对象形成特定的组织，并把组织的运作延伸至经济领域时，就催生了粉丝经济。

网络用户利用现代化的网络技术，搜寻、购买与明星相关的产品和自己欣赏的品牌的产品，对这些产品形成长期的情感和行动支持，并形成长久的经济行为，成为所关注的产品的粉丝。当然，除购买产品和服务外，粉丝还经常在线与他人就产品和服务的相关问题进行探讨和交流，这也为产品和服务的发展投入了大量的劳动。

在我国，粉丝经济兴起于《超级女声》这一选秀节目，经营者巧妙地在粉丝和明星之间架构起有效的经营行为并由此获取经济利益。在《超级女声》引爆粉丝经济后，各行各业都力求打造自己的独特产品，吸引粉丝的关注以搭乘粉丝经济的快车。粉丝经济能降低成本、延缓科斯天花板①到来的时间，并简化了生产和销售流程。关于这一点，我们可以从《流经我们内心的风景》这本书的出版中窥见端倪。《流经我们内心的风景》的出版堪称自由出版的典范，打破了传统出版的方法：在书尚未正式启动便通过网络开始了与粉丝的互动，因而在图书制作完成前，粉丝的购买热情就完全被调动起来了，印刷出来后根本不需要开展任何推广活动就被参与互动的粉丝抢购一空。在这一过程中，读者的参与被前置，大大地简化了营销过程，并节约了大量用于出版和推广的成本。

综上所述，在网络用户大量参与的粉丝经济中，网络媒介只要做好特定的板块，让网络用户随意登录、浏览、退出，就能不断获取与网络用户相关的产品（含信息产品和各种网络行为），以节省流程、降低成本，并延缓科斯天花板到来的时间。就成本来说，网络经济具有外部性，当相关的投资到了一定程度、平台搭建较为完善时，不管网络用户数量如何增长，网络媒介所投入的成本都处于稳定状态，甚至还会逐渐下降，而利润则会不断增加，由此获得巨额经济利益。

（五）社群模式

随着社会和媒介技术的发展，新的社群形式不断出现。今天，人们构建了一个个的网络社群，开启了社群经济的新时代。

社群是由社区发展而来的，不过与社区相比，社群更关注个体与群体间的

---

① 科斯天花板（Coasean ceiling）是企业经营方面的一个理论，指当某个企业发展到一定规模时，各项运营和管理的成本就会逐渐吞噬利润。根据科斯天花板理论，对于一个不断成长的企业来说，当其发展到某一个节点时，它便不可能继续成长并维持正常运行，因为到了那时，企业管理的成本将吃掉全部利润。

交互关系，更看重群体的分工协作。社群的成员间有特定的行为规范和行动目标，并通过信息互动形成持续而强大的社群情感。孔剑平等指出："社群经济是基于移动社交平台，遵循某种兴趣图谱，为特定目标群体提供产品和服务，促进粉丝深度交互和情感体验，激发粉丝自主的参与度、传播力和创造力，通过富有创意的社群运营，形成的可持续性的商品价值和情感价值的生产和消费的经济模式。"① 社群经济以社群成员的相互信任和追捧、互动、口碑传播等为基础。社群成员交互的遍在性与便捷性使社群的价值得到最大限度的释放，并使社群的功能愈加多元化，由此对社会的消费模式、品牌营销以及商业模式等产生了巨大的影响。当前，网络社群如雨后春笋般出现，网络社群经济进入了蓬勃发展的时期。

从本质上来说，社群经济其实就是由粉丝经济进化而来的，它可以被看成粉丝经济发展的高级阶段。一般来讲，在运营初期，社群经济会呈现粉丝经济的特征，因为社群只有在人们对特定的产品或服务予以关注和欣赏时才能形成。但是相对于粉丝经济来说，社群经济又有自己的特征，社群的核心本质在于其在吸附大量粉丝后能形成粉丝规模，并在粉丝的参与下形成特定的再生产机制以及价值增值系统。由于粉丝的参与，社群在发展到一定的程度后会实现自我运作和自主创造，由此实现产品和服务的生产与再生产。而社群粉丝的主动性及创造性经由社群内部的互动和分享后，能实现社群的群体智慧和价值的再生产、再创造。同时，社群经济又是对体验经济的深化和延伸的经济形式。社群成员围绕对产品和服务的体验，形成新的商业生态及运行逻辑。随着网络特别是移动互联网的发展和各种各样的移动终端的普及，网络用户纷纷涌现，为社群的形成提供了绝佳条件，也使社群的交往更具普遍性。网络用户汇集到社群中，借助社群的力量最大限度地发挥自身的创造性，感性体验得以大大释放。但体验经济仍然不具备社群经济的再生产机制和价值增值系统，与社群经济相比，体验经济的"自组织性"和"创造性"仍然不足。此外，社群经济的成员互动和再生产中的理性成分较多，而体验经济中成员的互动和再生产往往是建立在感性的基础之上的。

网络社群的出现对网络商业的运作产生了深刻的影响，网络空间中的产品

① 孔剑平，金韶，何川，等.社群经济：移动互联网时代未来商业驱动力［M］.北京：机械工业出版社，2015：126.

生产、销售和消费都发生了巨大变化，由此催生了网络社群经济独特的商业模式，主要有几下几种类型。

1. 用户参与的生产模式

在原有的商业体系中，生产和消费有着明确的界限，二者各司其职，不能合为一体。在互联网时代，网络用户可以承担起生产者、传播者及消费者三种角色。阿尔文·托夫勒首先提出了"产消者"①（prosumer）的概念，使我们知晓生产者与消费者可以融为一体。在互联网时代，各式各样的社群平台如雨后春笋般出现，社群应用越来越广泛，网络用户参与信息生产的机制已然出现，产消一体化的经济模式因此而异军突起。在社群平台上，网络用户的信息生产与分享、产品创意及设计的角色扮演日渐娴熟。目前世界上出现的"众包"生产模式是网络用户参与、协作生产的明证，也是吸收群体智慧、提升生产力和创造性的有效途径。大家都知道，小米的成功并不只得益于营销层面，还得益于吸纳用户参与生产、传播和消费的商业模式。

2. 品牌社群的营销模式

最先对品牌社群展开研究的是美国的穆尼兹等人，他们认为品牌社群是一个特殊的、不受地域限制的消费者群体，它建立在使用某一品牌的消费者所形成的一系列社会关系之上（Muniz，2001）。麦克莱克山德认为品牌社群是以核心消费者为中心的关系网，它是以消费者体验为中心的消费者与品牌、产品、企业之间的多元关系（McAlexander，2002）。同时，品牌社群中的消费者之间也有着极为复杂的关系。因此可以说，品牌社群已从"以企业为中心"的模式转为了"以消费者为中心"的模式。凭借网络技术所搭建的社交平台，消费者与网络媒介可以即时互动，这必然会吸引消费者参与到网络媒介的产品生产中来，实现消费者、网络媒介对产品品牌的价值共创。在营销方面，网络技术能为网络品牌社群将情感、体验、关系及口碑营销等因素进行深度融合提供全新的渠道，由此重塑社群、网络媒介及品牌之间的关系，搭建起参与营销、即时营销的新型营销模式，为网络媒介带来巨大的社群经济效应。

（六）网络游戏模式

网络游戏、互联网广告和电子商务被称为互联网的三大商业模式。网络游戏被奉为"金矿"，目前主要有计时收费以及准免费两种盈利模式。所谓准免费

---

① 托夫勒. 第三次浪潮［M］. 黄明坚，译. 北京：中信出版集团，2006：161.

模式，就是游戏运营商面向广大网络游戏用户开放游戏，从靠点卡来赚取利润转向靠销售虚拟物品、插入广告以及增值服务等多种方式来赚取利润。

玩游戏是人类的天性，在游戏中能体验第二人生。互联网将各种极具诱惑力的游戏推到社会大众的面前，让大家能随时随地进行游戏活动。网络用户玩游戏这一劳动方式催生了新的职业模式——专职游戏玩家，由此为网络游戏开发商开辟了新的经济产业链，促进了网络经济的繁荣。以专门的打金币这一游戏人群为例，在网络游戏之风席卷全球之际，那些因没有足够时间玩游戏而使自身所扮演的角色的级别无法得以提升、装备无法得以更新的人们，纷纷用现实的货币购买网络游戏玩家手中的"虚拟货币"，以满足其在游戏中的角色升级、装备更新等支出的需求。众所周知，玩家要想畅快淋漓地玩网络游戏，角色升级以及一些级别较高的虚拟装备必不可少，而角色升级和虚拟装备需要花费大量时间来玩游戏以赢取其中的虚拟金币来购买，那些没有足够时间花在网络游戏上的人，又离不开网络游戏，就只能拿现实的货币来购买虚拟货币。基于这一热点现象，很多商家全力笼络游戏高手，打造游戏"代练"产业并获取利润。这就催生了"打金币"这一职业，专门组织游戏玩家"打金币"的组织被称为"打金工作室"，而专门"打金币"的人被称为"金币农夫"，很多人公开在网上招聘"游戏代练"人员（金币农夫）。这样，一大群网络游戏用户成为"游戏玩工"，成为受剥削的"网络劳工"。

在网络游戏产业链中，处于产业链开端的是"金币农夫"，他们不分白天黑夜地在网络游戏中打着"金币"，以供给金币需求者。处于产业链中端的是各种各样的销售渠道，有"打金工作室""个体户"与卖家直接交易，也有专门的代理商收购金币后再出售。处于产业链终端的是有"金币"支付需求的网络游戏玩家，他们购买虚拟金币，以达到角色升级和购买高级别的虚拟装备的目的。这样一来，网络游戏就在"金币"需求的驱使下形成一个巨大的产业链，在现实和虚拟货币的交易中促进网络经济的蓬勃发展。

二、网络用户劳动中网络经济资本增殖路径的变化

网络用户也是由各行业、各阶层的人组成的，他们创造了信息资本，这些资本加速了资本主义的资本积累的进程，为信息经济输入了新鲜血液。在资本主义国家，网络用户的劳动甚至还能有效地延长其经济衰退期。

网络用户通过点击浏览、收听收看、复制粘贴、生成内容以及对已有的信

息内容进行修改和补充等行为，为网络媒介投入了大量的劳动，创造了巨额的经济价值。网络媒介只需要为广大网络用户提供劳动的平台，便可以获取巨额财富。而对于广告商等商家来说，他们将从网络用户购买其产品的过程中获取巨额利润。也就是说，网络用户在网络空间的劳动创造了巨额价值，而这些价值却在没有任何经济报酬的情况下被转移到了网络媒介和广告商的手中，从而使得网络生态链不断发生增值。相对于工业生产来说，网络用户这群劳工中有众多的精英，他们掌握的生产工具较为先进、自身的知识素养及智商等都比较高，因此整体生产能力较为强大。这种强大的生产力能够极为有效地促进网络信息生态链的价值增值。而更加令人称奇的是，进入网络空间开展劳动已经成为人们日常生活的一个重要组成部分。恰如邱林川所说："从小孩玩'愤怒的小鸟'到大人刷博客，已不再是'网络成瘾'那样的小众行为，而是成为大众的一种生活方式。"[①] 在这种情况下，从两三岁的幼童到耄耋老人，不分男女，只要能点击进入网络，都可以为网络媒介等资方生产经济价值。众所周知，在现实空间的生产中，劳动是人们谋生的手段。而在网络空间中，劳动已经超出了谋生的范畴，成了社会大众最为常见的生活方式，成了社会大众进行情感宣泄、社交娱乐等活动的不可多得的渠道，劳动者往往是在卸下了求生存图发展的痛苦枷锁、满怀欣喜的状态下进行劳动的，而这种状态下的劳动往往能创造难以估量的价值。但就当前来说，网络用户的劳动还处于一种"免费"的状态，他们没有获得任何经济报酬。知名的非物质劳动研究学者泰拉诺瓦曾用"免费劳动"一词来描述网络用户无偿、自愿地投入网络空间展开劳动，为软件开发和内容生产做出重大贡献的现象。他进一步指出："互联网这种媒介需要巨大的文化和技术劳动投入，这些劳动依然是'免费劳动'。'free'除了免费、无偿的意思之外，还有另一个意思：自愿、非强迫性。"[②] 网络用户在网络空间的劳动具有方便性、高效性以及劳动量巨大等特征，且劳动力再生循环的速度较快，因此每时每刻都有大量的财富转移到了网络媒介的手中。

据此可以说，网络用户在网络信息生态系统中处于核心地位。在网络信息生态系统中，网络媒介资本围绕着网络用户的劳动产生了一系列增殖效应，其中至少有三条直接的增殖路径和一条间接的增殖路径（见图 4 - 3）。

---

① 邱林川. 告别 i 奴：富士康、数字资本主义与网络劳工抵抗 [J]. 社会，2014 (4)：126.
② TERRANOVA, T Free labor: producing culture for the digital economy [J]. Social Text，2000：35.

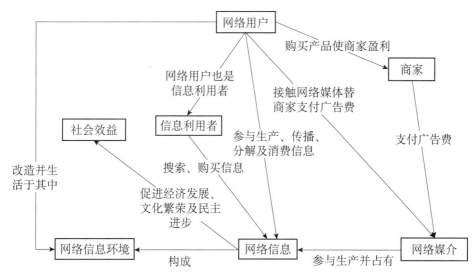

图 4-3　网络用户的劳动与网络媒介资本增殖示意图

（一）直接的增殖路径

1. 与网络媒介相关的增殖路径

这一增殖途径包含三条小路径：一是网络用户的点击、收听、收看广告的行为，这为网络媒介积累了大量的与广告商讨价还价的数字资本，当网络媒介利用这些数字资本从广告商那里赚取到广告费时，网络媒介资本就有了直接的增殖渠道。二是网络用户可以直接为网络媒介生产文字、图片、音频、视频等信息产品，当网络媒介把这些信息产品出售给相关的信息利用者时，也能获得巨大的经济利益，这也为网络媒介资本的增殖提供了直接的渠道。三是网络用户并非只是网络信息的生产者，他们更是网络信息的消费者，他们在遇到自身急需的或者感兴趣的网络信息产品时，也会花钱从网络媒介那里进行购买，这也就为网络媒介资本的直接增殖开辟了第三个渠道。

2. 与广告商相关的增殖路径

广告商在网络媒介上进行大肆宣传，目的是吸引网络用户购买其商品。当网络用户被广告所吸引而购买广告商的商品时，广告商就能获得巨额利润。而广告商在获得利益后，会花更多的资金在网络平台上做广告，从而使网络媒介的资本增殖更为快速。

3. 与信息环境相关的增殖路径

网络用户在网络空间中进行劳动，必将会使网络信息环境中的产品数量不断增加、类型不断丰富，其中很多信息产品对网络环境具有治理和改良价值，而信息环境的治理和改良对于改善整个网络空间的劳动环境、促进网络媒介资本的增殖具有重要意义。

（二）间接的增殖路径

网络用户在网络信息的消费中助推了消费经济的发展。不管是网站信息的点击行为还是网络广告的阅读和视听，都能体现消费这架马车在促进社会经济发展中的巨大作用。网络是大众文化的最佳载体且本身就是一种文化，因而网络用户在网络空间中的劳动必然会促进网络文化、社会文化的繁荣；网络用户通过网络媒介参与到社会发展的一系列议题的讨论与决策之中，并对相关部门和机构的不良行为进行监督，对社会民主的发展进步有着积极的意义。

综上所述，对于既生活在现实社会又活跃于网络空间的网络用户来说，其通过自身的劳动，创造了一系列价值，对于网络经济的发展起着巨大的促进作用。

三、网络用户劳动中网络经济资本增殖的规律

网络是一个全新的劳动场所，作为网络空间主要的劳动者，网络用户借助网络技术在网络空间进行着信息生产、传播和消费的劳动，由于网络经济的外部性，网络用户劳动使网络经济的发展呈现出边际成本递减以及边际效益递增等新规律。

（一）边际成本递减规律

众所周知，产品的生产或服务的提供都需要投入成本。成本通常分为固定成本及可变成本两个部分。其中，固定成本也称不变成本，是指在某一时间段内不会随着产出水平的增加而发生变化的成本，它往往是生产启动期间投入的成本。而可变成本是指在某一时间段内随着产出水平的增加而增加的成本，它是一定时期内增加产出量而投入的成本。例如工厂的厂房和机器的成本在初期投入后，在一定的时期内不会发生变化，因而是固定成本；而工厂雇用职员、购买原材料及水电的成本是随着产出的增加而增加的，因而都是可变成本。在实际生产中，为了节约成本、获得更多的利润，人们往往极为关注边际成本。李山赓认为"边际成本指的是每一单位新增生产的产品（或者购买的产品）带来的总成本的增量"[①]。边际成本递减是指随着产量增加，所增加的成本将越来

---

① 李山赓. 经济学基础［M］. 北京：北京理工大学出版社，2012：81.

越小，与我们常说的规模效应相类似。一般来说，所有商品的生产都存在边际成本递减规律，但对一般的商品而言，边际成本递减的范围是有限的，在超过某一限度后边际成本就会增加。而网络用户劳动所生产的产品属于信息产品，与一般物质商品相比，其成本结构具有较高的固定成本和较低的边际成本的特性，因而信息商品和服务的生产与再生产都能以极低的边际成本进行。在经济学中存在着一个假定，即边际成本会随着产量的增加而增加，原因是产品的生产都会造成设备的磨损及折旧，并需要投入更多的劳动力。而对绝大部分信息商品和信息服务而言，边际成本会随着产量的增加而增加的假设是不成立的，因为信息产品和服务的边际成本极低，有时甚至可以忽略不计。

综上所述，网络用户劳动生产的信息产品和服务的边际成本随着产量增加而减少，呈现出长期的递减规律。边际成本递减必然会更有利于网络经济的发展。

（二）边际效益递增规律

卢嘉瑞认为边际效益是"凡增售一个单位的商品而使总收益增加的值"[①]。而宋卫东认为边际效益是指"一个市场中的经济实体为追求最大的利润，多次进行扩大生产，每一次投资所产生的效益都会与上一次投资产生的效益之间的一个差"[②]。只有当企业增售一单位商品所增加的边际效益大于增产这一单位所支出的边际成本时，企业才有利可图，否则企业就得亏本，就不愿意继续生产。因此，边际效益等于边际成本是企业决定其生产规模的重要参考条件。

网络经济是以信息流为中心的经济，它与信息产业的发展息息相关。网络技术为网络经济的发展提供了基础性保障，正是由于网络技术的外部性特征，才催生了范围经济、规模经济、差异经济、成长经济和边际效益递增等网络经济中独特的经济现象。

上文刚刚对网络经济的边际成本递减规律进行了论述，随着产量的不断增加，边际成本会不断减少，边际效益就会不断增加。这其实得益于信息产品的共享性。我们都知道，物质产品具有排他性，不可以共享，其产量越多、成本就会越高，最终会导致边际收益递减。网络用户劳动生产的信息产品具有使用不灭性和非排他性，可供不同的人长期使用，随着产出量的增加，更多的人会得以分享，并在分享中创造更多的产品，而分享中创造的产品是不需要企业另

---

① 卢嘉瑞. 金融理论与实务［M］. 大连：东北财经大学出版社，1991：288.
② 宋卫东. 经济学常识速查速用大全集［M］. 北京：中国法制出版社，2014：17.

行投入成本的，因而在网络用户的信息产品的生产中，随着产出的增加，边际收益就会递增，而边际效益的递增必然有助于网络经济之勃兴。

网络用户的劳动使网络经济出现了边际效益递增规律，可以从长尾经济中一窥端倪。长尾理论一改传统经济学中的边际效益递减规律，使边际效益递增深入人心。首先，在传统经济中，价格对需求具有决定作用，价格越高，需求就会越少；而网络经济中的长尾经济则相反，商品的价格会随着网络用户数量的增加而增加，而价格的增加又会吸引更多的用户，并由此产生多重经济效益，这种情况也称为长尾经济的"外在性"。其次，长尾产品往往针对用户的消费习惯和个性化需求来设计和生产，这对追求体验式消费的用户来说是一个巨大的吸引力，网络中的丰饶经济学现象逐步凸显。当前，带宽、存储以及服务器三大支撑互联网的基础要件都逐渐趋于免费，因而互联网经济会逐渐消弭生产、销售和传播中的垄断渠道。这为数量极为庞大的网络用户参与信息的生产与消费提供了更自由的空间，众多的网络用户自称"草根"，企业的产品生产和开发尤其要关注这一"长尾人群"的诉求，因为在点击行为也成为商品的今天，"得草根者得天下"已成为至理名言。"约等于无限小，被无限多地汇聚在一起，意味着任何可能——这是互联网时代的资源公式。"① 关注网络用户的信息生产与消费，将会为长尾经济的快速、持续、健康发展构筑坚实的平台。

综上所述，网络用户作为网络空间的重要劳动者，其劳动使网络经济呈现出蓬勃发展的态势。

本章小结

本章对网络用户在网络信息生态系统中的生态位进行了研究，并以此为出发点探讨了网络用户在网络经济发展中的地位。在此基础上，本章接着对网络用户的劳动在推动网络经济发展中的价值进行了探析。本章立足于网络用户在网络信息生态系统中的角色扮演和网络经济发展中的劳动价值这两个重大问题来展开，对研究"网络用户的劳动及报酬"这个主题来说，是十分必要的。

---

① 中央电视台大型纪录片《互联网时代》主创团队. 互联网时代 [M]. 北京：北京联合出版公司，2015：80.

第五章　网络用户劳动中的
生产方式及劳动关系

与传统社会中的生产方式一样，网络空间中的生产方式也包括生产力和生产关系两个部分。但由于网络空间是一个全新的信息生产、传播和消费空间，因而其生产方式又有着一些自己的特征。此外，在网络技术的赋权下，网络空间中的网络用户与网络媒介之间的劳动关系又出现了异化的情况。因而对生产方式的特征和劳动关系的异化情况进行研究，能够较为有效地揭示网络空间中的劳动状况。

第一节　网络用户劳动中的生产方式及劳动产品的价值

在网络技术的作用下，生产力的三个要素即劳动对象、劳动者和劳动工具都有了新的变化，这些变化同时也对工业生产产生了颠覆性影响。在先进生产力的作用下，网络空间中产品的形式和价值也发生了新变化。此外，网络劳动中的生产关系也出现了劳动者被剥削的程度进一步加深的情况。

一、网络用户劳动中的生产方式

（一）网络用户劳动中的生产方式：新的生产力与变异的生产关系

在网络空间中，生产力的各要素都有了新的变化，生产关系在网络用户的劳动地位、产品的生产与分配等方面都有了新的变化，但其中的剥削与被剥削的根本属性没有变化，因而可以将网络中的生产方式总结为新的生产力与变异的生产关系。

互联网是一个巨大的虚拟空间，但是它与真实世界有着密切的联系，并没有脱离现实世界而独立存在，其运行和发展受到现实世界中的人和物的影响。正如丹·席勒所说的那样："互联网实质上是政治、经济全球化的最美妙的工具。互联网的发展完全是由强大的政治和经济力量所驱动，而不是人类新建的一个更自由、更美好、更民主的另类天地。"① 网络已成为推动经济社会发展的有力武器，为正努力开拓信息资本主义势力范围的人们提供了一把锋利无比的宝剑。

2006 年，影响深远的《时代》周刊以"你"作为年度人物，这个"你"字叠印在没有生机的银灰色的电脑屏幕上。《时代》周刊的标题宣称："毋庸置疑！就是你！由你控制信息的时代，欢迎来到你的世界。"这说明在信息时代普通大众正发挥着巨大的影响力。有学者甚至宣称新媒体技术能够将普罗众生纳入信息生产体系之中，由此宣示了一种新的生产方式的到来。如在网络社会研究方面大名鼎鼎的卡斯特就提出了"劳动被基于高价值的信息生产'发展的新方式'所改变"的观点。安东尼奥·内格里、蒂茨娅娜·泰拉诺瓦等学者期待着网络这一新媒体的使用催生出一种新的生产方式，认为新的生产方式能够对传统文化的再生产以及反对资本主义的政治对抗提出强有力的挑战，全球网络将对人类社会产生根本性的影响。

《时代》周刊以"你"作为 2006 年的年度人物，把网络这种新媒体的终端用户的权力提升到一个新高度，认为网络用户能有目的地控制、规避中介的通常权力。作为一种自由的生产方式，网络用户的劳动没有受到老板控制，每个人都是自己的老板，经理与工人、劳动与资本、生产与消费合为一体，网络技术引发了一种全新的经济模式，并由此引发了一种新的生产方式。不过这种说法遭到了不少学者的反对，如文森特·莫斯可和凯瑟琳·麦克切尔就对此持反对意见，他们指出："对于任何涉及新生产方式，当然，社会关系的特征也必须是新的，不仅生产方式是新的。众所周知，主流资本主义生产方式再生产出来的社会关系是通过工资劳动契约来界定的，其社会关系以占有生产资料和财富的巨大差距为标志，该不平等制度的核心是资本对劳动的剥削。"② 我们知道，生产方式包括生产力和生产关系两个方面。在网络社会中，借助网络技术，人类信息的生产能力得以大大的提升，在网络空间中人们可以进行大众生产、同侪生产，新的生产工具对传统的生产方式有着巨大的颠覆作用。这意味着在网络这一新技术的作用下，人类的生产力有了新的变化。但是，就生产关系来说，资方对劳动者控制和剥削的状况没有任何改变。相反，正如第三章所论述的那

---

① 席勒. 数字资本主义 [M]. 杨立平，译. 南昌：江西人民出版社，2001：8.

② 莫斯可，麦克切尔. 信息社会的知识劳工 [M]. 曹晋，罗真，林曦，等，译. 上海：上海译文出版社，2013：46.

样，在网络这一新技术的帮助下，资方能够更加隐蔽、更加有效地对劳动者实施控制。

由此可知，网络固然能为人们提供一种在全球范围内进行生产的工具，但劳动者与资本家的关系并没有改变。正如莫斯可等学者所说："全球化在以一种越来越抽象的方式来对劳工进行剥削，只有在新生产方式的特征终结了该剥削方式的情况下，我们才能说新媒体已经成为一种新的生产方式。还有一个至关重要的问题，那就是投射到全球化无国界网络之上、正在不断加大的劳工剥削，对此问题，新生产方式的本克勒版本①仅仅涉猎那些被隔绝于财富集中的特权领地的知识工作。"② 因此，网络并没有成为一种新的生产方式，网络中的同侪生产被全球化的资本给吸纳了，网络中的生产关系依旧沿着剥削与被剥削的道路前行。

1. 网络用户劳动中的生产力是一种新的生产力

网络空间中的生产力属于信息生产力，相对于传统工业社会的生产力来说，信息生产是一种全新的生产力，它对工业生产有着巨大的颠覆作用。"工业生产方式是由工业生产力与工业生产关系的结合形成的。信息生产方式是由信息生产力与信息生产关系结合形成的。"③ 马克思告诉我们："各种经济时代的区别，不在于生产什么，而在于怎样生产，用什么劳动资料生产。"④ 机器化大生产的生产方式与工业社会中的生产力相匹配，而网络分布化的生产方式则与信息社会中的生产力相适应。

在弄清网络空间中的生产力与工业社会中的生产力的区别之前，我们首先来看什么是信息生产力。骆正山指出："信息生产力是指信息劳动者、信息技术、信息工具、信息网络、信息科学理论与方法等的总和。信息生产力直接制约着信息市场的供给。"⑤ 在信息社会，人类迎来了以信息生产力为标志的新时

①　本克勒在《网络的财富》（*The Wealth of Networks*）这一著作中提出了"同侪生产"的概念，认为互联网允许用户根据自己的劳动技能、生产工具等向其他人分享或提供服务，人们不再需要通过传统的企业从事生产工作，仅凭一个虚拟平台就可以形成"无组织的组织"，创造出大规模的产值。不过在本书中，本克勒并没有就网络用户遭受剥削的情况进行探讨。

②　莫斯可，麦克切尔 . 信息社会的知识劳工 [M]. 曹晋，罗真，林曦，等，译 . 上海：上海译文出版社，2013：243.

③　信息社会 50 人论坛 . 边缘革命 2.0：中国信息社会发展报告 [M]. 上海：上海远东出版社，2013：8.

④　马克思，恩格斯 . 马克思恩格斯全集：第 23 卷 [M]. 北京：人民出版社，1972：204.

⑤　骆正山 . 信息经济学 [M]. 北京：机械工业出版社，2013：24.

代。"世界信息化浪潮经过了信息交流和信息媒体两个重要阶段，正在进入以宽带、物联网、3D 打印等技术为标志的信息生产力阶段。"① 当前，人类社会正在进入以信息生产力为标志的新阶段，云服务、物联网等信息技术为信息通信形成新的生产力、直接服务于产品生产提供了平台，第三次浪潮的闸门已然开启。众所周知，劳动生产力包含劳动者、劳动工具和劳动对象三个要素。在信息社会中，绝大部分人从事着信息生产工作，他们利用知识、信息等资源，通过网络进行着产品生产，不但生产出了空前丰富的实物产品，也生产了空前丰富的精神产品，并提供着日益多样化的服务。在信息社会中，与信息和知识的生产、分配相关的经济部门正扮演着越来越重要的角色，"形成了一股某些分析家所谓的知识劳工的全球性力量"②。在众多的发达国家和地区，这种情况已成为不争的事实。网络等诸多新技术新应用正逐渐改变着全球的生产力结构及其布局。以下本研究就从劳动者、劳动工具和劳动对象这三个生产力要素来看网络空间中的生产力之新。

首先是劳动者之新。在工业生产中，工人只要会操作机器就能进行生产，但在网络劳动中，作为劳动者的网络用户，其智商、情商、意商以及心商成了极为重要的条件，而且其内爆情况尤为突出。在高技能的网络用户的作用日益突出和重要的今天，对生产资料过分倚重的倾向应该得以修正，原因有二：首先，生产力的整体面貌、社会形态的性质已不能仅仅用生产资料本身的科技水平来反映；其次，社会平等已不能仅仅靠生产资料公有制所提供的物质条件来保证，不给劳动者直接的物质激励，生产效率就很难得到提高。因而在网络信息生产中，我们要突出劳动者的作用。网络用户已经成为新的生产力主体，在网络社会化大生产场所中，不存在丧失劳动能力的人——网络用户，只要能完成看网页及广告、刷博客（播客）及微信、生成内容之中的任何一项劳动，就是有劳动能力的人。而实际上，所有网络用户几乎都能独立完成以上列举的各项劳动。

其次是劳动工具之新。工业时代的劳动工具是机器，而信息时代的劳动工具则变成了人。在第二章中，本研究就明确提出人的大脑是互联网劳动的工具，

① 信息社会 50 人论坛 . 边缘革命 2.0：中国信息社会发展报告 [M]. 上海：上海远东出版社，2013：91.

② 莫斯可，麦克切尔 . 信息社会的知识劳工 [M]. 曹晋，罗真，林曦，等，译 . 上海：上海译文出版社，2013：203.

认为在网络用户的劳动中，真正起核心作用的是网络用户的大脑和思维，网络用户在网络中的一切行动——点击、浏览、搜索、转发、下载以及生产信息等——只受大脑及思维的指挥和支配。

再次是劳动对象之新。网络劳动中的劳动对象是信息、知识以及电脑等资源，因而对信息和知识等资源的开发和利用水平的要求特别高。在接受中央电视台大型纪录片《互联网时代》主创团队访谈时，丹尼尔·平克指出："在工业时代，社会的生产资料和人们创造财富的工具都特别大。今天的生产资料就是一台手提电脑，就是一部平板电脑。"① 在网络劳动中，信息成为与土地、资本等一样重要甚至更为重要的要素。

网络技术将网络空间中生产力的三个要素有机地融为一体，改变了人类业已习惯了的生产模式，对人类社会的政治、经济和文化产生巨大影响，因此网络技术也就形成了一种新的生产力。

2. 网络用户劳动中变异的生产关系

对于网络空间中的生产关系的研究，我们将围绕两个与之相关的重大问题来进行：一是网络用户在何种生产关系下从事着劳动；二是在网络用户的劳动中，网络空间中的生产关系会发生何种异化。

（1）网络用户劳动中的生产关系的要素。众所周知，生产关系是人们在物质生产过程中形成的相互关系，它包括三个要素，即生产资料归谁所有、人们在生产过程中形成的地位以及由前两个要素所形成的生产、分配、交换、消费关系。我们可以从网络社会学的视角，将生产关系界定为网络用户在信息产品的生产过程中形成的人与人之间的关系，其要素也包含着上述三个方面。

从生产资料的所有制形式来看，网络中的生产资料主要是信息资源。在网络中，信息主要有静态信息、搜索查询信息、网络用户圈子信息以及消费交易记录信息等。这些信息绝大部分都是网络用户生产的，且网络用户利用已生产出来的信息产品又可以不断地生产着新的信息产品。但这些信息往往被网络媒介所拥有，这就造成了劳动者与生产资料相互分离的局面。从生产过程中形成的地位方面来看，网络媒介处于统治地位，它们掌控并指挥着网络用户的信息生产和消费等劳动，而用户则处于被操控的地位。从信息产品的生产、分配、

---

① 中央电视台大型纪录片《互联网时代》主创团队. 互联网时代 [M]. 北京：北京联合出版公司，2015：149.

交换、消费方面来看，网络用户都参与了信息的生产，但在分配中，除专职的雇佣人员可以获得一定的报酬外，绝大部分网络用户都没有参与到分配之中。没有分配就没有交换可言。在消费方面，所用网络用户都参与了信息消费，而在网络空间中，消费又是一种生产。因此，可以说，在网络信息产品的生产和消费中，网络用户已经成为一个核心要素，网络媒介及其他商家都围绕网络用户的行为和所生产的产品来获得利益，但作为主要劳动者的网络用户却无法在经济上获益，这就造成了产消分离的局面。因此，从总体上来说，网络用户是在生产资料所有制属于网络媒介、处于被控制地位、参与生产和消费却没有参与物质产品的分配和交换的生产关系下从事劳动的。

（2）网络中的生产关系的异化。在网络劳动中，劳动力和资本之间呈现出什么样的关系呢？前面刚刚论述过，除网络媒介的雇佣员工（只是网络用户中极其微小的一部分人）可按合同规定获得一定的经济报酬外，绝大部分网络用户都没有参与劳动所创造的资本的分配，而只是不断地投入时间、经济、文化等资本进行信息产品的生产，这是一个异化的生产关系。

网络空间中的生产关系并不是虚拟的，但其发展程度远远超过了现实社会中的生产关系。与现实社会只有经营者和劳动者的双边关系不同，在网络社会化大生产中存在着网络用户、网络媒介、广告商、众多社会团体乃至国家等多重关系。绝大部分网络用户用自己的生产资料进行着劳动，却没有获得任何薪酬，在经济上遭受着更为深重的剥削。在西方资本主义社会，工厂及企业经营者只剥削了工人的剩余价值，而在网络社会化大生产中，网络用户自身的生产资料和所创造的价值几乎都被剥削了。这就是网络空间中异化了的生产关系。

就我国来说，从 1991 年至今，近三十年的发展历程中，网络技术不断升级换代，网络用户一直呈现出迅猛增长的态势，网络财富也不断累积。但我们不应该忽略的一个事实是，网络生产力虽然保持着高速的发展态势，然而在网络生产关系方面，网络用户所遭受的剥削却越来越广、越来越深。我们都知道，生产关系对生产力有能动作用，当生产关系不适应生产力的发展时，其就会对生产力的发展起到制约作用，因而网络社会中网络媒介和网络用户之间异化的生产关系应该被调整，最有效的手段就是给予网络用户适当的报酬。

（二）网络空间中的生产与工业社会中的生产的差异

由于经济地位和文化水平的客观差异，加之价值利益诉求千差万别，因而网络用户在网络这个极为巨大的、流动性的虚拟空间进行劳动的过程中，会生产出不同特质的信息产品，这与工业生产中产品存在于这样那样的地方的道理是一样的。但是，在网络技术的赋权下，网络用户的信息生产对工业生产有着巨大的颠覆作用。信息资本主义正在逐渐取代工业资本主义的发展形态。在声势浩大的互联网浪潮下，很多互联网企业正意气风发地向前迈进，而不少传统企业也在遭遇经营瓶颈后纷纷触网，经济发展中的大转型、大变革时代已然来临。

时间和空间在资本主义发展过程中成为两个重要的维度，工业时代的机械化发展，既在时间又在空间上形塑着资本主义的发展模式。可以说，工业时代是原子的时代，它给人们带来了机器化大生产的观念。在工业时代，人们只能在特定的时间和空间按照统一的标准进行重复化的生产。就当前来看，信息时代的经济规模至少与工业时代的旗鼓相当。但在产品的生产中，时间和空间的固定化模式已被大大消解，时空与经济的相关性大大减弱。无论何时何地，人们都能制造比特信息，网络用户成为信息时代的劳动力大军。信息技术革命的最突出成就是互联网，由草根网民用户形成的新边缘力量正在推动着中国社会的全面转型，最终实现从工业社会向信息社会的全面过渡，这一趋势已经可以看得越来越清晰（信息社会50人论坛，2013）。也就是说，信息时代时空的变化使得工业时代的资本主义在时空延伸中塑造出来的市场模式发生了变化，市场作为联系劳动者与消费者而独立的空间在信息资本主义之下逐渐弥漫到人类生活的每个角落，消费与劳动边界的模糊使得消费者卷入劳动力大军，在一定程度上导致连接生产与消费的市场的形态发生变化。时空压缩既改变着消费与劳动的边界，也改变着资本主义发展中的劳动力问题。因此，网络空间中的信息生产对传统的工业生产起着巨大的颠覆作用，主要体现在以下几个方面。

1. 资本形式和财富衡量要素的差异

（1）资本形式的差异。信息资本是一种虚拟资本，工业资本是一种实体资本，这是两种资本形式的异同。可以预见的是，随着网络虚拟经济的发展，许多存在于工业时代的职业会慢慢消失，虚拟颠覆了现实，这是一种不可逆转的趋势和潮流。在接受中央电视台大型纪录片《互联网时代》主创团队采访时，巴斯卡尔说："中间媒介的消失是一种自然的结果，当一种科技极大地提高了经济体系当中不同当事方之间的信息传递效率时，之前的中介就会消失。"[1] 所

---

[1] 中央电视台大型纪录片《互联网时代》主创团队. 互联网时代 [M]. 北京：北京联合出版公司，2015：66.

以，在今天，许多经纪人及中间机构逐渐走向消亡也就不足为奇了。

虚拟资本是与现实资本相对应的资本，它以虚构的形态存在。能够产生剩余价值的价值被称为资本，因而作为资本，其必须具有价值，且能产生剩余价值。由于虚拟资本是虚拟的，因而其自身不可能具有价值，虚拟资本的"虚拟"正是针对"自身不具有价值"这一点来说的。但对虚拟资本所有者来说，它却能带来巨额剩余价值。也就是说，虚拟资本本身毫无价值，但是它却能够带来价值，如信息资本这种虚拟资本能促进信息资本主义时代的资本增殖（产生剩余价值），且在将信息产品售卖出去后可以转化为现实的资本，所以信息资本具有极为重大的意义。赵海宽认为虚拟资本具有三个积极作用："一是能促进资源优化配置。二是能促使更多的消费基金和闲散资金转化为大额的生产和经营资本，加快经济发展。三是能有力促使经济效益的提高。"① 虚拟资本的最大特征是流动性极强，这正契合了网络这个巨大的、流动性空间对生产要素流动性要求较强的特点，虚拟资本在网络空间中的迅速流动、自身能够生产剩余价值以及能直接兑换现实资本（如游戏币与现实货币的兑换）的种种优势，使其在网络劳动投资中的价值比工业生产中实体资本的效应还要大，在网络经济的发展中起着巨大作用。

（2）财富衡量要素的差异。如果说在二百多年前，工业经济取代传统的农业经济而成为社会的主要经济形态，那么在进入信息社会的今天，信息经济又取代了工业经济成为社会的主要经济形态。在信息成为黄金资源的今天，使用网络等信息技术的能力和信息资源的多寡，决定了一个人在现实社会中的地位和生活状态，财富的衡量也因此由以土地、工厂、矿山、劳动力等有形资产为要素转化为以知识、信息、比特等无形资产为要素。

2. 占主导地位的劳动类型及劳动者身份认同的差异

（1）占主导地位的劳动类型的差异。在网络等信息技术的影响下，人类生产的组织结构以及工作的内容都有了巨大的变化，资本的重组也导致了劳动力的重组。因此，在人类生产过程中，知识的主导作用逐渐凸显。在网络空间中，网络用户则成了工人。由于绝大多数网络用户都具有较高的知识水平，加之网络劳动的便于操作性，因而网络用户的劳动是一种知识密集型劳动，其劳动效率极高。在组织方式网络化、经济活动全球化、工作方式灵活化的今天，工业

---

① 赵海宽. 虚拟资本及其积极作用 [J]. 金融研究，2000（3）：5.

生产中只会简单操作机器的体力劳动者的地位逐渐衰落,信息劳动者的地位则逐渐上升。

(2)劳动者身份认同的差异。在工业生产中,由于科层制的存在,劳动者具有强烈的身份认同感。而在网络空间中,网络用户是很难在身份上达成一致的,因为网络用户是社会对这个数量庞大的网络劳工的指称而已,很多网络用户恐怕都还没有意识到自己在网络空间中的信息活动是一种劳动,因而绝大部分网络用户的劳动往往只是一种自发的投入而已。加之网络是一个虚拟的空间,网络用户不管在现实中是什么身份,都可以顺畅地进入网络空间劳动,且在劳动中又没有人专门对网络用户的身份进行核定,故而网络用户很难形成一致的身份认同。

在网络这个虚拟的空间中,网络用户往往只对信息获取和交流感兴趣,只关心娱乐省心,不去管与谁交流、对方在哪里等诸多问题。恰如桂林一位网络用户在接受访谈时所说:

> 网络是四通八达的,不管在何处都可以共享网络信息,上网只是为了搜索自己喜欢的信息,不管地域和身份差异。在网络这个大千世界中,绝大部分参与信息互动的人们都处于彼此不了解的状态,网络突破了时间和空间的限制,突破了职业、阶层藩篱,网络的信息传输和交流功能、信息的内容不会随着地域和身份的变化而变化。网络中的交流隔着手机、电脑、iPad等各种电子产品的屏幕就可以进行,不管身在何方、不管是什么身份都一样。别人不知道也不需要知道自己是谁、在哪里。①

3. 生产与消费边界的差异

网络等信息技术使生产与消费的界限变得越来越模糊,在网络空间中,信息生产者与消费者、服务者与被服务者之间的构成与角色等不断发生变化,加之网络中的消费即生产,这些因素也使得生产和消费之间固有的边界不断被模糊。但在工业生产中,生产、销售以及消费是一个严密的工作流程,其间的界限泾渭分明。

4. 时空突破的差异

亨利·列斐伏尔提出空间化的概念,对于研究网络生产突破时空界限有着

---

① 受访者U19,受访时间为2017年3月1日。

重大意义。所谓空间化是指克服社会生活中空间和时间限制的过程（列斐伏尔，2008）。对于传播政治经济学来说，空间化具有极为重要的价值，因为在社会中，传播是实现空间化的主要渠道。马克思也曾在《政治经济学批判大纲》中提出了一个跟空间化很接近的概念，即资本主义"用时间去消灭空间"①——资本利用传播和运输工具来减少货物、人和信息在两地间流动的时间，从而大大地降低了资本扩张中的空间距离的重要性。空间化的结果之一是促进全球劳动力市场的发展。在空间化的过程中，抵制全球化、公共空间的形成等主题引起了人们的关注和争议。众所周知，网络这一新传播科技的巨大优势之一就是突破了空间的限制，要联系一个人，无论其是在附近还是在遥远的海外都显得无关紧要，因为网络技术已经为我们消除了空间，世界变成了一个地球村。其实，随着全球交通工具、通信技术的发展，资本主义在工业生产中已经能够在较大的程度上突破时空的限制。因而在今天，资本主义能够迅速地在全球范围内组织生产也就不足为奇了。

在网络等信息技术高度发达的今天，我们经常提及时空颠覆的概念，所谓的时空颠覆主要有两层意思。一是时间层面上的。首先是网络等信息技术使信息商品的流通、工业产品的流通出现即时化现象。今天，人们对各种产品的扫描技术已经使产品流通大大突破了时间限制。其次是网络技术将碎片化的时间和碎片化的劳动整合在了一起。信息技术不但可以影响人们所拥有的闲暇时间，还能影响人们如何支配这些时间。二是空间层面上的。人们借助网络信息等技术不但消灭了空间，还转变了空间，并且还能建构新的空间。在网络空间中，网络用户一般是没有地域感的，这是因为人们在消灭、转变和构建着空间。

5. 思维方式的差异

网络已蓬勃发展了数十载，在网络技术的赋权下，互联网企业正如雨后春笋般破土而出，而越来越多的传统企业也纷纷触网。毫无疑问，如果还用工业时代的思维来看待互联网时代的生产与消费，则与刻舟求剑没有区别。因而今天需要用互联网思维来经营自己的企业和公司，基于工业时代产生的企业和公司也必须尽快转变思维，积极拥抱互联网，采取"互联网＋"战略来寻求发展机遇。在接受中央电视台大型纪录片《互联网时代》主创团队采访时，曼纽尔·卡斯特说："企业组织已经戏剧性地改变了，企业的联系实际上源于项目，

---

① 马克思，恩格斯. 马克思恩格斯全集：第46卷（下）[M]. 北京：人民出版社，1980：33.

而这些项目是由产业网络支持的。这就是网络企业、新模式企业。"① 2012 年 11 月，阿里巴巴创始人马云幽默而犀利地指出："传统零售行业与互联网的竞争，说难听点，就像在机枪面前，太极拳、少林拳是没有区别的，一枪就把你崩了。今天不是来跟大家危言耸听，大家都是朋友，互联网对你的摧毁是非常之快的。"② 故传统产业、企业行业要善于利用互联网，为自己插上腾飞的翅膀。

6. 其他方面的差异

在网络空间中劳动，网络用户的性别、年龄、文化水平、社会经济地位以及阶层藩篱等几乎都被抹平了，只剩下一个统一的身份——网络用户。这也是相对于工业生产来说具有颠覆性的地方。

总之，网络时代的生产对传统的工业生产带来了巨大的颠覆，任何产业、行业都不可能避免网络技术的冲击，所有企业、行业都要学会适应网络这一信息技术背景下的生产模式。

不过，任何事物都具有两面性。在对工业生产带来巨大冲击的同时，网络技术也为传统的工业生产注入了巨大的动力，这主要体现在以下几个方面。

第一，网络能为工业生产提供极为有效的基础设施。在工业生产中，基础设施建设、产品生产与销售、生产流程的管理等方面都需要投入大量的人力物力，而且会占据大片土地。尤其是那些知名的企业更是如此。如福特公司的面积足有 269 个足球场那么大，管理体系极为复杂。其在生产中占用的土地资源和投入的人力物力资源，的确让人叹为观止。

而在网络技术的作用下，人类生产需要投入的基础设施建设费用大大减少，且网络空间中的基础设施不存在空间拥挤的现象。人类已经进入"云计算中心这一公用计算设施替代私有计算设施的时段。在美国，2011 年年底已关闭 195 个传统数据中心，到 2015 年将进一步关闭约 800 个"③。在信息社会，互联网已成为主要的基础设施，不管是工业企业还是互联网企业，都必须借助互联网这一先进的技术才能得以发展。在互联网＋时代，互联网已经成为当今社会的重大必需资源而非仅仅是提高效率的工具，对社会发展来说，它与水、电、路同

① 中央电视台大型纪录片《互联网时代》主创团队 . 互联网时代 [M]. 北京：北京联合出版公司，2015：62.

② 马云王健林豪赌背后内部对话：机枪面前什么拳都没用 [EB/OL].（2013 - 01 - 19）[2019 - 05 - 13]. http://finance.ifeng.com/hk/gs/20130119/7578910.shtml.

③ 信息社会 50 人论坛 . 边缘革命 2.0：中国信息社会发展报告 [M]. 上海：上海远东出版社，2013：108.

样重要。

第二，网络能为工业企业发展开辟新渠道。除能为产品生产和电子化保存提供信息基础设施外，网络也为组织工业产品的销售提供了交通渠道。即使只提供一个小小的渠道，网络仍然打乱了人类已有的工业体系。如亚马逊"仅仅用了七年时间就达到了美国最大的连锁书店巴诺花了130年才达到的营业额。如今，巴诺这家在全美50个州拥有700多家连锁书店和600多家大学书店的百年老店，只能在电子商务的浪潮中奄奄一息"①。亚马逊利用互联网的手段来经营图书、电子产品等商品销售业务，使传统产业重新焕发生机。

在利用网络技术使传统产业焕发活力进而取得长足发展方面，还有一种情况也是极为有效的，那就是网络空间中的"众包"。美国知名互联网专家巴斯卡尔·恰克亚维奇指出，众包是一种非常特殊的外包形式，在网络上发出邀请就会有一大群人对所发出的邀请做出反馈。（中央电视台大型纪录片《互联网时代》主创团队，2015）在对反馈的意见进行综合和分析后，产品生产就会获得极大的优化。互联网传播具有病毒式传播的特征——把相关的需求信息传递给某些人，他们就会将之传播给与他们相识的人。如果要在一周之内把某条信息传递给100万人，只有通过互联网才能实现。大家都知道，濒于死亡边缘的宝洁公司重新焕发了生机，让其起死回生的就是众包这一手段。

第三，网络技术促成了工业互联网时代的到来。2012年，通用电器公司提出了"工业互联网"（industrial internet）的概念。在《工业互联网：扩张思维与机器的边界》报告中，通用公司将"工业互联网时代"视为继"工业革命"和"互联网革命"之后的又一次重要的技术浪潮。乔·布鲁纳认为，工业互联网力图将复杂的机器同联网的传感器、软件系统等紧密结合，综合利用"云计算""大数据""物联网""机器学习""机器间通信"（M2M）等先进技术，获取机器产生的数据，通过对获得的机器数据进行实时分析，就能有针对性地调整机器的运转方向。（信息社会50人论坛，2013）从本质上来说，"工业互联网"是软件与机器的结合，网络等信息技术在工业生产中上升为主导地位。"工业互联网"使工业场域中的互联网架构得以应用，软件模块化、抽象化的方法释放了工业领域创新的潜力。人类将网络技术纳入工业生产系统中，大大地提

---

① 中央电视台大型纪录片《互联网时代》主创团队. 互联网时代［M］. 北京：北京联合出版公司，2015：47.

高了工业生产的效率。

二、网络用户劳动产品的价值、使用价值、交换价值及价格

网络用户的劳动是在网络这一信息技术的赋权下进行的，网络用户劳动生产的产品是一种信息产品。但是，网络用户劳动的产品不仅包含网络用户在劳动中直接生成的信息产品的成品，也包括网络用户对网络媒介的使用行为，还包括网络用户本身。

（一）网络用户直接生产的信息产品的价值

1. 网络用户直接生产的信息产品的类型

网络用户能够直接生产信息产品，网络用户包括 UGC、PGC、OGC 等几种类型。但不管是 UGC、PGC、OGC 中的哪一种模式，它们都是由网络用户自己生产并上传至网络空间中的信息产品，都包括文字、图片、音频、视频等几种类型。

2. 网络用户直接生产的信息产品的特征

由于网络用户劳动直接生产的产品是信息产品，因而其产品具有信息产品的特征。F. H. 奈特认为信息是一种主要的商品。按马克思主义观点来说，商品是用来交换的劳动产品，它能满足人们的某种需要。因此，某种物品要成为商品必须具备三个条件：一是劳动产品；二是能满足人们的某种需要；三是要用来交换。网络用户利用自己的劳动资料、花费劳动时间生产出来信息产品，能够满足人们的学习和利用、娱乐等需求，并可以在网络媒介和广告商之间、网络媒介和各种信息利用者（含单位、组织、团体及个人）之间进行交换，因而是一种信息商品。既然是信息商品，也就具备了自身的特征。

（1）使用不灭性。工业产品一经使用，就会慢慢磨损或者直接消失，而信息这种商品可以被人们重复使用，不存在磨损和消失的情况。一般来说，凡具有使用不灭性的商品，其都具有共享性，网络用户生产的信息产品也具有共享性。但是这种共享性往往被网络媒介所垄断，这种商品的使用价值掌握在网络媒介的手中，网络媒介可以将其交换后获取相应的价值。这是在网络媒介柔性操控下，网络用户生产的信息产品与其他信息产品的区别。

（2）使用价值上的多元化、间接性和参与性。用户生产的信息产品不同于工业产品，其使用价值不只是满足吃、穿、住、行等其中的一项，而是可以满足人们的学习、娱乐、交往等多种需求，故而在使用价值上是多元化的。就间

接性来说，购买者在购买网络用户生产的信息产品后不能直接实现它的使用价值，因为使用者的素养等条件对这些产品的使用起着制约作用。也就是说，信息商品的使用价值的实现具有很大的弹性，同样的信息在不同人的手中其效用是不一样的。同时，在使用价值上，这种产品能够让人们同时参与使用。

（3）价值上的可积累性和再生性。在流通中，信息产品具有很强的时效性。物质产品被使用后就会逐渐消亡，因而不会出现价值积累的情况。与此相反，信息产品在生产出来后，不仅可供同时期的人们使用，还可以通过保存和传播的方式满足后人的使用需求，这就意味着后人可以在前人生产的信息产品的基础上不断生产出新的信息产品，这就是信息产品在价值上的可积累性和再生性。

（4）知识性。网络用户生产的信息产品是以网络用户掌握的信息、知识等作为原材料生产出来的，这本身就使其具有知识性。同时，网络用户生产的产品还可以供人们学习，以提高学习者的知识文化水平。

（5）可保存性和时效性。网络用户生产的信息产品可以被保存起来，供后人查询和使用，这就是可保存性。不过，网络用户生产的信息产品具有一定的时效性，随着时间的推移，一些商品的价值会逐渐丧失，甚至会完全失去价值，这就是所谓的时效性。

（6）网络外部性。"网络外部性是指当一种产品被更多的人使用时，它的效益会增大"（杨文宇，2009）。譬如说，当使用某个网络论坛的人数增加时，对原先使用该论坛的网络用户来说，其借助该论坛与他人联系的范围就会得以扩大，从而能够获取更多的资本。

3. 网络用户直接生成的信息产品的价值

参照马克思关于商品价值的界定，可以将网络用户直接生产的信息产品的价值定义为凝结在网络用户生产的信息产品中的无差别的网络用户的劳动，与其他商品的价值一样，它也是由生产所花的社会必要劳动时间所决定的。根据马克思主义经济学中商品价值的构成理论，网络用户生产的信息商品的价值可用公式表示如下：

$$W = C_1 + C_2 + V_1 + V_2 + M$$
$$C_1 + C_2 = C; V_1 + V_2 = V$$

式中：

W ——网络用户直接生产的信息商品的价值；

C ——不变成本；

V——可变成本（必要劳动）；

C_1——网络用户直接生产信息产品时耗费的物质材料的价值；

C_2——网络用户直接生产信息产品时耗费的信息材料的价值；

V_1——网络用户的体力劳动支出；

V_2——网络用户创造性的脑力劳动支出；

M——网络用户直接生产的信息商品的剩余价值（由体力劳动和脑力劳动共同创造的）。

4. 网络用户直接生产的信息产品的使用价值

网络用户劳动直接生产的信息产品的使用价值是指该产品对人类的有用性。网络用户直接生产的信息产品能够满足人们学习利用信息、情感体验、社会交往、精神娱乐等一系列需求，因而具有使用价值。

5. 网络用户直接生产的信息产品的交换价值

网络用户直接生产的信息产品，其价值是不会自己表现出来的，只有通过交换以后，由与之交换的产品表现出来。用户直接生产的信息产品交换价值的大小由其价值决定。由于网络用户在劳动中存在着质和量这两个方面，因此其交换价值具有抽象交换价值（产品价值的质比关系）和具体交换价值（产品价值的量比关系）两个方面。

6. 网络用户直接生产的信息产品的价格

网络用户直接生产的信息产品的价格是其价值的货币表现，网络用户直接生产的信息产品的价值是其价格形成的基础。网络用户直接生产的信息产品如何实现交换，是一个值得关注的问题。这要求科学地对这种产品进行定价。在信息产品的买卖中，价格波动存在着上限和下限，骆正山认为其上限是"信息商品的开发成本＋该信息商品利用之后所获得的所有利润，下限是信息商品的生产成本"[①]。根据卖方（网络媒介）与买方（广告商、信息利用者等）对网络用户直接生产的信息产品的效用指标的要求，其基本价格标准可表示为：

基本价格标准＝生产成本＋适当利润

然而，除给专门聘用的网络用户（OGC）支付少量的报酬外，网络媒介不需要为数量更为庞大的 UGC 中的劳动者生产的信息产品支付成本。因此网络

---

① 骆正山.信息经济学［M］.北京：机械工业出版社，2013：155.

媒介的成本为 OGC 全体支付的费用加上基础设施投入费用和相关的管理费用，而相对于工业生产的投入来说，这些费用都是比较低的，然而网络媒介往往都把网络用户直接生产的产品的价格定得较高，出现了产品的价格大大高于成本的情况，因而网络媒介能够获得巨大的利润。

（二）网络用户的媒介使用行为产品的价值

1. 网络用户的媒介使用行为产品的界定

网络用户的点击、收听、收看、搜索等行为会被网络媒介记录下来，作为与广告商、信息购买者讨价还价的商品。这样一来，网络用户在网络空间中的行为就被网络媒介商品化了，因而这些行为就成为一种商品。我们来看看百度通过"天目技术"对广告进行精确定位的方法：访问、点击、搜索……发生在网络用户身上的每一个行为，都能反映其行为习惯和真实需求。百度联合了 60 万家网站，围绕中国网民做文章，搭建了几乎覆盖整个网络用户行为的平台，收集大量数据，利用大数据技术分析网络用户的真实需求，对受众进行人口统计学和心理学方面的画像，在全面把握网络用户需求的基础上精确地推送信息。

从经济学上来看，商品化专指原本不属于买卖流通和通过货币实行交换的事物，在市场经济条件下已经转化或变异为可以进行买卖与货币等价交换。莫斯可认为："商品化（commodification）就是将因使用而产生价值的产品和服务（包括传播）转化为因投入市场而产生价值的商品的过程。"[1] 在网络媒介作为掠夺方将网络用户的行为进行出售的情况下，网络用户的媒介使用行为就成为一种"数字化商品"，为网络媒介数字资本的增殖提供了动力。这一点也在对武汉大学某位教授的访谈中得到了证实：

> 目前很多网络媒体经营者动用云平台，利用政府的影响力和存储的与社会大众相关的数据如人们的购车数量、车辆品牌等数据（这些数据在政府部门的数据库里只是数字化储存），网络媒介在与政府部门合作挖掘到这些数据以后，就可以把数据推向市场，使数据变现。[2]

2. 网络用户的媒介使用行为产品的特性

作为一种商品，网络用户媒介使用行为这一产品，除了具有物质商品的特

---

[1] 莫斯可.传播政治经济学［M］.胡春阳，黄红宇.姚建华，译.上海：上海译文出版社，2013：163.

[2] 受访者 P1，受访时间为 2016 年 6 月 30 日。

性外，还具备自身的独特性。

（1）非成品性。与成品的信息产品不同，网络用户的媒介使用行为产品只是网络用户在网络空间中的信息活动，它不以文字、图片、音频、视频等信息产品形态中的任何一种成品的形态出现，只是一种可供记录的数字化产品。

（2）可记录性。网络用户的各种信息使用行为都可以被网络媒介抓取和记录。网络媒介可以根据抓取到的网络用户的行为，较为精确地分析出网络用户在产品消费中的个性化需求，并能有效地联合广告商等商家，有针对性地推出相关的产品和服务。

（3）数字性。网络用户的媒介使用行为这种产品是被网络媒介以数字的形式记录和保存起来的。网络媒介将抓取到的网络用户的媒介使用行为进行分类储存，当需要将其进行出售时，就按照储存的数量来进行议价。

（4）瞬时性。网络用户的点击、收听、收看、搜索等行动往往是瞬间化的行为，因而用户的媒介使用行为产品具有瞬时性的特点。但是这种瞬时性的动作可以被网络媒介定格为数字长久化地保存起来。

3. 网络用户的媒介使用行为产品的价值

网络用户的媒介使用行为成为网络媒介获利的商品，其同样也具备价值。也就是说，网络用户的媒介使用行为这种产品也是网络用户有了脑力和体力等劳动支出才生产出来的，它也凝聚着无差别的网络用户劳动。

4. 网络用户的媒介使用行为产品的使用价值

价值和使用价值是商品的二因素。网络用户的媒介使用行为产品具有价值，其必然也具有使用价值。网络用户的媒介使用行为产品的使用价值体现在其能够满足网络媒介的售卖需求、广告商的广告精确投放的需求、网络用户的信息消费和分享需求。

5. 网络用户的媒介使用行为产品的交换价值

网络媒介可以根据网络用户的媒介使用行为产品的价值的大小，从广告商那里交换到价值相当的货币或实物，说明这种产品具有交换价值。

6. 网络用户的媒介使用行为产品的价格

在价格方面，可以有两种定价方式。第一种定价方式是看某个网络媒介所经营的网络媒介平台的总体点击量。第二种定价方式是看广告商投放在网络媒介平台上的广告的点击量。

第一种定价方式比较简单，与根据报纸的发行量、广播的收听率、电视的收视率来计费的方式类似，这种方式按照网络用户进入含有广告的网页的次数来计费。

第二种方式则可以借助网络广告的计费方式来计算，主要有以下三种类型。

（1）CPC（cost per click）。即每次点击的费用。根据广告被点击的次数收费。如关键词广告一般采用这种定价模式。

（2）CPA（cost per action）。每次行动的费用，即根据每个访问者对网络广告所采取的行动收费的定价模式。这种计费类型对网络用户行动有特别的定义，包括形成一次交易、获得一个注册用户、对网络广告的一次点击；等等。

（3）CPS（cost per sales）。即以实际销售产品数量来换算广告投放金额。

（三）网络用户产品的价值

1. 网络用户产品的界定

克里斯蒂纳·福克斯（2012）指出了网络用户的双重商品化情况，即使用者本身是一种商品，使用者所生产的信息也是一种商品。而根据斯麦兹的"受众商品论"的观点也可以得出"网络用户本身是一种商品"的结论。网络用户这种商品可供网络媒介在市场上出售。

2. 网络用户产品的特性

作为一种商品，网络用户产品也具有自身的特性。

（1）混杂性。作为网络用户，其进入网络空间后，不存在年龄、阶层、性别、地域等各种现实空间中的人口统计学意义的特征，他们混杂在各个网络媒介平台上进行着自己的劳动，具有巨大的混杂性。

（2）流动性。网络媒介平台上的用户不是固定不变的，在各个媒介平台上，随时都有用户进入和退出，网络用户具有很大的流动性。

（3）可共享性。网络用户是一种可共享的商品，网络媒介之间可以对共同的用户进行开发和使用，达到共享这种商品的目的。

（4）巨大的创造性。网站用户在网络空间中的劳动，生产出大量的信息产品、行为产品，这些产品可以为网络媒介换来巨额财富。因此，网络用户是一种极具创造力的产品。

3. 网络用户产品的价值

网络用户作为可供出售的商品，也具有商品的使用价值和价值这个"二重性"。就价值来说，网络用户这种产品有一个成长期，在成长期间需要不断投入自己和家庭的劳动以此满足成长的需要，因此这种产品也凝结着无差别的人类劳动。这些无差别的人类劳动正是网络用户产品的价值。

4. 网络用户产品的使用价值

就使用价值来说，网络用户这种产品能够作为粉丝等商品来使用，满足网络媒介、网络广告商获取财富的需求。

5. 网络用户产品的交换价值

作为一种商品，网络用户这种产品也具有价值，可供网络媒介用来与广告商的货币或实物等商品的价值进行交换。

6. 网络用户产品的价格

在价格方面，可以以两种方式来定价。第一种是将其作为粉丝来看待，根据粉丝的数量和质量来议价。第二种是将网络用户这种商品进行分类，按照不同的"购买力"来定价。

信息浩如烟海，按理来说，整体上是供过于求，但有了搜索引擎和网站的归类，消费者还是能在很短的时间内、较为容易地找到自己所需的信息产品。而且，网络用户生产的信息产品，其交易不发生在用户这个生产者和网络媒介之间，而是发生在网络媒介与广告商、网络媒介与信息利用者之间。按照价值规律来说，网络用户这种商品具有巨大的创造性，对网络媒介等商家来说是不存在供大于求的情况的，因为他们代表着资本积累的生产和消费，故网络用户这种商品的价格远远高于网络用户直接生产的信息商品和网络用户的媒介使用行为商品的价格。因而这种产品成为众商家竭力追逐的产品。

第二节　网络用户劳动情境中的劳动关系

在网络技术的赋权下，作为网络媒介的资方能够绕开法律途径直接实现对网络用户的泛在化雇用，使劳动关系发生了异化。不过，这种异化了的劳动关系是被资方牢牢地控制着的。

一、网络用户的劳动实践的变迁

自网络诞生以来，就一直存在网络用户。在网络商业化的应用开始后，网络用户也步入了为网络媒介劳动的时期。

（一）网页冲浪的劳动实践

互联网的迅速发展使之成为一个无比巨大的、拥有海量信息的信息系统，成千上万的网页以异构的方式存在于互联网之中。人们通过网络可以获取信息资源、获得娱乐，可以享受电子商务等服务，还可以进行情感体验。借助 Web 的超文本结构，网络用户能够按照自己的兴趣从一个网页链接到其他网页，就像在大海中从一个浪潮不断冲向其他浪潮一样，因而这种网页的超链接过程被形象地称为"冲浪"。在网络的商业化运作初期，网络无法实现互动，网络用户的劳动主要以在网页中冲浪的形式进行。网络媒介的盈利都基于网络用户的点击流量。这是网络用户最早的劳动范式，虽然初试牛刀但却让世人感觉到了其创造价值的能耐，网络用户不断点击阅读信息成就了火爆的点击经济。

（二）搜索引擎的劳动实践

由于网络中的信息由不同的机构和人来提供，且数量极为庞大，加之各种信息鱼目混珠，因而网络用户在冲浪的时候很难快速而准确地找到自己所需要的信息。解决这一问题必然蕴藏着重大的商机，所以人们开始思索解决办法，搜索引擎便应运而生了，这使得网络用户有了搜索劳动这一方式。

在泥沙俱下的网络空间中，信息的搜寻与选择具有重大的意义：随着网络等信息技术的迅速发展和普及，一个开放性的网络空间已然崛起，无论精英还是草根阶层，皆可以进入网络空间进行信息生产、传播和搜索，人类的信息由此快速膨胀和流通。由于网络用户的知识文化水平存在着这样那样的差异，利益诉求也不尽相同，因而网络空间中的信息内容尤为复杂多样，许多信息的生产和传播是非理性的，其中可能包含着偏见和迷信，甚至是出于特定的目的和动机而随意捏造的。加之在浩如烟海的信息海洋中，人们无法准确找到自己最感兴趣的信息，因而就需要搜索引擎来对信息进行筛选和匹配，提高信息的利用率。具体来说，搜索引擎的意义主要有以下几个方面。

1. 有针对性地服务于信息工作

众所周知，信息消费者不是漫无目的地获取信息的，他们往往具有一定的针对性。针对性既能让信息内容有效地与自身工作与任务相对接，又能依据自己现有的知识水平和结构去对所搜索到的信息进行处理，同时还能掌控所需的信息的量，即能够把所需的知识限定在一定的范围之内来寻找。通过搜索引擎，网络用户能够对自己所需要的信息进行有针对性的搜索，既能提高自己的知识水平，又能保证自己所需的知识量，还能避免冗余信息的干扰。搜索引擎能有针对性地服务于信息工作。

2. 有利于更好地吸收和利用信息

网络用户往往根据自身的特定需求，在有条件的时候上网搜索信息，他们希望所搜索的信息能够对自己有效、有价值，这就存在一种供求关系。搜索引擎能够把信息储存起来，提供海量的信息，供网络用户在需要的时候去搜索。一般来说，省力、省时、方便、易用是网络用户获取信息时的心理，通过搜索引擎，网络媒介公司能够根据网络用户的信息使用习惯和心理提供信息，使网络用户能够更好地吸收和利用信息。

3. 能够有效地提高信息服务的效益

网络媒介公司等信息服务机构是在信息生产、传播和消费急剧增加，网络用户想获取有效的信息的情况下诞生的。它们根据信息的特性和网络用户的信息需求情况，与网络用户建立密切的联系。在建立联系以后，网络媒介公司等信息服务机构提供的信息能不能满足网络用户的需求，能不能让网络用户在接收到信息后感到身心愉悦，是必须考虑的问题。在充分掌握网络用户的信息需求的基础上，通过搜索引擎向他们提供信息，就能够实现智能的信息匹配和精确推送，也就能够有效地提高信息服务的效益。

4. 满足数字时代社会公共决策的需要

在如今的数字时代，人们的决策需要大量的信息。有人把公共决策的过程的实质看成信息的输入、转换和输出的过程，因而信息是否准确、有效，直接关系到决策是否科学。据此可以说，社会的公共决策是以拥有信息为基础的。但是，一个时常提及的问题是，伴随着网络等数字技术的快速发展，人类社会大面积出现了信息泛滥、失真的情况，出现了大量的信息垃圾，这使公共决策遭遇严峻的挑战，也使公共决策机构发挥科学决策的功能受到严重的制约。而一个不可忽视的现象是，随着政治、经济、文化等领域的全球化进程不断加速，世界局势更加难以预测，因而社会公共决策机构的作用就明显增强。在这种情况下，就需要对各种信息进行精确选择、精细加工，以做出较为科学的决策，推动社会政治、经济、文化的科学发展。而要实现信息的精确选择和精细加工，就得依靠搜索引擎来有针对性地搜索信息，这样搜索引擎在社会公共决策方面的作用日益凸显出来。

5. 有利于实现商品的定制化生产和消费

网络用户经常在网上搜索自己所需要的商品信息，商家能够根据网络用户的信息搜索的历史和痕迹，掌握网络用户的商品使用习惯和喜好，从而能够有针对性地生产相关的产品，使网络用户在使用商品中的特殊需求得以满足。

在今天，搜索引擎已成为互联网产业中的重大亮点，作为精准营销的助推器，搜索引擎的种类不断翻新，使用搜索引擎进行信息检索成为网络用户劳动的新范式。而网络媒介等商家则可以针对网络用户的信息搜索劳动，开辟网络服务的新渠道，如关键词广告、搜索技术服务、竞价排名等。网络用户的信息"搜索"行为是一种主动的行为，这是由网络用户的主观信息需求决定的。网络媒介可以根据用户的信息收集活动，掌握用户的消费心理、消费习惯和信息需求种类，推断出用户的生活方式，进而有针对性地推送信息、提供体验。如今，谷歌（Google）仍然是搜索引擎领域的老大。根据 Chitika 2012 年 2 月公布的研究数据，2012 年 2 月全球搜索引擎市场中，谷歌以 72.1% 的市场份额继续占据主导地位。（胡正荣等，2012）但我们也要看到，如今的搜索市场竞争十分激烈，谷歌并不能安坐第一把交椅，面对其他搜索引擎的竞争，谷歌公司正在对搜索引擎的功能进行全面的改造和升级——走更加智能化的道路，并且实现长尾效应（在为大企业做广告的同时，也为小企业和个人做广告，使广告不再高不可攀，使各种企业、组织和个人都能够廉价地打广告，进而实现长尾经济效应）。根据谷歌公司对搜索引擎的改造和升级策略，有人认为搜索引擎未来的发展将呈现出三大趋势。

（1）个性化搜索迅速崛起。网络空间中的信息可谓包罗万象，种类极为丰富但质量却参差不齐，用户要在浩如烟海的信息中有效地找到自己所需要的信息是特别困难的，因此根据用户的需求实施定制化的内容搜索成为搜索引擎必须及时解决的问题，解决了这一问题，搜索引擎公司就能根据网络用户的搜索资料和痕迹找到不同用户群体的喜好，从而有针对性地推送信息。

（2）本地化信息搜索的频率越来越高。如前文所述，网络空间中的海量信息既是网络的优势资源，又是网络个性化信息推送的难点。由于网络信息种类繁多、数量庞大，人们又往往依靠输入关键词的形式来找寻自己所需要的信息，但所处地域的差别使网页上出现的信息大多是搜索中所不需要的，因此，在搜索引擎中增加辨识用户地理位置的功能，使之能在用户搜索信息时根据用户所在的地理位置匹配相关的信息变得很重要。

（3）社会化趋势。一般来说，多人谈论的网页、权限较高的社交账号谈论的网页会有较高的社交讯号（social signals）。搜索引擎应该捕捉这些社交讯号，有效地推送信息。

正因为市场竞争尤为激烈，自 2012 年开始，Coogle、Yahoo、必应（Bing）以及百度等主要的搜索引擎公司都极力进行调整，在优化搜索功能、扩充搜索种类等方面下工夫，使搜索引擎的信息过滤能力更强，且较小范围的信息也能搜索得到，以提升用户在搜索信息时的选择效率。在经过深思后，克里斯塔·拉里维尔提出了网站搜索引擎优化体系，他将搜索引擎的结构分成五层：第一层是技术层面的，着力优化网站的技术体系，包括网站的结构、网站地图、服务器响应速度以及社交插件等；第二层是关键词及竞争层面的，将关键词作为主攻点，使搜索引擎能够识别、了解关键词的变化；第三层是内容营销层面的，着力做好内容，并有效地进行展示；第四层是信息的发布和社交分享层面的，想方设法利用相关的渠道发布信息并为用户提供交流和分享的平台；第五层是评估及提升层面的，对网站的表现以及搜索引擎带来的流量进行评估，从而优化网站和搜索引擎的运作策略。

（三）产品生产的劳动实践

网络早已进入千家万户，一波波的网络技术的升级也使网络用户参与信息产品生产的现象越来越明显。在早期的网络中，由于处于 Web 1.0 时代，网络能做的仅仅是将信息传达到网络用户的面前，无法实现互动，因而网络用户的劳动完全处于点击阅读阶段。而伴随着 Web 2.0、Web 3.0 等技术的兴起，网络空间中的互动成为常态，人们跨越了网络只做内容的年代，迎来了做关系（互动）的时期，由"读"向"共同生产"的方向发展，可以在不同的网站间进行相关信息的交互，由此产生了多种生产信息产品的劳动类型。

1. 网络论坛中的劳动实践

"1978 年，在美国的芝加哥出现了最早的一套基于 8080 芯片的 BBS 系统，人们将之称为'电子公告板'。"[①] 虽然那时的网络论坛仅处于起步阶段，但其开放性、互动性等优势为人们迅速讨论问题、发表意见、交流思想提供了支撑，故而很受人们的欢迎。我国的第一个网络论坛诞生于 1991 年，但在诞生后相当长的一段时间之内都以"聊天室"的面孔示人，直到 1997 年才得以改变。即便如此，网络论坛已经可以实现信息互动，赢得了网络用户的青睐。1997 年冬，以四通利方（新浪网的前称）上广泛流传的《大连金州没有眼泪》为界限，我国的网络论坛进入了蓬勃发展期，网络社区也开始涌现。

---

① 杨逐原. 对回归理性的网络论坛的思考［J］. 社科纵横（新理论版），2008（9）.

在当前的网络论坛中，人们可以实现各类信息的互动，可以进行大规模的围观，网络论坛中的广告也屡见不鲜，用户劳动在网络论坛中如火如荼地进行着。

2. 维基百科、百度百科及百度贴吧上的劳动实践

（1）维基百科、百度百科上的劳动实践。百度百科平台上的劳动的兴起，使得"协同写作"一词越来越被人们所熟知。协同写作是指由两个或两个以上的人共同努力去创作一篇文档的过程。（Lowry，Curtis & Loowry，2004）在互联网技术迅猛发展的背景下，可供人们协同写作的平台如雨后春笋般纷纷出现，维基百科（Wiki）、百度百科等就是其中极为知名的平台。Wiki 是第一个可使普通大众协同写作词条并将其内容以网页形式呈现出来的在线编辑系统。①Wiki 迅速流行的原因在于其操作简单、可供人们不分时间和地点地编辑、共享。从 2001 年 1 月开通运营到 2011 年 11 月，10 年多的时间，"Wiki 的维基百科条数排名第一的英文维基百科已有 360 万条，而全球所有 282 种语言的独立运作版本突破 1 900 万条，注册用户超过 2 960 万，总编辑次数超过 10 亿次"②。

在国内，Wiki 系统的发展比较晚，2006 年才开始有百度百科，但由于中国网民数量极为巨大，加之具有百度搜索的优势，因而百度百科在上线 5 年后，其"词条数就达到了 4 139 283 条"③。百度百科上的网络用户把创作的内容上传至互联网，在网络平台上进行展示，供其他用户使用和修改、添加完善，这已成为当前网络中的一种显著现象。在百度百科中，网络用户主要进行着创建词条和编辑词条的劳动，词条的创建和修改都呈现出指数性增长。据统计，早在 2013 年，百度百科的词条的平均编辑次数就达到 3.5 次。（黄令贺等，2013）

维基百科、百度百科等平台上的网络用户劳动，为人类知识的增长和完善提供了巨大的帮助，也为这些网络平台的经营者带来了巨大的经济利益。然而网络用户在这些平台上的劳动并没有实现知识的变现。当前，随着信息技术的发展和信息资本快速扩张的内在愿望的日趋强烈，网络平台上知识的变现已成

---

① SKAF-MOLLI H et al. Network modes for collaborative writing [C] //Proceedings of international conference on enterprise information systems and Web technologies. Orlando，Florida，USA EISWT，2007：176 - 182.

② List of Wikipedias [EB/OL]. (2011 - 11 - 24) [2018 - 05 - 28]. http：//s23. org/ wikistats/ wikipedias _ html.

③ 黄令贺，朱庆华. 百科词条特征及用户贡献行为研究：以百度百科为例 [J]. 中国图书馆学报，2013（1）.

为网络媒介竞相开发的项目。

（2）百度贴吧上的劳动实践：以贴吧上的"网络迷群"为例。

其一，百度贴吧简介。

百度贴吧是世界上最大的中文社区，贴吧目录下设有文学、动漫、明星、体育以及影视等 18 个大类，首页可以链接到的贴吧数近 39 万个。早在 2010 年，百度贴吧的日活跃用户就接近 2 000 万，日均浏览量达到 2.5 亿。百度贴吧充分利用百度在搜索引擎领域的知名度与地位，在关键词上做文章，利用计算机技术作支撑，使用户在建贴吧时，仅仅需要输入一个关键词即可完成。同时，用户利用关键词，还可以轻松地在相应的贴吧中找到自己的盟友。在准入门槛上，百度贴吧的门槛远比其他网络论坛的要低。众所周知，出于某些原因如服务器负荷等的考虑，一些网络论坛会对用户进行限制，如在注册时需要等待开放的时间或需要论坛里的成员提供注册码才能注册，在进入时需要回答问题，而百度贴吧可以随时注册、随时更换昵称，甚至根本不用注册也可以进行信息互动。

有人说，2005 年湖南卫视举办的《超级女声》那档选秀节目为百度贴吧的发展提供了巨大的契机，百度贴吧也因《超级女声》的迅速走红，使"粉丝文化"为中国公众所熟知，粉丝文化作为一种草根文化也因此获得了空前的发展。这里的粉丝文化其实是由"粉丝迷群"形成的。

其二，百度贴吧上的网络迷群。

在对网络迷群进行界定前，需要弄清楚什么是迷群客体。众所周知，霍尔提出的"编码-解码"理论对社会大众的文化产品的接受、消费和解码过程进行了较为彻底的研究。该理论认为，受众在文化产品的接受和消费中具有生产性和主动性，不再完全被动地受文化产品编码的左右。这一研究具有划时代的意义，使人们开始注重对消费者的研究，而不是一味地重视文化产品的生产者。关于消费者的研究，费斯克和米歇尔·德赛都之后的研究者们有着一个比较贴切的提法——迷群，认为对某一文化产品有着特殊兴趣的受众，组成了一个迷群，迷群对文化产品的消费过程远远比文化生产者的文化生产过程更重要，由此引发了"消费主义""受众中心论"等观点，将消费者组成的迷群置于主体地位，而之前处于中心地位的文化产品则被称为"迷群客体"（abject of fandom）。由文化粉丝组成的"迷群客体"具有自身的特征，如费斯克认为"迷群客体"必须是"生产者式"（producerly）的，指出只有是开放的，包含空白、迟疑不决和矛盾的,既新奇、刺激又肤浅、瞬时、随手可弃、即搜即得的,才更有开放性和挑战性,才能使粉丝生产力得以形成。在被粉丝重新创作和激活之前,它们不足以发挥传播意义或者快感的文化功能。詹金斯也曾经指出,粉丝之所以从所有文本中挑选出那些媒介产品,恰恰是因为那些产品能够成为粉丝现有的社会承诺和文化利益的工具。

在弄清楚"迷群客体"的基础上,我们就能对什么是迷群进行探讨了。上文提及的费斯克和米歇尔·德赛都等人的研究无疑突出了消费者(迷群)的主动性,但其关注点在于粉丝的接收、消费、解码与文化生产者编码之间的博弈,与我们所要阐述的作为文化产品的载体的媒体,其在迷群形成过程中所发挥的作用的观点有着一定的区别。我们知道,大众传媒是大众文化的最佳载体,大众传媒以极快的速度将各种文化传播到迷群的面前,使他们对特定的文化进行品头论足,起到了召集迷群对文化进行解读的作用。

其实,在当今的社会中,不只是文化产品能够集聚迷群,人类社会中、大自然中的众多事物都能够吸引特定的人群去关注,形成自己的迷群。伴随着网络技术的发展,在网络空间的信息传播中也存在着这样那样的网络信息迷群。网络迷群是迷群的一种,它的形成依托于网络空间中的特定的信息内容。在网络空间中,各种信息得以快速传播。由于文化素养及利益等方面的差异,网络用户对于网络空间中的信息的需求存在着一定的差异甚至大相径庭,他们根据自己的知识结构和兴趣爱好聚集在一起,对某一信息内容进行集中的关注和热议,形成特定的迷群。网络迷群是网络媒介的用户,他们既是网络空间中的信息的生产者,也是传播者和消费者,因而按照受众商品论和非物质劳动的相关理论,网络迷群是网络空间中的重要的劳动群体。

在百度贴吧中,不同的网络迷群根据自己感兴趣的话题,不断地发帖和讨论,为百度公司进行着劳动,创造了大量的经济和社会价值。由此可知,百度贴吧中的各种各样的帖子是作为"迷群客体"而存在的,它们吸引着百度用户,让他们不断地聚集和讨论,成了百度用户这一网络用户群体劳动的诱饵。在百度贴吧中,网络迷群的自主性得到足够的体现:他们可以选择信息、生产信息和传播信息,超越了百度贴吧中帖子这些"迷群客体"的单方作用的范畴,扮演着信息的生产者、再生产者和对抗者的角色。在百度贴吧中,有着共同兴趣爱好的用户会聚集于某一主题下进行信息的交流和互动,因而很容易形成一个迷群,百度贴吧也因聚集了众多的"网络迷群"而闻名。

网络迷群的信息生产、传播和消费不受时空的限制，只要进入了百度贴吧，就可以在虚拟贴吧社区中进行信息的交流和共享，并被百度贴吧真实、完整地记录下来。由于网络的准入门槛低，因而在网络空间中会存在精英迷群和草根迷群共存的局面，有时甚至出现精英与草根混搭形成的迷群。由于网络等信息技术使生产与消费的界限越来越模糊，因此网络空间中也存在着生产迷群、消费迷群和生产与消费混搭迷群共存的情况，这些迷群会形成若干个生产社群、消费社群和生产与消费混搭的社群，这种混搭的图景是网络时代的特有现象。网络迷群在网络空间中的劳动对社群经济的发展起到巨大的促进作用。需要指出的是，在一些人聚集百度贴吧中形成某一主题的迷群时，一些对该主题持反对意见的人也会聚集起来，对聚在该主题热议的迷群进行攻击，形成反迷群。而反迷群也是一种迷群，是对某一帖子有着反向理解的迷群，他们的信息交流、互动等劳动形式，同样也能为百度带来巨额经济利益。

其三，百度贴吧上"网络迷群"的劳动行为。从总体上看，网络迷群在百度贴吧中的劳动行为有上传文字、图片、音频和视频信息、回复帖子、顶帖等。这其中包含着点击浏览、生产信息产品等劳动形式。

网络迷群这种用户群体的劳动能为百度的发展注入新动力，然而其劳动可能会在理性和非理性之间摇摆，对网络舆论的引导造成负面影响。我们知道，维基百科、百度百科等知识生产平台都不对进入者设置障碍，任何人在任何地方都可以对维基百科、百度百科等平台上的信息进行修改和编辑。其原因是平台负责人认为人们对知识抱有敬畏心理，能够理性地对待知识，知识在人们的修改下将会日臻完善。在百度贴吧中，大众由独立的个体聚集成为有共同信仰、共同喜好的群体，他们在同一个迷群中的努力方向是一致的。但我们不能忽略人的非理性因素，不同的情感、动机可能造成群情极化，对网络舆论的引导形成巨大的影响。曼海姆曾经对现代社会理性与非理性行为进行过较为精辟的论述，相关论述可以解释百度贴吧中的迷群行为。百度贴吧有着一套相对完善的制度规范体系，在该体系的指导下，网络迷群的行为在形式上是理性的，但在实施相关行为的过程中，网络迷群容易受到自身利益和情感等因素的影响，因而相关的推动力有可能是非理性的。这也就是人们对"功能的合理化绝不增加实质合理性"较为赞同的原因。

3. 分答、知乎平台上的网络用户劳动实践

网络平台上的知识变现已成为网络媒介竞相开发的项目。2015 年 3 月，人

类历史上吸引网络用户劳动的一种新平台——在行在中国上线,陆续推出了值乎、知乎 Live、分答、MOOC 学院"职场沙龙"等一系列付费知识产品小平台,从而使网络用户劳动平台上的知识变现成为现实。

5 月 14 日,知乎推出"一对多"实时问答产品"知乎 Live";

5 月 15 日,"在行"旗下的付费语音问答产品"分答"上线;

6 月 6 日,值乎 3.0 上线,更新为语音问答形式;

6 月 6 日,果壳 MOOC 学院推出基于微信的一对多授课产品"职场沙龙";

6 月 20 日,分答上线赞赏、问题搜索、拒绝回答新功能;

6 月 20 日,分答发起公益语音接力"生命分答",分享生命的"最后 60 秒";

6 月 27 日,分答上线回复重录、过期免费答、问题撤回、追问新功能。①

在知识产品形态和消费环境的不断变化下,基于值乎、知乎 Live、分答等劳动平台的知识变现大潮必将越来越汹涌澎湃。以知乎为例,平台上有"答主",让网络用户在平台上随时提问,答主予以回答。其实,很多用户充当着问和答的双重角色,既对自己感兴趣的问题进行提问,也对自己感兴趣的问题进行回答。在知乎这个网络平台上,信息供求方通过场景的合理使用实现连接。

对于分答等平台的知识变现,网络用户也可以在当上优秀的答主后获得惊人的收入。如自称为"门萨会员、心理学博士"的答主曹雪敏,在回答了 365 个问题后就收入了 2.2 万元;自称"精 6 熟 7 知 39 语言/英语文学语言教师"的王知易,在回答了 1 264 个问题后收入了 2.7 万元。但是,对于数量庞大的网络用户来说,成为优秀答主的毕竟只是少数人,绝大部分人仍然只是以围观者、偷听者、提问者等身份参与其中,没有获得任何经济利益。这样一来,数量庞大的网络用户在提问或围观中遭受了双重剥削:一是网络媒介等商家的剥削,二是答主的剥削。

随着网络媒介对知识变现的劳动平台的改进,其趣味性会越来越强,也就必然会吸引更多的网络用户进行劳动,值乎、分答等平台中的用户劳动的创造力将会越来越大。

---

① 以上信息引自"全媒派"微信公众号文章《42 天估值 1 亿美金,知识变现迎来独立日? 写在知乎/分答"狼化"后》,访问时间为 2016 年 7 月 1 日。

（四）网络直播中的用户劳动实践

近年来，网络直播平台如雨后春笋般出现，网络直播成为网络用户新的劳动方式。在这种劳动方式中，直播者举起手就能直播世界，在网络中的一言一行都能吸引其他网络用户参与到网络空间的劳动中去。而围观、评价直播的网络用户则以近乎癫狂的状态全力投入网络空间的劳动中，由此引发了极为劲爆的"网红经济"。据统计，截至 2015 年 12 月，我国已有 200 余家网络直播平台，全年的总经济收入达到 77.7 亿元。2016 年，我国网络直播平台的网络用户数量突破了 2 亿大关。大型的网络直播平台，高峰期的网络用户能达到两三百万，有三四千个"房间"同时直播。据 CNNIC 第 45 次中国互联网络发展状况统计报告，我国网络直播用户规模达 5.6 亿，占网民整体的 62%。很多人都对投资网络直播平台抱有浓厚的兴趣。如仅在 2014 年，斗鱼直播平台就获得了 2 000 万元的投资，资助者为大名鼎鼎的蔡东青（黄丽等，2016）。

在网络直播的劳动中，绝大部分网络用户是围观者、吆喝者，有些时候甚至是以不安分守己者的角色出现的。不少网络用户在狂欢中会给主播进行"打赏"，通过直播平台推出的充值方式去购买道具和礼物送给主播。以斗鱼为例，"赞"是最廉价的礼物，单价为 0.1 元；"火箭"是最昂贵的礼物，单价达到 500 元。这样一来，网络用户也在观看和发布信息中遭受了双重剥削：一是网络媒体等商家的劳动剥削和礼物费用剥削，二是网络主播的剥削。

不过，不少网络直播平台存在着淫秽、恶俗的内容，这虽然能吸引网络用户，却败坏了社会风气，是没有行业道德和社会素养的体现，必须予以整治，事实上国家也正在加大整治力度。2015 年 4 月 14 日，央视发布消息称，熊猫 TV、斗鱼等众多网络直播平台因存在涉暴力、淫秽等内容而遭查处，让网红界响起了晴天霹雳。斗鱼、熊猫 TV、YY、虎牙直播、龙珠直播、战旗 TV、9158 以及六间房等当时网络直播界的领头羊都受到了惩罚。可以预见的是，国家的惩罚措施将会使网络直播平台的内容更加优质化。

网络直播平台集网络用户的搜索、点击、收看、发表意见于一身，还吸引网络用户对网络主播进行打赏，这是一个全方位的网络用户劳动平台，在有关部门的正确引导下，必将成为网络用户劳动的主流阵地，对拉动网络经济的发展具有重要意义。

（五）社交网站中的劳动实践——以脸书（Facebook）为例

1. Facebook 简介

众所周知，Facebook 创造了人类社交的奇迹，仅仅 8 年的时间，Facebook 就拥有了 9 亿用户，而其最初只是一个校园论坛。来自 Facebook 的官方数据显示，美国每两个成年人中就有一个拥有 Facebook 账号，全球 13 个人中就有 1 个拥有 Facebook 账号，平均每个 Facebook 用户拥有 130 名好友。其中，50% 的用户每天登录，40% 的用户通过移动设备登录，用户每次登录平均停留 25 分钟，日停留时间达到 53 分钟（胡正荣等，2012）。

最初，在三个年轻人——马克·扎克伯格、达斯丁·莫斯科维茨和克里斯·休斯——的推动下，哈佛大学的校园里出现了一个校园实名网络论坛，在哈佛大学读书的学生可以注册使用。在试运营两个月后，波士顿地区其他高校的学生也可以注册使用 Facebook。2004 年 2 月 4 日，Facebook 于美国旧金山的加利福尼亚大街正式上线。2005 年，Facebook 的注册范围进一步扩大，其他地区高校的学生也可以注册使用。自从 2006 年 9 月 11 日起，Facebook 对自身的用户注册机制进行了重大调整，不管是什么身份、不管年龄大小、不管来自哪里，只要输入有效的 E-mail 地址以及相关的个人信息，就可以注册使用 Facebook，加入包括学校网络、公司网络和地方网络在内的各种网络，随时随地使用 Facebook 进行社交活动。

据统计，在 2010 年的世界品牌 500 强排名中，Facebook 超过了微软，位居第一；而在 2011 年排名第二，位居苹果之后。Facebook 于 2009 年实现盈利，当年利润 2.29 亿美元；2011 年度 Facebook 的总运营收入达到 37.11 亿美元，净利润 10 亿美元。2012 年 1 月 28 日，PrivCo 发布报告称，Facebook 将考虑上市，2 月 2 日，Facehook 向美国证券交易委员会（SEC）提交了上市申请，正式启动了这一具有历史意义的 IPO（Initial Public Offering，简称 IPO，即首次公开募股）进程，2 月 3 日，Facebook 的 IPO 申请引起了社交媒体类股的整体上扬（其中 Facebook 生态版图中的重要企业 Zynga 股价涨幅达 16.84%），业内称"Facebook 的上市"将开启"硅谷最大的 IPO 盛宴"，互联网时代的"一个全盛时期"① 即将到来。

_____

① 热议 Facehook 上市 [EB/OL]. (2012-02-02) [2018-07-11]. http：//tech. ifeng. com/internet/ detail _ 2012 _ 02/02/12252216 _ 0. Shtml.

2012 年 3 月 8 日，包括摩根士丹利、美国银行、高盛集团、摩根大通等美国知名的 31 家投资银行受聘于 Facebook，承销 Facebook 的 IPO 交易，3 月 19 日，Facebook 在其门罗帕克总部举行上市前的路演通气会。在路演通气会上，Facebook 召集了众多自身聘任的、为其承销 IPO 交易的投资银行的研究人员及分析师，仔细讨论和分析营收和商业等细节性内容，为上市做最后的准备。经过一系列的准备，2012 年 5 月 18 日，Facebook 在纳斯达克挂牌上市，当时的 IPO 股价为 38 美元。据统计，上市首日，Facebook 以 42.05 美元开盘，较 IPO 发行价上涨 10.5％。开盘后股价一路下滑，最终首个交易日收报 38.23 美元，较发行价微涨 0.61％。①

2. Facebook 中的网络用户劳动实践

构建社交网站，为网络用户之间的信息交流和互动提供平台，从网络用户的信息传播和互动中获取巨额经济利益，这是 Facebook 最核心的业务。长期以来，Facebook 集聚了大量的用户，成为新媒体时代最具影响力的网络媒体之一。在拥有大量用户人气的基础上，Facebook 通过电子商务、发布广告、吸引商户加盟等手段，实现营业收入的剧增。可以说，新媒体时代网络用户的所有交流和互动方式——留言、发布信息、上传图片、上传音频视频、分享照片、撰写博客、下载音乐、即时通信、收发电子邮件、状态更新、组织活动、查看天气、赠送礼物以及买卖商品等，在 Facebook 上都能看到。为了便于网络用户使用，Facebook 采用最简单的界面设计原则，吸引了数量极为庞大的网络用户。经过认真统计，我们发现 Facebook 主要具有以下业务。

（1）涂鸦墙（wall）上的劳动。涂鸦墙是一种留言板，网络用户可以在个人门户页面上留言，这是 Facebook 互动方式中比较具有特色的一种。网络用户利用涂鸦墙，可以让好友在自己的简介上留言，还可以进行评论和注释。对可以浏览某个用户信息的其他用户来说，他们可以完整地看到所浏览用户的资料。如用户 A 是用户 B 的好友，A 在 B 的涂鸦墙上的留言，B 的所有好友都能看到。因而，如果要进行私密的交流，则不应该利用涂鸦墙来聊天，而是通过私信（messages）的渠道进行。用户在涂鸦墙上的活动，为 Facebook 提供了一种数据商品。

① Facebook 将进入痛苦的衰退期？［EB/OL］．（2012 - 06 - 08）［2018 - 03 - 21］．http：// tech. qq. com/a/20120608/000156. htm.

（2）状态（status）栏上的劳动。在 Facebook 上，"状态"是用来显示自己身在何处、在做什么的一种手段，通过查看"状态"，好友能够了解到某个用户的具体活动情况。用一句简单的话来表示就是，Facebook 上的用户让其好友知道其正在……用户的"状态"在其好友列表的"新近更新"区显示。可以说，"状态"是用于发布用户被他人关注的状态信息的一种途径。某个用户发布了最新状态以及其他用户的围观，都是在为 Facebook 生产行为产品，Facebook 能够由此获得大量的广告收入。

（3）戳（poke）板块上的劳动。戳（poke）是 Facebook 上网络用户与其好友进行互动的一种有效方式。在好友的页面上"戳一下"（点一下），好友的页面就会留下被戳的信息，好友在看到自己被戳以后，也可以"回戳"一下，增强用户之间的互动。"戳"在 Facebook 上可以表示喜欢某一个被戳的用户，也可以作为一种友好的问候，还可以暗示自己希望其他用户管住自己。对于戳，扎克伯格认为它只是"一种有趣的做法，没有特别意义"，但是在戳的过程中，用户的劳动却为 Facebook 生产了行为产品。

（4）动态新闻（timeline）栏上的劳动。"动态新闻"也称"动态时报"，是 Facebook 将用户主页上最新的变化和更新的内容（含照片、博文等）以新闻小快讯的形式发给好友告诉好友最近正在做什么的一种功能。在之前，用户要把自己的照片或者博文信息传到某人那里，他必须采取主动沟通的方式来传达，而有了"动态新闻"，用户就不用自己去传达信息，而是由 Facebook 根据用户的信息需求和兴趣爱好以"动态新闻"的形式推送给自己的其他用户，引起其他用户的围观，这也为 Facebook 集聚了大量的劳动资源。

（5）活动（events）中的劳动。"活动"是 Facebook 的用户线下社交活动的方式。"活动"的功能在于通知用户的好友，并在线交流、组织即将举行的活动。2011 年 3 月，Facebook 在其手机版的"活动"中增加了用户签到功能。这一功能大大简化了签到程序，用户只要点击"签到"按钮，将信息发送出去，就表示自己已经确定参加即将举行的活动，给好友发送消息，确认自己将参加活动，Facebook 也因为这一功能而获得了大量的用户，而每一个用户的"活动"都是一种劳动。

（6）礼物（gifts）馈赠中的劳动。2007 年 2 月，Facebook 推出了虚拟礼物商店（Facebook gifts），好友们可在虚拟礼物商店随心所欲地挑选"礼物"来相互馈赠。好友馈赠礼物时，用户"墙"上方的"礼盒"就会在收到礼物和消息时显示。为了扩大虚拟货币的开发，Facebook 于 2010 年 8 月关闭了 Facebook gifts，以便于其投入更多资源和精力用于增强 Facebook 留言板、照片和新闻 Feed 等产品功能，用户在使用这些功能的时候也是在为 Facebook 劳动，因为在社交网站中，使用即劳动。

（7）视频（video Sharing）上传或观看中的劳动。视频是 Facebook 的用户上传视频的一种功能。此外，用户还可以通过这一功能进行视频会话。通过分享视频，Facebook 的用户还可以给视频中的好友加"标签"。起初，这一功能只能够在 Facebook 的网络内观看，但 2012 年 2 月微软新增了 Facebook 电话功能的 Skype 5.8 版后，这一功能得以快速扩展，即使 Facebook 好友不使用 Skype，但仍可在 Facebook 中获取 Skype 即时信息或视频会话。按照受众商品论的观点，用户上传或者浏览、观看视频的行为，就是一种典型的劳动形式。

（8）应用程序接口（API）接入第三方，用户软件使用中的劳动。2007 年 5 月，Facebook 推出应用程序接口（application programming interface，API），这是一个开放性的平台，第三方软件的开发者以此为核心平台，可以开发出与 Facebook 核心功能集成相关的应用程序，使 Facebook 的用户能够享受更多的个性化服务。在今天，开放平台、第三方应用开发企业、大量相关网站和众多实名用户构成的体系，已成为 Facebook 生态圈的主要载体。应用程序接口和高黏性的应用软件的诞生大大提升了 Facebook 用户的忠诚度以及活跃度，并为 Facebook 引来了大量的用户，使广告商更愿意在 Facebook 上投放广告。如今，在 Facebook 上运行着超过 52 000 个应用程序，由来自 190 个国家的超过 100 万注册开发人员所开发，日均应用软件安装量达 2 000 万个。70% 的用户每月都会使用应用程序，其月活跃用户数达 3 亿。Facebook 估算每年 Facebook 应用程序里的业务量达到 3 亿美元。[①] 这一收益无疑是建立在拥有大量能够从事创造性劳动的用户的基础上的。

（9）地理位置服务功能（places）中的劳动。2010 年 8 月，Facebook 推出地理位置服务功能，该功能能够让用户共享所在的地理位置，并能让好友知道用户跟哪些人在一起，什么时候出发等具体信息。通过智能手机使用 Facebook 的地理位置服务功能，用户就能够"签到"，并处于状态更新中进行对外广播，好友也可以随时获知用户的地理位置，而相距不远、有共同目的地的用户可以

---

① KIRKPATRICK D. The Facebook effect [M]. New York：Simon & Schuster, 2010：232.

借助地理位置功能一起相伴而行。此外，Facebook 的地理位置功能还能够显示用户所处位置附近的停车场、商场、宾馆、网吧以及酒吧等。当用户进行签到或者点击所处位置附近的服务设施时就是在为 Facebook 劳动。

（10）整合、增加新的劳动平台。除了以上述 9 种方式吸引用户劳动外，Facebook 还积极拓展其他的业务，让广大用户为其劳动，其中最明显的就是整合、增加新的劳动平台。2010 年年底，Facebook 推出了 FacebookMessages（或曰 facebook email）的新平台策略，其代号为"Titan"，人送昵称为"Fmail"。这一平台在保持 Facebook 原来的社交功能的同时，对即时通信、E-mail、短信等功能进行整合，使用户在拥有@Facebook.com 的邮件地址后，能够在新平台上进行玩 SNS、收发邮件、发送手机短信等活动。在美国，Outlook Online、Hotmail，雅虎 Mail，谷歌 Gmail 以及 AOLmail 分别占据电子邮件市场的前四位，雅虎 Mail 与 Gmail 的竞争是最为激烈的。在 Fmail 推出电子邮件后，电子邮件行业产生了巨大变化，Fmail 成了谷歌 Gmail 的杀手。美国科技类博客（TechCrunch）指出："Facebook 知道用户需要什么，它会推送给用户适合的信息。而且它的用户群十分年轻，他们热衷于社交，只要他们当中一部分使用 Facebook 的 mail，对其他公司来说都会有重大威胁。"[1] 毫无疑问，"Titan"能为 Facebook 汇聚大量的网络用户劳动群体。

（11）社交搜索中的劳动。2010 年 4 月，Facebook 推出了一种全新的搜索引擎按钮——"喜欢"（Like）按钮，最先向社交搜索引擎方向迈进。通过"喜欢"（Like）按钮功能，Facebook 的用户可以标注自己喜欢的页面，并把标注的页面收藏到 Facebook 的搜索结果中。Facebook 以社交搜索为突破口，不断向互联网搜索领域进军，对老牌的搜索引擎公司提出了最为严峻的挑战。Facebook 的首席运营官（COO）谢莉·桑德伯格认为，除社交网站的品牌广告之外，搜索业务将为 Facebook 带来巨额的广告收入。这是网络用户以搜索引擎劳动的形式为 Facebook 公司创造的巨额财富。

（12）游戏领域的劳动。当前，Facebook 开始向游戏充值业务发起冲锋，在这一极具前途的产业中推出了名为 Facebook Credits Card 的专用充值卡，用户可以利用充值卡兑换 Facebook 的虚拟货币信用点数，并在 Facebook 的各种

---

① TechCrunch. Facebook's Project Titan：A Full Featured Webmail Product. February 5th，2010［EB/OL］.（2010 - 02 - 05）［2017 - 04 - 30］. http：//techcrunch. com/2010/02/05/facehooks-project-tiLan.

增值业务中消费这些虚拟货币信用值。目前，Facebook 的充值卡业务已经为其创造了很大收益，成为其一种极为重要的盈利模式。网络游戏是一种典型的用户劳动产业，因而在游戏收入方面，网络用户也为 Facebook 立下了汗马功劳。

（13）音乐下载、试听中的劳动。Facebook 积极打入音乐市场，为用户提供流行音乐的下载和试听服务，且已经成功地在美国站稳脚跟，进入 Facebook 音乐空间为之劳动的用户也不在少数。

值得注意的是，在上述网络用户的劳动实践的变迁中，各种劳动方式并不是相互取代的，在后面的劳动实践中，前面的劳动方式也会重复出现，且网络用户的媒介使用行为产品、网络用户产品等产品形式在任何一个阶段都始终存在着，信息产品也在网络产生互动功能后的各个劳动阶段中存在着。

二、网络用户劳动中被遮盖了的劳动关系

"劳动关系是在就业组织中由雇佣行为而产生的关系，它以研究与雇佣行为管理有关的问题为核心内容。"[①] 劳动关系的基本含义是劳资双方因利益需求而出现的冲突、合作及权利关系的总和，受到社会经济、文化、政策法规以及技术的制约。

简而言之，劳动关系是用人单位与劳动者之间依法确定的劳动过程中的权利和义务的关系。在网络空间中，由于网络媒介（相当于用人单位）和劳动者（网络用户）之间没有形成明显的权利和义务关系，因而目前仍鲜有人关注他们之间的劳动关系。也就是说，网络媒介与网络用户之间的劳动关系被一系列因素遮盖着，致使人们长时间忽视了网络空间中作为劳动者的网络用户与作为资方的网络媒介之间存在着的劳动关系。这可以从以下几个方面找到原因。

（一）没有意识到网络用户在生产着信息产品

长期以来，社会大众都只关注现实社会中的实物产品的生产者，较少关注网络空间中信息产品的生产者，即使关注网络空间中的产品生产，也往往将其放在网络媒介的范畴下来考虑，认为网络用户只是消费者，忽视了网络用户的生产者角色和网络空间中的消费即生产等因素。也就是说，人们从传统消费者的角色出发，对网络用户进行审视，因而容易忽视网络用户参与网络空间中的

---

① 齐懿，孙珂. 论劳动关系的异化 [J]. 知识经济，2013（14）：35.

产品生产的事实。这就使得网络用户的劳动者角色长期受到忽略。事实上，网络用户的信息生产和消费能生产出数量极为巨大的信息产品，为资本家创造了大量的价值，因而网络用户已成为网络空间中的重要劳动者，与网络媒介之间存在着劳资关系。

（二）劳资双方没有法律上的雇佣关系

绝大部分网络用户的劳动都是利用自己的闲暇时间来进行的，除少数网络媒介专门雇用并按时支付报酬的网络用户外，其他的网络用户与网络媒介之间没有签订任何劳动合同，也没有从自身的劳动中获得一分钱的经济报酬。而签订了劳动合同的网络用户的劳动往往被置于传统的劳资关系的视野中进行研究。其实"'闲暇活动'已成为与工作同样重要的一种社会活动"①。这说明网络用户利用闲暇时间为网络媒介劳动。究其原因，网络用户正是受到娱乐等动机的驱使而在网络空间中进行着"冲动性的劳动"，不分白天黑夜地在网络空间中劳动，给人劳动致死的感觉，并由此为网络媒介创造了大量的"闲暇经济资本"。

莫斯可等在描述好莱坞的劳工时曾说："虽然好莱坞电影的制作需要数以百计乃至千计的媒体劳工的集体努力，但这一事实却往往因为大众媒体始终将其关注焦点集中于为数不多的明星演员和导演身上而被掩盖了。"② 网络空间中的劳资关系亦如此，网络媒介以跟少数网络用户（OGC 中的劳动者）签订雇佣合同的方式来遮盖与绝大多数网络用户（PGC 及 UGC 中的劳动者）不存在劳动合同关系的实情。因此，在只有存在劳动合同关系才存在劳资关系的惯性思维的作用下，与网络媒介之间不存在劳动合同关系的网络用户的信息生产和消费的劳动行为也同样被遮盖了。在第三章中，我们曾对作为资方的网络媒介对网络用户的生产劳动过程的控制进行了较为详细的论述，指出在网络等信息技术的赋权下，作为资方的网络媒介可以绕开签订劳动合同的方式，用技术资本搭建劳动平台吸引网络用户劳动，对网络用户的劳动实行柔性的控制，让网络用户在快感、成就感的糖衣炮弹中尽情地劳动，使网络用户甘愿接受赤裸裸的经济剥削。由此可知，劳资双方不签订劳动合同并不等于不存在劳动关系。

（三）将网络用户看成寻求娱乐的对象

很多人习惯性地认为网络用户的劳动完全是在娱乐、情感体验、信息利用

---

① 班农，巴里，霍尔斯特. 信息社会 [M]. 张新华，译. 上海：上海译文出版社，1991：233.
② 莫斯可，麦克切尔. 信息社会的知识劳工 [M]. 曹晋，罗真，林曦，等，译. 上海：上海译文出版社，2013：216.

等动机的驱动下进行的，因而完全是为了自己的享受，不存在所谓的劳动行为。这种看法确实有一定的道理。然而，网络用户在信息利用、娱乐和情感体验的过程中，也在客观上为网络媒介生产了信息产品，不然网络用户就不可能那么轻而易举地进入网络平台中进行情感体验等活动了。更何况有不少网络用户是本着完善人类知识的理念加入百度百科等网络平台的信息劳动之中的。因此，即使是为了满足自己的某些动机，网络用户也在客观上进行了劳动，他们与作为资方的网络媒介也存在着劳动关系。更何况网络空间中的消费即为生产，信息的点击、搜索等行动本身也为网络媒介生产可供记录的数字商品。因此可以说，在网络空间中，生产与消费的界限尤为模糊，网络用户在生产中进行着消费，而消费也是一种生产（见图 5 - 1）。

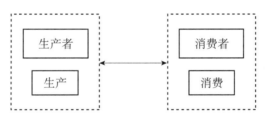

图 5 - 1　网络空间的信息生产与消费框架

（四）网络用户没将自己所生产的产品用于交易

网络用户为网络媒介生产了大量的产品，但他们没有把这些产品拿到市场上去进行交易，原因是倘若网络用户个人拿着自身生产的信息产品到市场上去卖，很难找到买主，更深层次的原因还在于网络用户生产出来的商品都被网络媒介这个资方拿走了，网络媒介以组织的名义把搜集到的大量商品打包出售，广告商等商家才会感兴趣。这就使得网络用户劳动生产的产品绕过了生产者，直接在网络媒介和买家之间进行交易。这也是网络用户劳动中的劳动关系被遮盖的一个重要原因。倘若网络用户直接可以将自己生产的产品用于交易，情况恐怕就大不一样了。

（五）网络用户的劳动往往是在免费的情况下进行的

免费进入网络媒介平台似乎为没有劳动关系的辩护起到一定的佐证作用。但网络用户的劳动并不是没有成本的。表面上看来，网络用户进入网络空间不需要缴纳任何费用，但其劳动的成本已经在不知不觉中被商家转移到了其思想/物质信息，特别是商业信息上面。在网络空间中，思想商品和物质商品的混合达到了前所未有的程度，而且经济信息与市场营销信息的整合更为彻底，在这种情况下，生产者、消费者的界限越来越模糊，作为劳动者的网络用户在信息消费中也必然要付出时间、上网设备的磨损以及隐私被暴露等一系列成本，很多人还会付出创意成本，因而免费可能变得越来越"贵"。尼葛洛庞帝的一句话道出了众多人的共同心声："没有人很清楚地知道，在互联网络上谁要付钱，为什么而付钱。"① 所以人们不应该被表面上可以免费进入网络平台劳动的现象所蒙蔽，而忽视了网络用户劳动中的劳动关系。

（六）网络媒介故意遮盖其与网络用户间的劳动关系

有个故事，说在古罗马时代，由于奴隶主的剥削、压制和侮辱，很多奴隶不堪忍受而纷纷逃跑。为防止奴隶的逃跑，一些奴隶主想出了一个好办法：在奴隶的脸上刻上记号，当奴隶逃跑时，可以及时辨认和抓捕。但有的奴隶主及时制止了这种"荒唐之举"，原因在于一旦刻上记号，奴隶们就能随时认清自己的身份，分辨出自己的朋友和敌人，这必将给奴隶主带来灾难。这与网络媒介一直把网络用户称为"粉丝"，故意隐瞒网络用户的劳动者身份，遮盖它们与网络用户之间的劳动关系有异曲同工之处。网络媒介一旦承认网络用户的劳动者身份，就要向网络用户支付相应的经济报酬，因而它们极力隐藏网络空间中的劳资关系。

总之，用传统社会中劳动者的角色来看待网络空间中的网络用户，使得人们往往因为习惯而对网络用户与网络媒介之间的劳动关系感到困惑。我们必须强调网络用户劳动中被忽视的劳资关系，并更新这方面的事实依据，以肯定网络用户的劳动角色，因为今天的网络媒介主要是依靠网络用户的劳动来实现信息资本的积累的。

三、被技术异化的劳动关系：无劳动合同的泛在化雇用

在传统意义上来说，"劳动关系的异化是用人单位与劳动者之间在劳动过程中依法形成的特殊的关系"②。然而在网络用户的劳动中，网络媒介与网络用户没有签订劳动合同，因而没有形成法律上的权利和义务的关系，两者在劳动过

---

① 尼葛洛庞帝. 数字化生存［M］. 胡泳，译. 海口：海南出版社，1997：76.
② 李长健. 论劳动关系的异化：兼论事实劳动关系与劳务关系的区别［J］. 华中农业大学学报（社会科学版），2004（12）：47.

程中形成的特殊关系也就很难找到法律依据。因此，在网络空间中，劳资双方的特殊关系是在网络这一信息技术的作用下形成的，在信息赋权以及资本扩张本性的驱使下，网络用户这类劳动者与产品相分离，网络媒介与网络用户之间异化的劳动关系也由此而生。

（一）权利关系的异化

权利是法律赋予人实现其利益的一种力量。按照规定，劳动者付出了劳动，必须得到资方支付的报酬。而在网络用户的劳动中，由于没有形成法律上的雇佣关系，也没有明显的管理与被管理、监督与被监督、指挥与被指挥的关系，因而作为劳动者的网络用户在劳动中的一切权力都无法得到保障，倒是网络媒介可以随心所欲地施行自己的权利：将网络用户生产的产品拿到市场上去交易并赚取巨额财富。不仅如此，网络用户还背上了对自己的信息生产、传播和消费负责的义务。这就是网络劳动中的权利关系的异化所在。

（二）义务关系的异化

义务是指人们在政治上、法律上、道义上应尽的责任。在现实社会的劳动中，用人单位和劳动者之间的义务主要是法律上应尽的责任。在网络空间中，网络用户完全与信息、各种电子设备等劳动资料结合在一起并形成了较为稳定的关系。虽然没有义务，但网络用户却实实在在地为网络媒介劳动着。然而，在网络用户的劳动中，除了专门签订劳动合同的极少数人外，绝大部分网络用户都没有得到网络媒介支付的薪酬，因而对绝大部分网络用户来说，网络媒介并没有履行为他们支付报酬的义务，原因在于找不到支付报酬的协定和依据。这样一来，网络媒介就有了不履行义务的借口。倒是网络用户有了义务：劳动者必须遵循网络媒介的相关规定，并在进入付费的网络劳动平台后自觉支付相关费用。这就是网络用户劳动中义务关系的异化所在。

总之，由于网络媒介与用户之间没有形成法律上的劳动权利和义务的关系，使得他们之间的雇佣关系被忽视了，这是他们之间的劳动关系被异化的主要原因。本研究认为，虽然没有形成法律上的雇佣关系，但是网络媒介和网络用户之间的雇佣与被雇佣的关系并没有因此而消失，原因在于这种关系绕开了法律，凭借网络技术而结合在一起。不管有没有签订劳动合同，只要在网络媒介经营的平台上进行劳动，网络用户就被网络媒介雇用了，这是资方凭借技术实现的泛在化的雇佣关系。资本的扩张包含在一切形式的投机之中，能够利用技术手段雇用劳动者而不承担后果，资方肯定不会放过这种机会。在资本的操纵下，网络空间的劳动出现了使用网络即被雇用的新现象。这就是我们所说的无劳动合同的泛在化雇用。

（三）仍处于资方权力控制中的劳动关系

在马克思主义者看来，资本是组织生产的核心，资本雇用劳动者并指挥其进行生产，资本主义要生存和发展，必须维持其雇佣关系和找到可支撑其生产关系的劳动契约，资本必须获得工人创造的剩余价值才能满足其自身不断扩张的欲望。要做到这些，必须要保证资本对劳动有一定的控制力以及劳动者的"甘愿"配合。这一要求在网络空间的信息生产中得以实现了，资本凭借技术对劳动实施了更为有效的控制，劳动者也的确甘愿配合资本的安排。我们看到，在网络用户的劳动中，不需要一套适应信息产品生产的权力分配模式、压力传导体制和量化奖惩措施，网络用户已经甘愿在信息资源极为丰富的网络空间中疯狂地生产信息产品，网络媒介只需要一套产品分类体系和产品信息抓取工具就足够了。不过，技术的发展不是一个脱离社会因素的自发的过程，资本增殖和积累的需求对技术的发展进行了规制，资本利用技术调整生产关系，由此提高劳动生产率进而实现扩张的目的。因而在网络用户的劳动中，如果仅强调技术的赋权，就会遮盖了技术、资本与网络用户之间隐藏着的异化的劳动关系，使深藏于其中的资本与劳动的矛盾更加难以被化解。

返回到资本通过技术来实现对劳动的控制之逻辑体系之中，我们看到网络媒介仍然牢牢地控制着网络空间中异化了的劳动关系。也就是说，在网络用户的劳动中，网络媒介通过自身掌握的经济与技术等资本控制着异化了的权利和义务的关系，使自己成为产品的生产者和服务的提供者，扮演起网络空间中主流劳动者的角色，而作为网络空间中真实的劳动者的网络用户则扮演着信息享用者的角色。这与网络空间中网络用户与网络媒介之间真实的角色关系是不一致的。然而网络媒介恰恰是通过这种不真实的角色关系来掩盖网络用户为其劳动的实质，从而使它们之间真实存在的劳动关系被化为无形。这样，网络媒介就主动控制了网络中异化了的劳动关系，使其更好地为信息资本的积累服务。

本章小结

本章对网络空间中的生产方式的新变化及其本质进行了较为详细的研究，

并将网络空间中的信息生产与工业产品的生产进行了对比研究。同时，本章还对网络空间中用户直接生产的信息产品、用户在网络空间中的行为产品以及用户产品这三种产品类型进行了界定，对它们各自的特征、价值及使用价值、交换价值以及价格等进行了剖析。为进一步揭示网络空间中网络用户的劳动状况，本章还对网络空间中网络用户与网络媒介之间的劳动关系进行了研究。总的来说，本章的探讨有助于较为深刻地揭示网络用户在网络空间中的劳动状况。

第六章　网络用户劳动力的再生产与征用

资方要实现产品的再生产，就必须保证劳动力的再生产，并能征用到一定规模的劳动者为之劳动。这样的要求在网络空间中仍然适用。不过，在网络空间中，网络媒介通过技术、资本等权力的运用，能将网络用户的劳动力再生产的成本成功地转嫁到网络用户及其亲友身上，并能在面向所有网络用户的泛在化雇用中征用到数量庞大的劳动力，网络媒介也在成本的转嫁和劳动力的泛在化的征用中获得网络用户创造的巨额财富。

第一节　网络用户劳动力的再生产

相对于个人的劳动力的再生产来说，网络用户劳动力的再生产有其独特的内容和物质基础。同时，在网络技术的赋权下，网络用户的劳动力再生产的方式发生了显著性变化，再生产的成本也在不知不觉中被网络媒介转嫁到网络用户或（及）其亲友身上。

一、网络用户劳动力再生产的内容与物质基础

（一）劳动力再生产的内容及物质基础

劳动力是人体内部用来生产某种使用价值的"体力和智力的总和"[①]，劳动力本身的价值是"维持劳动力所有者所需要的生活资料的价值"[②]，包括"工人子女的生活资料"[③] 和"成为发达的和专门的劳动力"[④] 的教育训练费用。劳动力是生产力中最为活跃的因素，它与物质资料的再生产一样，都是社会再生产得以进行的客观要求，甚至可以说没有劳动力再生产就没有物质资料的再生产，

[①] 马克思，恩格斯. 马克思恩格斯全集：第 23 卷 [M]. 北京：人民出版社，1972：190.

[②] 同①194.

[③] 同①195.

[④] 同①195.

因为任何物质资料的再生产都需要有劳动力的介入。有鉴于此，社会应该对网络用户的劳动力再生产予以足够的重视。

1. 劳动力再生产的内容

劳动力再生产理论是马克思主义再生产理论的一个极为重要的组成部分，它有着十分丰富的内容，主要体现在以下几个方面。

（1）劳动者体力和智力的恢复。劳动者在劳动的过程中源源不断地对自己的劳动力进行支出，因而要维持社会再生产，就必须恢复劳动者的体力和智力。

（2）新一代劳动者的再生产。由于人会衰老和死亡，再加上社会再生产中的扩大再生产的要求，人们把劳动力的扩大再生产作为必然选项，这就要求不断生产出新一代的劳动者。

（3）熟练、复杂的劳动力再生产。科学技术是不断发展的，从事社会再生产的劳动者必须掌握相应的技术才能进行社会化生产和再生产。这就需要从质和量两个方面来扩大劳动力的再生产，以便在不断生产新一代劳动者的同时，也使劳动力在质量上得到不断的提高。

需要指出的是，劳动力在资本主义和社会主义这两种社会生产关系中的地位是不一样的，这也使得两种社会中的劳动力再生产的内容不能在同样的程度上实现。资本主义社会中的生产资料属于资本家，劳动力扮演的是被出卖的商品的角色，劳动者对劳动力没有支配权。在这种情况下，劳动力的再生产是根据资本家的利益需求来组织的，这就意味着只有部分劳动力能获得质的再生产。社会主义社会中的劳动者是物质资料的所有者，劳动者从事物质资料再生产的目的是实现劳动力的再生产，再加上社会主义国家是广大劳动群众的利益的代表者和维护者，这就为劳动力的再生产开辟了广阔的空间，使得全体劳动力都可以实现质的再生产。

2. 劳动力再生产的物质基础

劳动力要实现再生产，必须让劳动者进行消费，消费的水平决定着劳动力的再生产的水平。劳动者在消费后劳动力得不到恢复的消费水平下的劳动力再生产属于萎缩性再生产，劳动者在消费后劳动力刚好得到恢复的消费水平下的劳动力再生产被称作简单的再生产，劳动者在消费后劳动力得到更新和提高的消费水平下的劳动力再生产属于扩大再生产。由此可知，没有消费就没有劳动力的再生产，消费水平偏低，劳动力再生产也会受阻。因此，劳动力再生产的物质基础包括以下几个方面。

（1）社会可用于消费的商品的数量和结构，是劳动力再生产的基本的物质基础。劳动者的"劳动能力的生产曾需要一定量的生存资料，它的再生产又不断地需要一定量的生存资料"①。商品的扩大再生产是以劳动力的再生产为前提的，而商品种类和结构是否能满足劳动力的消费需求，又决定着劳动力扩大再生产的水平，它们构成了劳动力再生产的基本的物质基础。

（2）劳动者所获得的报酬以及社会福利，是劳动力再生产的直接的物质前提。劳动者要生存下去，必须要出卖自己的劳动力，鉴于劳动者的素养和生产资料所有制形式的多样化，劳动者的报酬和福利也存在着差别。要恢复劳动力，必须有相应的报酬和福利用来购买劳动者所必需的生存资料，因而劳动者所获得的报酬以及社会福利成为劳动力再生产的直接的物质前提。

（3）人口的增加是劳动力再生产的天然的物质基础。人口是劳动力资源的源泉，没有人口的增加，劳动力资源就会枯竭。一般来说，劳动力的数量和质量受到人口数量和质量的制约，故而人口的再生产对劳动力的再生产有着直接的决定作用。也就是说，劳动力再生产有个天然的物质基础，那就是人口的增加。

（二）网络用户劳动力再生产的内容及物质基础

马克思认为："随着大工业的发展，现实财富的创造较少地取决于劳动时间和已耗费的劳动量……相反地却取决于一般的科学水平和技术进步，或者说取决于科学在生产上的应用。"② 不同的技术条件对劳动者素养的要求不一样。在手工业阶段，劳动者只要能操作较为简陋的工具就能完成生产；在机器化大生产中，劳动者必须掌握较为复杂的科技才能完成生产。而在网络空间中，劳动者要具备较高的知识素养和掌握相应的网络技术才能完成信息产品的生产。由此可以说，科技使生产工具不断革新要求劳动者必须学会掌握新的生产工具，这加速了劳动力更新和提升的速度。在这种背景下，脑力劳动者所占的比重不断上升，而体力劳动者所占的比重则不断下降，劳动空间不断变化。

1. 网络用户劳动力再生产的内容

在网络空间中，劳动力主要由网络用户来支出，劳动力再生产的内容也包括劳动者体力和智力的恢复、新一代劳动者的再生产，以及熟练、复杂的劳动

---

① 马克思，恩格斯．马克思恩格斯全集：第 23 卷［M］．北京：人民出版社，1972：197.
② 马克思，恩格斯．马克思恩格斯全集：第 46 卷（下）［M］．北京：人民出版社，1980：217.

力再生产三个方面。因为网络用户也在劳动中不断支出了自己的体力和智力，也会衰老和死亡，同时网络用户也需要适应网络技术的更新换代的要求。不过，在网络用户劳动力的再生产中，体力的恢复都是在现实社会中进行的，智力的恢复和发展则同时得益于现实社会中的学习和网络空间中的知识获取，智力的再生产比体力的再生产更加重要和普遍。

2. 网络用户劳动力再生产的物质基础

与现实社会中的情况一样，网络用户的劳动力再生产的物质基础也包括社会可用于消费的商品的数量和结构、劳动者所获得的报酬和社会福利，以及人口的增加这三个方面。但是网络空间中的劳动力再生产的物质基础却有着自身的独特性：用于消费的商品包含着物质和信息两种类型，这些商品的种类、数量和结构对网络用户劳动力的再生产起着基础性作用；除专职人员外，网络用户所获得的经济报酬和社会福利都是靠网络用户或（及）其亲友在现实社会中的劳动而获得的，网络用户依靠这些报酬和福利恢复自身的劳动力，以进入到网络空间中参与信息产品的生产；用户数量的增加必须在现实社会中加以培育后方能实现。也就是说，网络是一个虚拟的空间，加之网络空间中的劳动没有法律上的雇佣关系，因而网络空间中的劳动力再生产的物质基础与现实社会中劳动力再生产的物质基础有着较大的重合之处。这是网络技术对劳动者和资本赋权的结果。

值得注意的是，在网络空间中，网络用户参与信息生产和消费对其劳动力的再生产有着极为重大的意义。从信息生产方面来说，网络用户劳动力再生产与信息产品的再生产互为前提，只有生产出更多的信息产品来满足其他网络用户的信息消费需求，才能吸引更多的网络用户进入网络空间，实现网络用户劳动力的再生产。此外，在信息生产中，网络用户的智力越得以不断补偿，自身的技术、知识素养越不断提高，对复杂性劳动的适应性越不断增强，其所获得的社会资本就越多，这也就更有利于网络用户劳动力的再生产。从信息消费方面来说，消费能再生产出劳动力，因而除物质产品外，网络用户劳动力的再生产还依靠信息产品的消费才能进行。如果信息产品的消费得不到保证，用户在精神上的需求得不到满足，其生产的积极性就会大打折扣，甚至使信息产品的生产无法进行。因而不断提高网络用户的信息消费水平，打造新型的消费方式及消费结构，是网络用户劳动力再生产的重要途径。

二、网络用户劳动力再生产方式的变化

网络用户劳动力再生产的方式发生了一系列的新变化。下面我们将对其进行较为详细的论述。

（一）在不断被资方出卖的过程中实现再生产

"资本主义生产方式的基础是：生产的物质条件以资本和地产的形式掌握在非劳动者手中，而人民大众所有的只是生产的人身条件，即劳动力。"① 资本主义生产过程是以劳动和劳动产品的分离为起点或者基础的。不过，这种原本只是起点或基础性的东西，在经过一系列的简单再生产后，就成为资本主义生产本身的结果，并被持续地重新生产出来。这就是说，在资本主义中，劳动者唯一的财富就是自身的劳动力，要维持劳动力的再生产，他们就必须不断地向资本家出卖自身的劳动。

不过，按照马克思的观点，工人将自己的劳动力作为商品出卖给资本家不是一直就有的，也不会存在于一切社会之中。随着科技的发展，这一观点被证实了。在网络社会中，网络用户本身就是一种商品，且其劳动力也是一种商品。然而，除被网络媒介专门雇用的数量极少的用户将其劳动力作为商品出卖给资方外，绝大部分网络用户连同其劳动力都被网络媒介无偿剥夺后，被当成商品与广告商等商家进行交换。这样一来，绝大部分网络用户连同自身的劳动力这种唯一属于自己的财富都被资方剥夺了，他们的劳动力再生产是在网络媒介与广告商之间交换劳动力商品的过程中实现再生产的。因为在交换中，作为资方的网络媒介在获取巨额利润后，会不断打造供网络用户劳动的平台，使网络用户在娱乐、学习等精神消费中不断地进行劳动，实现自身劳动力的再生产。

（二）网络用户的劳动力再生产借助了精神享受这一方式

对与网络媒介没有法律上的雇佣关系的网络用户来说，其劳动力作为一种商品，它的价格不是以工资的形式来衡量的，因为人们很难将网络用户劳动力的价值与其劳动量关联起来，网络用户的劳动也不是每时每刻都在进行，而是完全凭着自己的兴趣爱好来定的。所以，在网络劳动中，资本主义社会中的以工资作为劳动力再生产的补偿的做法失去了垄断地位，网络用户劳动力再生产是在现实社会中的产品消费得以满足的基础上，靠学习、娱乐、提高社会威望

① 马克思，恩格斯．马克思恩格斯选集：第3卷［M］．3版．北京：人民出版社，2012：365.

等动机来激发的。同时现实社会中的产品消费的成本也不由网络媒介来承担，而是网络用户靠自身或（及）家庭成员在现实社会中的劳动所获得的报酬来支付的。

（三）网络用户劳动力的再生产没有明显的社会化倾向

所谓劳动力再生产的社会化，是指劳动力的再生产由劳动者个人和社会或国家共同承担完成。其表现形式是，工人的工资或收入只弥补劳动力价值的一部分，劳动力价值的另一部分由社会或国家来补偿。（许毅，1994）在工业生产中，"工人阶级的再生产，同时也包括技能的世代传授和积累"①。正因为技能可以世代传授和积累，资本家才有了大批技能熟练工人这个额外的生产条件，实际上，对于资本家来说，这些技能熟练的工人已成为一种可变资本。受到经济危机的影响，正常的劳动力再生产受到干扰和破坏，以致在很大程度上对资本主义的再生产造成了破坏。在这种背景下，资本主义社会要求社会或国家出面干预和处理，以保证劳动力再生产的顺利进行，因而劳动力的再生产出现了社会化倾向。

而网络经济具有外部性，信息产品的生产与消费存在着边际效益递增规律，网络空间中几乎不受经济危机的冲击，资方在不承担网络用户劳动力再生产成本的情况下照样能获得巨额利益，社会或国家也不需要对网络用户进行补偿。这样一来，网络用户的劳动力再生产就没有呈现出明显的社会化倾向，而是由网络用户或（及）其亲友承担。其实，网络用户劳动力再生产的变化不仅体现在方式上，在内容上也有了新的变化。在生存、发展和享受三种类型的资料中，发展和享受资料的比重逐渐增大。此外，在生存资料中，消费品的数量和质量也都有了很大的提高，网络用户用于教育、培训的费用也不断增加，智力投资受到了网络用户的青睐。

（四）网络用户劳动力再生产成本的转嫁

网络用户劳动力的使用以及少部分劳动力的再生产在网络空间中进行，而长期的、大规模的劳动力再生产则主要由网络用户或（及）其亲友在现实社会中的劳动收入支持并在现实社会中进行。

很大部分网络用户受过良好的教育，他们的劳动属于脑力劳动。众所周知，脑力劳动都较为复杂，对劳动力素质的要求也比较高。恰如马克思所说：复杂

---

① 马克思，恩格斯.马克思恩格斯全集：第 23 卷［M］.北京：人民出版社，1972：630.

劳动的"劳动力比普通劳动力需要较高的教育费用，它的生产要花费较多的劳动时间，因此它具有较高的价值"①。也就是说，脑力劳动者的培养需要花费大量的时间（无形支出）和资金（有形支出）。从整体上来说，在花费众多时间和资金培养后，网络用户都具备了从事复杂劳动的能力，因而他们能在网络空间中生产出大量有价值的信息产品。但是，就没有法律上的雇佣关系的网络用户来说，其劳动力再生产所需的成本都是由自身或（及）其家庭所负担的，网络媒介并没有承担网络用户劳动力再生产的成本。也就是说，网络用户劳动力再生产所需要的费用都是由网络用户或（及）其亲友在现实社会中的工作所获得的报酬来抵消的。平时说的"有闲阶级"、普通大众都参与到了信息的生产和消费之中，他们被网络技术融入了劳动力大军中。而随着网络技术的普及、入网成本（含设备、上网费用等）的降低，以及闲暇时间的增多，越来越多的人将会加入网络用户的圈子，使得网络用户的劳动力资源极为充足并会越来越充裕。劳动力储备过剩在工业生产以及传统媒体的生产中都存在，但这种情况在网络社会化大生产中则不存在，相反在这里劳动力储备越多越好。很多人在现实社会中失业、无所事事，但是他们往往会投入网络空间的劳动之中，故而在网络社会化大生产中，网络用户不存在失业问题，商家不需要承担失业风险。网络用户不但不会失业，反而会在网络媒介的不断开拓下找到新的劳动空间，因而能够在先前岗位不失业的基础上找到新的"就业岗位"。网络用户虽然需要进行劳动力的再生产、学习和培训，但这一过程是在现实社会中完成的，不需要网络媒介予以支持。而当依靠现实社会中的劳动报酬使劳动力的再生产得以进行后，网络用户又会为网络媒介创造巨额财富。对网络媒介来说，这种情况就相当于驾车在高速公路上飞驰而不需要支付费用，也不必担心交通事故，甚至还一路有人为其扔钱。由此，本应该由网络媒介承担的网络用户劳动力再生产的成本反而被网络媒介巧妙地转嫁到了网络用户或（及）其亲友的开支中。当然，这种转嫁是在网络用户及其亲友难以察觉的情况下进行的，它是依靠资本对技术权力的运用来实现的。不管是学校教育培养的网络用户还是自学成才的网络用户，这种成本转嫁的方式都是存在的。网络媒介对劳动力再生产的成本的转嫁并不仅仅存在于教育、培训方面，就是在基本的生存资料的维持上也是存在的。前面说过，劳动力得以维持，劳动者必须消耗一定的生活资料，而这些生

① 马克思，恩格斯. 马克思恩格斯全集：第 23 卷 [M]. 北京：人民出版社，1972：223.

活资料的获取必然要花费网络用户或（及）其亲友一定数量的必要劳动。而这些劳动的成本显然不是由资本家而是由网络用户或（及）其亲友来承担的。

也许有人认为，与网络媒介没有法律上的雇佣关系的网络用户在网络空间中的劳动是利用自己的闲暇时间进行的，不存在劳动力再生产成本转嫁的问题。相反，网络媒介还为网络用户提供了娱乐的平台。这种说法在网络等信息技术高度赋权的今天已经失去了立足的根基：斯麦兹在论述受众商品论时就曾提出"在资本主义社会，所有的闲暇时间都是劳动时间""资本主义无闲暇"等观点，这种情况在网络社会中更为明显。在信息技术的作用下，人们的劳动生产率不断提高，闲暇时间越来越多，网络空间的信息生产和消费的巨大魅力以无比强大的力量将大家吸附过来，使人们纷纷成为网络用户，利用闲暇时间为网络媒介劳动。按照克莱·舍基的认知盈余的观点，全球数十亿网络用户利用闲暇时间进行劳动，必将生产出数量极其庞大的产品，并使网络用户在享受中延续了劳动力的再生产，而这些劳动力再生产的成本显然不是由资本家支付的，没有支付也就存在着转嫁。

三、网络用户劳动力再生产中的对抗性的消解

通过研究我们得知，在网络用户的劳动中，作为资方的网络媒介不但没有支付经济报酬，还将维持网络用户生存、恢复网络用户体力与智力的成本转嫁到了网络用户或（及）其亲友的身上。然而，在遭受如此剥削的情况下，网络用户仍然乐此不疲地进入网络空间劳动，没有在劳动力再生产方面与资方发生对抗。究其原因，是资方运用自身的技术权力，在很大程度上突破了工业资本主义时期劳动力再生产的框架。

马克思认为："生产的扩大或缩小，不是取决于生产和社会需要，而是取决于一定水平的利润率。因此，当生产扩大到在另一个前提下还显得远为不足的程度时，对资本主义生产的限制已经出现了。"[①] 就资本主义生产来说，资本家在最大限度地追求利润的过程中，会使工人产生对抗言行，当资本家不给予报酬甚至不管工人的死活时，其对抗性更让人触目惊心。因而可以说，资本主义生产方式本身内在性地决定了劳动力再生产具有一定的对抗性。然而，在网络空间的信息资本主义的扩张中，凭借对网络技术以及雄厚的资本等权力的占有，

---

① 李忠良，李静红.《资本论》缩编本［M］.北京：人民出版社，2014：336.

资方能够将劳动者的对抗性降低到难以察觉的范围之内。这从网络媒介成功化解网络用户劳动力再生产中的对抗性可以窥见一斑。

在网络空间的生产中，网络媒介能通过技术和资本权力，让网络用户在遭受深度剥削中怡然自得地进行着劳动力的再生产。可以肯定地说，在网络用户"自由"、乐此不疲地劳动的背后蕴藏着劳资之间的巨大的不平等性。在论及工业生产中劳资双方的不平等时，恩格斯曾指出："如果资本家不能同工人谈妥，他能够等待，靠他的资本生活。工人只能靠工资生活，不能等待。工人没有公平的起点。"① 在资本家逐利的本性下，即使号称能填平众多鸿沟的网络技术，也不可能消除劳资双方的不平等性。相反，在网络这种更为先进的技术的作用下，劳资之间的不平等性有进一步扩大的趋势：对没有法律上的雇佣关系的网络用户来说，其连劳动力这种工业资本主义时期归劳动者拥有的唯一的财富也被资方剥夺了，就连自己也成了资方用于交换的产品。在不分昼夜的劳动中，网络用户没有获得一分钱的报酬，反而支付了大量的上网费、信息产品生产费和时间资本。资方不管网络用户的死活，不花一分钱用于网络用户的劳动力再生产。这比工业生产中资方通过压低工资和损害劳动力正常再生产来获得更多剩余价值的做法还要过分。就像马克思所揭示的那样："至于个人受教育的时间，发展智力的时间……以至于星期日的休息时间（即使是在信守安息日的国家里），——这全都是废话！"②

由此可知，资方以最为深层次的剥削获得了巨额经济利益，而网络用户依然在乐此不疲中进行着劳动力的再生产。这完全得益于资方利用技术、资本等权力优势而开辟出来的网络这个全新的劳动空间，资本家将技术、资本等权力化为社交网站、电子商务网站等劳动平台，将自身化为服务者，从而实现了将网络用户的劳动力再生产的费用全部转嫁到网络用户或（及）其亲友身上的同时消除了劳动力再生产中的对抗性。

第二节　网络媒介对网络用户劳动力的征用

劳动力的征用是劳动得以进行的前提条件。为实现信息资本的扩张，网络

---

① 天津市社会科学界联合会，等. 马克思恩格斯学说集要：下册［M］. 天津：天津人民出版社，1995：399.

② 马克思，恩格斯. 马克思恩格斯文集：第5卷［M］. 北京：人民出版社，2009：306.

媒介借助技术优势，巧妙地改变了劳动力的征用方式，在不对劳动者支付任何
费用的情况下获得丰足的劳动力。

一、技术赋权下网络用户劳动力征用方式的变化

网络媒介通过加强用户劳动过程和劳动力成本的控制，充分发挥网络用户
创造价值的潜能。本着将劳动、劳动力商品化以及利润最大化的原则，网络媒
介在全国乃至全世界的劳动力市场中征用网络用户，这些通过征用而来的网络
用户，除极少数被网络媒介纳入雇佣员工进行管理外，绝大部分都被作为无关
系者随机镶嵌在网络媒介的生产流程中。而网络媒介如何实现对"无关系者"
的征用和控制，是网络用户劳动力征用中最值得探讨的问题。

在网络技术的赋权下，网络用户犹如被驯化了一般，不分时间和地点地为
网络媒介劳动，与传统的媒体机构对劳动力的征用相比，网络媒介对网络用户
的征用发生了一系列尤为明显的变化。下面我们将对之进行较为详细的论述。

（一）劳动关系：从合同到"泛在化雇用"

当前，包括传统媒介机构在内的劳动力的征用方式，都是通过公开招考、
他人推荐和行业内流动等方式来进行的，而网络媒介在招聘员工时也往往采取
这些方式。无论是上述的哪一种方式，劳动者在进入单位上班后，都必须与单
位签订劳动合同，形成法律上的雇佣关系，按照劳动合同法来履行双方的义务，
享受各自的权利。这种劳动力征用方式长久以来没有发生变化，稍有突破的是
在单位下放人事管理权后，各部门能够根据自身的用人需求来决定聘用对象。
而在网络空间中，随着网络技术的普及和深入发展，网络用户可以在网络媒介
之外自行生产产品，而网络媒介也可以在不对网络用户实施直接管理的情况下
获取网络用户劳动的果实，这种情况对劳资双方需要签订劳动合同方能形成劳
动关系的传统命题产生了颠覆性的影响，劳资双方之间的雇佣关系从签订劳动
合同转变为依靠技术的泛在化雇用。在第五章中，我们曾对泛在化雇用做过界
定：使用即被雇用。只要网络用户使用了网络媒介搭建的劳动平台，为网络媒
介劳动，不管有没有签订劳动合同，它都已经被网络媒介雇用了。

虽然不管有没有签订劳动合同网络用户都被网络媒介所雇用，但是在享受
劳动者权益方面，有没有劳动合同却存在着天壤之别。我国于 2008 年 1 月 1 日
开始实施新的《劳动合同法》。新的《劳动合同法》规定，单位不能以低廉的价
格雇用无劳动合同、无社会保险的非正式劳动者。这在一定程度上保护了劳动

者，因而很多单位在新合同法实施之前便大规模辞退临时工作人员，因为他们要么辞退这些临时工作人员，要么就与其签订合同，但签订合同后就要保障这些临时工作人员的福利待遇。众所周知，临时工作人员能弥补其所在单位正式编制人员难以完成既定工作的短板，并能为所在的单位创造大量价值。但新的《劳动合同法》的限制使得众多的单位为避免成本以及法律风险、摆脱劳动力雇佣中存在的诸多负担而不得不将那些临时工作人员辞掉。不过，这种情况在网络空间发生了戏剧性的变化。在网络空间没有临时工作人员一说，除网络媒介正式雇佣的用户外，大量网络用户都没有与网络媒介形成劳动合同法意义上的雇佣关系。这些没有任何法律上的雇佣关系的网络用户，在不会给网络媒介带来任何成本和经济报酬负担的情况下，能为网络媒介的发展注入巨大的动力。对于网络媒介来说，这样的用户越多越好，他们也开足了马力吸引网络用户到其搭建的平台上从事劳动。不签订劳动合同的泛在化雇用使得网络媒介对网络用户劳动力征用和支配的效率更高，并能将劳动关系隐藏起来，且又不存在管理混乱的问题，同时又消除了社会上对这种"非法"用工的抗议和国家相关保护政策的阻力，形成了一种对网络媒介极端灵活，对网络用户极不稳定的劳动力征用模式。

而正是不存在法律上的雇佣关系，才使得网络用户在劳动后不计较经济报酬问题。杭州的一个网络用户在接受访谈时说：

> 网络媒体是各种信息的载体，它与网络用户之间不存在直接的经济关系。相反，网络用户消费网络媒介上的东西应该支付一定的费用。倘若网络媒体给予网络用户经济报酬，网络用户就会为了特定的利益而去生产信息，这往往会使网络用户失去自由生产中的创造性。[1]

（二）从固定化到流动化

在现实社会中，用人单位对劳动力的雇佣是相对固定的。而在网络空间中，网络媒介对劳动力的雇佣出现了流动化的现象。这种变化主要体现在劳动关系、劳动时间、劳动空间及人员等的流动化方面。

首先，从劳动关系上来说，现实社会中劳资双方有着相对固定的雇佣关系，只要不解除劳动合同，劳资双方都延续着管理者和劳动者的关系，劳动者继续

---

[1] 受访者 U9，受访时间为 2017 年 1 月 14 日。

为资方创造着财富。当然，网络媒介雇用的专职人员与网络媒介之间也存在着这种相对固定化的关系。但是，对于数量更大的 UGC 中的劳动者来说，他们与网络媒介之间不存在这种相对固定化的关系，UGC 中的劳动者并不固定为某个网络媒介劳动，他们可以事实上也是在不同的网络媒介打造的平台之间穿梭劳动，成为流动化的打工者，使劳动关系出现了流动化现象。

其次，从劳动时间方面来说，现实社会中劳动者的劳动是受时间限制的，他们必须在资方规定的时间中劳动，如因特殊情况无法在指定的时间中从事劳动，就需要向管理者说明情况。网络用户的劳动则不受时间的限制，他可以根据自己的空闲情况，自由地进入网络媒介的平台中去劳动，而在某个特定的时间没有进入特定的网络平台劳动，既不需要说明情况也不会受到惩罚。也就是说，在网络空间中，网络用户可以利用碎片化的时间自由进入自己感兴趣的劳动平台去劳动。这在时间上突破了固定化的限制，进入流动化的新天地，而时间上的流动化必然导致雇佣的流动化。

再次，从劳动空间上来说，现实社会中的劳动往往把劳动者聚集起来，在特定的空间中开展协作性劳动。而网络劳动空间则出现了内爆的情况。所谓内爆"就是在互相朝向的坍塌过程中，存在于旧的可区分的实体之间的边界趋于崩溃或者消失"[①]。在上述第一点中，我们提到了网络用户成为流动化的打工者。网络用户之所以能进行流动化工作，原因正在于网络劳动空间的内爆。网络用户劳动的各个平台空间的界限已经消失，现实社会中固定的工作空间的界限已经被打破，这就产生了一个貌似没有边界或者限制的工作空间，而网络用户流动化工作的爆炸式增长也会导致其他一系列内爆的发生，如网络媒介把网络用户及其生产的产品当作商品来交换，网络用户则把自己生产的内容当成特殊的意义进行消费。网络用户在不同的网络空间中流动化地进行着劳动，意味着网络媒介的雇员是流动化的。

最后，从人员方面来看，现实社会中，特定的劳动单位的劳动者在一定时期内是相对固定的，一般不会出现大换血的情况。而在网络空间中，网络用户被随机纳入劳动流程之中，除少数是铁杆粉丝比较固定地为某个网络媒介劳动外，绝大部分网络用户都是在不同的劳动平台上切换，我们已经看到许多网络

---

① 瑞泽尔. 赋魅于一个祛魅的世界：消费圣殿的传承与变迁［M］. 罗建平，译. 北京：社会科学文献出版社，2015：88.

用户流动着劳动的现实：网络用户纷纷扰扰地在众多的网络媒介搭建的平台上进行劳动——时而聊天、时而发表评论、时而"偷菜"、时而听音乐、时而制作短剧上传……这充分说明在网络用户的劳动中，网络媒介的"雇员"是流动化的。

（三）从技能型人员到普通大众

在现实社会中，劳动力的征用需要经过认真的选拔和考核，确保能胜任相关的工作。因而我们可以看到，各行各业征用的劳动者都是掌握相应技能的工作人员，最低限度也是受过专业教育或长期培训过的、能较好完成有关工作的人员。从总体上来说，现实社会中的用人单位征用的劳动力是技能熟练工。而在网络空间中，网络技术给普通大众开辟了信息产品生产的空间，将商品的领域扩大到劳动者、劳动力、信息产品和用户的行动，并成功地使消费行为变成了一种真正的生产活动。因此，下至两三岁的幼儿、上至耄耋老人，都能为网络媒介生产产品，创造价值。这使得网络媒介的劳动力征用范围从技能人员扩大到了普通大众。

（四）从塑性到弹性

在现实空间的生产中，劳动力的征用是受到法律和社会道德等一系列因素制约的，在制度和劳动者抗议的压力下，劳动力的征用往往沿着一套相对固定的轨迹运行，如果征用的某个环节发生了变化，很有可能破坏传统路径而对经营者不利。这就是劳动力征用的塑性。但在网络空间中，网络媒介的劳动力征用往往不拘泥于特定的轨迹，网络用户也不拘泥于既定的路线为网络媒介劳动，雇不雇用、如何协调往往不受法律强制，也不担心用户的抗议，因而在网络空间中出现了一种极端灵活的弹性化的征用方式。

二、网络用户劳动力的征用过程和模式

在网络技术的赋权下，网络媒介对网络用户劳动力的征用过程和模式也发生了巨大变化。

首先，从征用过程来说，传统的征用方式是发布招聘通知—应聘者报名—对应聘者进行测试（笔试或者面试）—确定录用—签订劳动合同—上岗。如果是推荐（含自荐）或者申请调动，则在考察合格后签订劳动合同。而网络空间中的征用则大大简化了流程，直接面向所有网络用户进行征用，不进行考核和合同签订（某些身份性极强的网站和正式聘用的网络用户除外）便直接使用。

网络用户的劳动力征用过程之所以如此，是因为在粉丝经济、社群经济等经济模式下，网络用户只要能进入网络空间便可以劳动。

其次，从征用模式方面来说，网络用户劳动力的征用往往不受制度的约束，它是一种完全开放的模式，只要愿意为其劳动，网络媒介一般都不进行甄别和挑选，他们至多告诉网络用户在其构筑的平台上劳动的游戏规则。

三、资方：依靠权力而实现无负担的网络用户劳动力的征用

在网络用户的劳动中，我们发现一个较为吊诡的现象：国家的用工制度逐渐规范，劳动关系相关的法律法规日渐完善，而网络空间中的劳动却存在缺乏合同保障、网络用户劳动力被滥用的极端情况，无雇佣成本的劳动力普遍存在于网络空间之中。

这种吊诡现象的出现有其必然性，作为资方的网络媒介不是靠坑蒙拐骗这种容易让社会大众反感的方式，而是借助其强大的技术和资本等权力优势来实现对网络用户劳动力的征用。网络媒介通过这些权力来打造丰富多彩的网络空间（劳动平台），让网络用户出于各种动机而心甘情愿地在其中劳动，这种隐形的控制绕开了法律和制度的束缚，因而在没有支付任何费用的情况下网络媒介轻而易举地征用到了数量极为庞大的劳动者。

本章小结

本章在对传统劳动中的劳动力再生产的内容和物质基础进行分析的基础上，对网络用户的劳动力再生产的内容、物质基础进行研究。以此为基础，本章对网络用户劳动力再生产的方式的变化以及网络用户劳动力再生产成本的转嫁等问题进行了探究。此外，本章还对网络媒介对网络用户劳动力的征用方式及过程进行了研究。通过上述研究，我们发现在网络这一新传播科技的赋权下，网络媒介依靠技术等权力，在不知不觉中改变了网络用户劳动力再生产的方式，将网络用户劳动力再生产的成本成功转嫁到网络用户或（及）其亲友的身上；网络媒介通过更为隐蔽的方式实现了对网络用户这一劳动力的征用，卸掉了传统劳动中必须承担的报酬和社会福利等重担。本章是对网络用户劳动状况的又一个有效的探讨，为下文有关网络用户劳动的报酬的研究打下了坚实基础。

第七章　网络用户劳动的经济报酬

可以肯定地说，网络用户已经成为网络空间重要的劳动者，他们在网络空间不断地生产、消费着各种信息产品，为网络媒介创造了巨额财富。与现实社会中的劳动者一样，他们也受到资方的剥削，甚至对 UGC 中的劳动者来说，其受到的剥削比其他任何劳动者所受到的剥削都要严重得多。生产力和生产关系的辩证关系在网络空间的生产中仍然适用，只不过网络生产关系已经阻碍了网络生产力的发展，因此必须给予网络用户适当的经济补偿以调整网络生产关系，促进网络生产力的发展。

第一节　网络用户劳动的经济报酬状况

在网络劳动中，OGC 及 UGC 中的劳动者都在为网络媒介劳动，但由于 OGC 是网络媒介专职的生产者，其劳动与现实社会中的一样，会得到相应的报酬。而 UGC 中的劳动者与网络媒介之间没有明确的雇佣关系，因而他们没有获得任何经济报酬。网络媒介利用网络技术权力，将 UGC 劳动中的各种要素商品化，巧妙地把 UGC 中的劳动者所创造的价值全部转移到自己的手中。

一、OGC、PGC 及 UGC 中的劳动者获得经济报酬的状况

（一）OGC 中的劳动者获得经济报酬的状况

OGC 中的劳动者是网络产品的职业生产团队。以 OGC 为代表的网站，其内容主要有自创和购买版权两类。对网络媒介来说，OGC 中的劳动者犹如传统企业中的管理者、生产者，因而他们的劳动能获得较为丰厚的经济报酬，为他们支付经济报酬的是网络媒介。在获取经济报酬方面，OGC 中的劳动者的情况与工业生产时代企业专门雇员的情况类似，是由网络媒介根据相关政策和发展状况以工资及社会福利的形式来支付的。

（二）PGC 中的劳动者获得经济报酬的状况

PGC 中的劳动者是专业的内容生产者，他们具有专业的学识，其生产的产品具有较高的专业水准。在 OGC 及 UGC 的网站中，我们都能看到 PGC 的身影。由于 PGC 中的劳动者能生产、共享高质量的产品，又不需要支付报酬，因而深受网络媒介的青睐。由于网络信息产品的生产需要花费人力、物力及时间成本，不支付报酬其生产的积极性就很难被激发出来，因而近年来诸多新闻网站、视频网站、社交网站以及互动服务型社区，都开始给予 PGC 中的劳动者一定的经济报酬，以争取到更多的 PGC 劳动者，生产更多的专业内容，获取更多的经济利益。但从现实情况来看，获得经济报酬的 PGC 中的劳动者数量极少，主要是网络写手、网络主播等，绝大部分都靠娱乐、社会威望等特定的动机来支撑而不计较报酬。因此从根本上来说，PGC 是 UGC 的一部分。一般来说，PGC 中的劳动者都是在生产的信息产品具有独创性和吸引力的情况下获得经济报酬的。

网络用户原创性的、专业化的内容生产是网络经济发展的一大动力。这些原创性的、专业化的内容产品甚至能够直接变现。而在内容变现中，PGC 等专业的网络用户显然获得了一定的经济报酬。接受访谈的武汉大学教授对这一点给予了充分的肯定：

> 现在网络用户有原创内容，可以直接变现。如知乎、分答在新推出时就实现了原创变现，知识变现迎来了独立日，这说明网络用户有经济报酬。再以斗鱼为例，斗鱼里面往往用现金买虚拟金币、鱼丸等送给某个主播，主播得到虚拟金币、鱼丸后可以变现，这时主播的直播劳动就挣钱了。很多主播受到热捧后，月收入超过 10 万。①

其实，即使没有内容直接变现的报酬，网络用户也能通过集聚自己的粉丝而获得经济报酬。这一点也被中南民族大学的一位教授所洞见，她在接受访谈时指出：

> 网络用户进行专业化生产，当其粉丝达到一定的规模，如某个人的博客、微信的点击量达到一定数量时，商家就会主动找上门来，要求投放广告并给予经济报酬。这样一来，粉丝点击量高的这部分个体或者团体劳动

---

① 受访者 P1，受访时间为 2016 年 6 月 30 日。

者就获得了经济报酬。①

由此可知，PGC 中的劳动者利用网络平台进行内容生产，也能赚取经济收入。就目前的情况来看，PGC 中的劳动者可以通过以下几种方式获得经济报酬。

首先是使自己成为"网红"。PGC 中的劳动者通过网络发图、视频直播等手段，不仅可以获得网络媒介的经济支持，还能获得其他网络用户的打赏。网络用户的打赏是可以变现的，如斗鱼直播中，获得的鱼丸、酬勤等就可以兑换实物产品和金钱。如武汉的一个男孩直播吃饭，在微博获得巨大的点击量后，该男孩就获得了可观的经济收入。

其次是参与答题。随着值乎、知乎、分答等网络平台的上线，PGC 中的劳动者可以在答题中获得经济报酬。以分答的"答主"为例，目前答主身份十分多元，他们积极参与到相关问题的回答之中，由此获得大量经济收入。如标签为"门萨会员、心理学博士"的答主曹雪敏回答了 365 个问题，就获得 2.2 万元的收入；标签为"精 6 熟 7 知 39 语言/英语文学语言教师"的王知易回答了 1 264 个问题，获得 2.7 万元的收入；标签为"资深妇产科专家"的协和老万回答了 490 个问题，获得 4.3 万元的收入。由此可知，PGC 中的劳动者拥有自身的专业知识，在参与分答等网络平台的答题中，凭借专业性回答能获得经济报酬。

（三）UGC 中的劳动者获得经济报酬的状况

当前，以 UGC 为代表的网站如 56 网等收入十分火爆，UGC 模式已经成为诸多网络媒介盈利的重要渠道。众所周知，在以 UGC 为代表的网站中，平台提供商只需要协调和维持秩序，其内容完全由网络用户生产。但吊诡的是，与 OGC 及 PGC 中的劳动者的情况完全不同，UGC 中的劳动者在信息产品的生产中几乎没有获得任何经济报酬，其劳动所创造的财富几乎都被网络媒介无偿剥削了。接受采访的武汉大学教授也持这样的观点：

> UGC 群体中的劳动者的劳动很难获得经济报酬。如斗鱼直播，找了一些乌克兰姑娘，她们的中文都比较好，人也长得漂亮，在直播中引起了很多人的关注，吸引了众多的粉丝。这些姑娘举起手就能直播世界。在这个

---

① 受访者 P5，受访时间为 2016 年 6 月 22 日。

直播中，直接参与利益分配的有网络平台经营商、平台的工会（工会起到组织者的作用），直播女孩也要分红，这些红利往往来源于网络 UGC 中的劳动者的点击、观看等劳动，但 UGC 群体中的劳动者并没有因为进行了劳动而获得经济报酬，这是 UGC 中的劳动者的劳动遭到较为彻底的经济剥削的主要体现。[①]

再以字幕组为例，字幕组中的 UGC 群体的劳动也几乎没有报酬。众所周知，报酬及福利是吸引劳动者进行劳动的最直接的原因，无论是政府部门还是企事业单位，都必须雇用一批劳动者并予以一定的报酬，才能实现其发展的目标。但在网络空间中，字幕组中的 UGC 群体的劳动几乎是无偿的，一般没有获得经济报酬，他们的劳动是由兴趣爱好所驱动的，是一种义务性的劳动。据了解，包括人人影视等影响力较为巨大的字幕组成员的劳动都是含有公益性的无偿劳动。字幕组中的 UGC 群体没有获得经济报酬，但他们的运作需要资金投入，如某个有影响力的字幕组，其每年仅服务器的租金就超过 1 万元，因而不少字幕组的成员都是自掏腰包，另外就是通过网友捐款、卖硬盘、在论坛上发布广告等手段来筹集资金，以维持自身的日常开支。当然，也不排除一些字幕组能够通过某种手段来盈利，因而字幕组面临的问题和争议依然很多，其中争议最多的问题是商业化的问题。"字幕组盈利的情况是存在的，其实有些字幕组的网络论坛背靠的是公司或垄断机构。这些论坛巨大的访问量获得了众多广告商的青睐，有的字幕组广告收入可达几百万元，且论坛也可以向公司提供压制的 rmvb 做成收费的视频点播。当然，这些钱一般的字幕组成员是分不到的。"[②] 前 TLF 字幕组成员游在接受访问时曾说："字幕组大多数是非营利的。但也有例外，人人影视最早和搜狐合作。TLF、盛夏堂曾短暂和土豆合作。人人影视有合作报酬。TLF 等当时只要求推广 logo。"[③] 由此可见，字幕组的负责人是可以获得一定的经济报酬的，但普通的字幕组成员则只有义务性的劳动，没有获得一丁点报酬。他们的劳动"福利"应该是完成字幕的满足感、结交一群志同道合的朋友以及优先看剧。尽管如此，还是有很多人加入字幕组，忘我地投入到字幕工作之中。账号创立四个月后，PETD 创始人在接受中美网记者

---

① 受访者 P1，受访时间为 2016 年 6 月 30 日。
② 解密影视网络翻译：部分字幕组收入达百万元［N］. 重庆晚报，2009 - 08 - 03.
③ 张文燕. 新媒体语境下无偿性网络知识劳工的非物质劳动研究［D］. 济南：山东大学，2015.

的采访时说:"我们的小编都是博士,尽管肩负着巨大的科研压力,但我们还是把有限的业余时间投入到 PETD 账号的维护运营中,希望能够将博士们的真实生活展现给广大网民们。众多粉丝与我们的积极互动和对我们的关心让我们感到这项工作是十分有意义的,因此,不管多么辛苦,我们都将继续坚持下去。"① 每天采集素材的工作几乎是枯燥无味的,但精心筛选的内容被网友肯定,或是有一些议题被展开讨论的时候,就觉得 PETD 成了微博上的博士或科研工作者的好伙伴,就很有成就感。可见,字幕组中的成员投入字幕工作中,目的不是为了获得经济报酬,而是觉得相关的工作能够认识更多的朋友,能够学习到很多新的东西,能够为更多的人提供服务,而当字幕工作的目的达成时,就会感到无比的欣慰,这就是非经济方面的"福利",本书认为这些都属于非经济报酬的范围。至于 UGC 群体获得的非经济报酬,将会在下一章进行详细的阐述。

从根本上来说,UGC 群体不计报酬地劳动,是因为他们有着自己的主体意识,这一点值得深究。韦克勒斯(Wexler,2010)认为,大众会经历三个阶段的发展:非理性的暴民、不确定理性的大众、具有集体智慧的良性共同体。UGC 群体之所以会进行义务性的劳动,主要是因为他们已经成为具有集体智慧的良性共同体,是一种理性化的群体。在劳动的过程中,这个群体不断进行着合作和竞争,也时有个性化的创造。其主体意识在劳动中不断得以凸显。在其知名论著《非物质劳动》中,莫里茨奥·拉扎拉托(2005)指出:体力劳动日益加入了"智力"的工作程序,新的沟通技术越来越要求富于知识的主体性。工人阶级的劳动转变为控管和操纵信息的劳动,转变为牵涉到主体性投入的决策能力的过程。在第四章中,我们对网络用户在信息生态系统中的生态位进行过研究,认为网络用户在整个信息生态系统中处于核心位置,他们的劳动能促进网络经济的快速增殖,而他们也成了一种数量极为庞大的群体,有着相对明确而清晰的主体意识。如在翻译海外影视的时候,字幕组成员都会根据中国实际和自己的理解,将海外文字翻译成中国大众能够接受的句子,很多字幕组成员还会结合中国当下流行的网络用语来翻译,有些时候甚至不乏调侃的译文。这样的翻译使中国大众更容易理解所观看的影视的拍摄背景和具体情境。这说明海外字幕组成员都有较为成熟的翻译技巧,并能够结合中国文化和社会情况

---

① 张文燕. 新媒体语境下无偿性网络知识劳工的非物质劳动研究 [D]. 济南:山东大学,2015:220.

来翻译，具有文化和国情方面的主体意识。同时，海外影视的字幕组成员有着较为清晰的受众意识，在剧本选择、主题的设定和推送、目标受众群体方面都有明确的目标。PETD负责人飞白曾经指出，PETD不太可能发展为大众化的号，因为受众群体很小众。我们不会为了更大众的群体，流失这部分最重要的核心群体。在第二章中，我们曾经对看电视就是劳动、上网就是劳动等观点进行了解读，字幕组这群上网的群体生产了很多信息产品，成为信息产业网络化的重要推动者。正如邱林川所说：信息产业网络化的一个重要发展是开始依靠"民兵""志愿队"乃至"义工"来达到资本积累的目的，将信息产业的社会化大生产推到工厂流水线、商铺等以外的时空，推到任何可以用手机上网的地方，推到我们的闲暇时间，使我们在不同程度上成为"网络劳工"。

据此可知，字幕组成员、微博及微信编辑团队，以及其他相关的网络用户等都是无偿的网络劳动群体，这些群体的劳动通过各种新媒体平台进行，他们不断地发布着自己的观点和意见，不断上传和消费各种信息，对国家、企事业单位及社会组织的发展贡献了巨大的力量。在网络劳动群体中，不少人有着较为明确的自我意识，对自己在网络劳动中的地位有着清晰的了解。

特别吊诡的是，UGC中的劳动者并没有意识到自己正遭受着剥削，这与网络媒介通过技术等权力将用户内容生产过程中的一系列要素商品化有着极大的关系。下文将对此进行较为详细的论述。

二、被无偿转移的 UGC 中的劳动者所创造的财富

对于那些雄心勃勃的网络空间的经营者来说，利用簇拥在网络空间中的网络用户造梦的时代已经全面开启。而对于 UGC 中的劳动者来说，一个遭受赤裸裸的剥削的潮流已然来临。在 UGC 平台中，网络媒介的经营者领着薪水、赚着网络用户劳动的辛苦钱，却没有像网络用户一样进行劳动，而花费大量时间进行劳动的 UGC 中的劳动者，却没有得到任何经济报酬。由此可说，UGC 中的劳动者所创造的财富，完全被转移到了网络媒介经营者的手中。但 UGC 中的劳动者并没有因此对网络媒介提出抗议，相反还乐此不疲地劳动着，这其中有着诸多值得探究的原因。

（一）UGC 中的劳动者所创造的财富被无偿转移的原因

1. UGC 中的劳动者的信息生产往往是一种无意识的生产

与工业生产不同，UGC 中的劳动者在网络空间的信息生产是无意识的生

产，是在情感体验、娱乐、社交等动机的驱动下进行的劳动。以最容易被人忽略的数据劳动方式为例，UGC 中的劳动者的每一次搜索、点击、点赞以及转发等，都参与到了谷歌、百度、论坛、微博、微信等一系列数字平台的数据采集中，每个行动都为这些数字平台贡献了一个数据。而在网络媒介中，几乎每个数据都可以被当作商品来出售。如果是在传统数据的采集中，人们参与填写问卷，就会认为自己是在为别人干事，因而大部分人都会拒绝，小部分人可能会在得到一定补偿的情况下予以填写。这是因为人们知道，填写问卷需要花费时间和精力，而且可能会暴露自己的隐私。而在网络中，人们的点击等行为往往是在无意识的状态下进行的，他们认为自己上淘宝是为了买东西、上新闻网站是为了看新闻、上人人网是为了社交、上百度是为了搜索……所有的行动都有着动机的驱使。但这些无意识的行为为网络媒介贡献了丰富多彩的大数据资源，也就为网络媒介创造了巨额利润。

2.UGC 中的劳动者对信息产品具有使用权

马克思曾指出："技术劳动和一般脑力劳动也能够被资本剥削"[①]。"工业时代的所有制是建立在资产专用性这个前提之上的，资产专用性要求所有权内部的支配权与使用权统一。公有制与私有制的区别仅在于拥有这种统一的所有权的主体不同。"与工业社会不同，由于信息生产力的特性决定了信息资产可零成本复制，这导致资产专用性的前提被生产力的革命所打破，出现了所有权内部的支配权与使用权的分离。对支配权的免费分享，同按使用权的利用情况收取租金，形成一种分离互补的商业生态关系。"[②]

在这种情况下，网络媒介能够将信息产品的使用权拿出来供用户使用，让用户在使用信息产品的过程中为网络媒介生产更多的信息产品。在工业社会，劳动的报酬通常是以工资的形式来兑现的，这种情况给人以实实在在的剥削剩余价值的感觉，而在网络空间中，网络媒介通过技术、资本等权力，强行拿走了 UGC 中的劳动者生产的全部财富，还将劳动力再生产、生产资料等成本转嫁到了用户或（及）亲友身上，使 UGC 中的劳动者在没有任何经济报酬的情况下任劳任怨地为之劳动。其原因就在于网络用户能够轻易地进入网络空间获

① 上海市哲学社会科学规划办公室，上海社会科学院信息研究所 . 国外社会科学前沿：第 17 辑 [M]. 上海：上海人民出版社，2013：34.
② 信息社会 50 人论坛 . 边缘革命 2.0：中国信息社会发展报告 [M]. 上海：上海远东出版社，2013：17.

取和利用信息。正如北京一位接受采访的年轻人所说：

> 我在网络中选择什么信息、想怎么进行娱乐没有受到限制，我们甚至还可以自由地利用网络来获取知识。换句话说，网络是我们获得信息的工具，它是服务于我们的，我可以随意获取信息并对之进行加工和使用。①

其实，网络用户也没有自由选择信息的权限。恰如广州的一位受访者所说：

> 一般来说，我们上网可以随意选择自己需要的信息，但是当某些信息只有某个网络媒体才有时，我们要获取相关信息，就会受到网络的控制（如必须下载、安装某个软件）。在网络中我经常感觉比较失望：一开始我认为我能利用网络获取自己所需要的东西，但是进入网络后我常常不能像预期那样控制上网时间和获取所需要的东西，上网偏离了初衷，从求知变成了娱乐。此外，假如我通过某个论坛进行交流，还要受到论坛相关规定的限制。②

3. UGC 中的劳动者能免费进入网络空间中劳动

UGC 中的劳动者在承担劳动成本、没有经济报酬的情况下乐此不疲地劳动，一个很大的遮蔽因素就是他们能免费进入网络空间中搜索、利用信息，进行娱乐和情感体验活动。事实上，免费是网络媒介吸引网络用户劳动、进行经济剥削的一种极为有效的手段，免费是为了更好地收费。正如曾任高德地图副总裁的郄建军所说的那样，要做互联网，首先得"自宫"，把用户端的成本降为零。用户端无成本，用户在免费的情况下兴高采烈地参与到产品的生产之中，推动产品的创新发展，再针对产品和用户的参与情况建立相应的商业模式，才能将互联网公司做得风生水起。UGC 中的劳动者的免费使用会产生巨大的流量，而流量被称为硬通货，没有流量其他的一切便无从谈起，Google 商业价值的核心就是"海量用户搜索"，各种搜索使广告商愿意用高价购买关键词的"点击量"，然后有针对性地实施精确营销。"QQ 的核心价值随着用户数的急剧增加而从最初的即时通信变成了今天的'社交娱乐平台'，腾讯公司就是这样变成了网络媒体、娱乐和社交巨头。"（赵大伟，2014）此外，网络平台之所以能够免费，是因为网络经济的外部性让网络经济具有边际成本递减、边际效益递增

---

① 受访者 U1，受访时间为 2016 年 12 月 12 日。
② 受访者 U6，受访时间为 2017 年 2 月 14 日。

等规律，这就是所谓的"丰饶经济学"。这其实比较好理解，假如某个网络劳动平台的搭建成本为 1 万元，如果是一个人使用，那么摊在其身上的成本就为 1 万元，如果 1 万个人使用，那么摊在每个人身上的成本就是 1 元，如果有上亿人使用，其成本就可以忽略不计了。这就是人们能够持续免费使用网络平台的原因。针对互联网的免费现象，赵大伟有一个较为形象的说法，即"羊毛出在狗身上"。所谓"羊毛出在狗身上"其实是指这样一种情况：免费并不是网络的特征，网络关注的是网络用户的价值，免费是一种吸引网络用户的午餐，是让网络用户进入网络空间进行价值创造并对之进行剥削的一种最为典型的手段。所以从根本上来讲，免费是不存在的，它是一种延长价值链的有效渠道，免费的成本被纳入网络产品的生产成本或者是销售成本当中，亦即免费的费用被网络媒介巧妙地转移到了网络用户等相关的承担者的身上。这种情况被形象地称作"羊毛出在狗身上"。

正是 UGC 中的劳动者能够免费进入网络空间生产、传播和消费信息，其劳动境况发生了变化，即从皮鞭下的劳动进入在娱乐和信息分享的糖衣炮弹下的劳动，才掩盖了其被剥削的事实。UGC 中的劳动者中的不少人都认为网络媒介没有强行要求自己去劳动，网络用户的信息生产是在自我意识的指挥之下进行的，因而不算是劳动，不应该获得任何经济报酬。如厦门的一位受访者就指出：

> 人们使用网络的行为是下意识的，在网络中，从获得信息到分析信息再到发表自己的观点这一过程中，人们的各种活动只是为了满足自己的某种需求，不图什么经济回报。人们在网上的行为是自己的主观需求的反映，是想要获取信息、进行娱乐时的自然行为，因而上网只是一个获取信息、进行娱乐的过程，所以整个过程也就不需要什么经济报酬。①

郑州的一位受访者也说：

> 上网是一种自愿的行为，不会感觉到被剥削。剥削状态下的劳动应该是强制性的，只要是人的主观意识所做出的决定都不存在剥削这一说法，网络用户有生产或不生产、消费或不消费网络信息的选择权。如果觉得自己受到剥削，可以不生产和消费网络信息，而如果自己心甘情愿地生产、

① 受访者 U17，受访时间为 2017 年 1 月 9 日。

传播和消费网络信息，就不要认为受到了剥削。更何况上网是自己通过浏览大量信息并对之进行整合和发布的过程，在这个过程中，收获最大的是网络用户自己，因为他们筛选、整合信息的能力得到了提升。信息传播不只是存在于网络之中，而且也存在于人们的生活之中。因此上网不会受到剥削。①

4. UGC 中的劳动者的知识产权的弱化

UGC 中的劳动者生产的信息产品的知识产权的弱化，也是让网络媒介不支付经济报酬而获取巨大经济利益的原因。在网络空间中，某个网络用户将其生产的产品上传至特定的网络平台后，其他对该产品感兴趣的网络用户就会点击、利用，不少网络用户还会对之进行评价，因而在网络这个分享性极强的空间中，网络用户生产的知识，其产权归属正在被弱化。在这种情况下，商家便顺势把知识作为生产性的商品出售给需求者，从而获得大量财富。正如英国诺丁汉特伦特大学艺术与人文学院高级讲师 A. 维特尔所言：“信息生产更多的信息，新闻生产更多的新闻，知识生产更多的知识，艺术生产更多的艺术。因此，知识产权这种发明在资本主义制度中并不保护这些非物质物品的作者，相反，它却有助于资本主义的积累。”②

综上所述，UGC 中的劳动者在免费的情况下进入网络空间，在无意识中进行着生产、传播和消费信息产品的劳动，加之其生产的内容产品存在着知识产权弱化的趋势，因而网络媒介能够在不知不觉中将 UGC 中的劳动者创造的巨额财富顺利地收入囊中。但是，我们不应该被 UGC 中的劳动者网络狂欢的表象所蒙蔽，应该把狂欢状态下的产品生产纳入劳资关系的研究中，揭开 UGC 中的劳动者在劳动中被剥削的真相。

（二）网络媒介转移 UGC 中的劳动者所创造的财富的手段

从经济上来说，网络这一新媒体技术的赋权对网络媒介更有意义。正是网络技术所带来的生产力的发展，使作为资方的网络媒介对 UGC 中的劳动者的控制更为强大。处于异化的生产关系中的 UGC 中的劳动者没有意识到自身处于异化之中，没有意识到自己的劳动是在维护信息资本主义的社会关系和统治方式，因而深深地陷入了信息资本主义的统治网络之中。也就是说，通过技术

---

① 受访者 U15，受访时间为 2017 年 3 月 4 日。

② 上海市哲学社会科学规划办公室，上海社会科学院信息研究所. 国外社会科学前沿：第 17 辑 [M]. 上海：上海人民出版社，2013：39.

这一权力，网络媒介能够使网络用户劳动过程中的一系列要素商品化，从而巧妙地掩盖其剥削的本质。因此，我们必须重返权力体系之中，研究作为劳动者的 UGC 中的劳动者的传播行为如何变成可以产生利润的产品、作为资方的网络媒介如何依靠技术权力来突破地理空间的限制、社会关系如何围绕社会阶层及种族等因素来组织等一系列问题。

在网络空间中，"信息生产的工业化，尤其是机械复制能力本身，不再是问题的核心所在。事实上，关键在于资本在信息领域的不同商品化策略和积累模式"①。随着网络技术的发展，越来越多的对象、空间卷入了被商品化的浪潮。这种情况使得新的商品不断出现，其中最突出的是传播科技在商品化的浪潮中成为一种商品，而网络这一传播科技在被商品化的同时使商品体系得以迅速扩展，将信息、劳动、劳动力、劳动时间、劳动空间、劳动中的社会关系、网络用户的社会权利以及娱乐、情感体验等一系列因素商品化。商品化是研究传播政治经济学的重要切入点，著名传播政治经济学家莫斯可曾对商品化做了界定，指出商品化是"将因使用而产生价值的产品和服务（包括传播）转化为因投入市场而产生价值的商品的过程。在所谓的内在商品化里，商品导致新商品；在所谓的外在商品化里，它们通过与非商品化的产品和服务相关联而被制造出来。通过在私人生活中培养亲密、友谊和亲情，以及在公共生活中发展民主和公民身份，商品化的替代物可以存在"②。商品化与信息技术的数字化进程几乎是同时发生的，网络空间是商品化和数字化相互建构的结果。数字化大大加速了信息与娱乐内容的商品化，扩大了数字用户的规模，加速了信息的生产、分配、交换和传播中的劳动力的商品化进程，并使商品的形式得以大大拓展。而在商品化进程中纷纷出现的各种形式的商品为数字化提供了存在的载体。在数字化与商品化的相互作用中，资本获得了巨大的经济利益。恰如默多克（Murdock）所说："资本主义社会的大众媒介已经通过制造反映了资本利益的信息等手段，扩张了商品生产的过程。不管这个过程多么迂回曲折、自相矛盾和备受争议，这些信息都提高了对于资本全体和资本特定部分的利益的支持。"③

---

① 席勒. 信息拜物教：批判与解构 [M]. 邢立军，方军祥，凌金良，译. 北京：社会科学文献出版社，2008：序言，7.

② 莫斯可，麦克切尔. 信息社会的知识劳工 [M]. 曹晋，罗真，林曦，等，译. 上海：上海译文出版社，2014：201.

③ 莫斯可. 传播政治经济学 [M]. 胡春阳，黄红宇，姚建华，译. 上海：上海译文出版社，2013：172.

1. 传播科技的商品化

在传播政治经济学中，科学技术是拓展商品体系、加速商品化进程的重要工具。同时，传播科技还是一种商品。网络媒介通过对传播技术的掌控，将传播科技转化为一种可以出售的商品，如将技术产品免费让渡给网络用户使用，换取网络用户任劳任怨的劳动。前面说过，网络用户的"免费使用"是网络媒介为搭建新的商业模式而采取的手段。此外，网络媒介还可以将手中的技术资源作为商品出售给其他商家。

2. 信息的商品化

按照丹·席勒的观点，商品化"涵盖了两类情况或两个方面。第一，信息是终端产品；第二，信息是生产的一个中间环节。资本主义的政治经济永远需要新的市场、新的原料和生产过程、新的更为廉价的熟练劳动力或非熟练劳动力。这样一种政治经济所施加的特定条件和压力，导致信息和文化产品的独特实现过程最终走上商品化"①。资本主义将信息当作一种资本从广度和深度上进行开发，加速了信息商品化的进程，信息已成为网络时代的一种重要的商品。网络媒介利用数字化技术对信息进行测量和包装，并将之进行出售，由此获取利润。

3. 劳动的商品化

"在整个媒介生产车间，传播产业劳工者们的劳动也因按时计酬而越来越被商品化了。"② "劳动的商品化就是将劳动从作为人类改造世界独特能力的使用价值转变为以工资关系和市场交换为主的交换价值的过程。劳动的商品化是以资本为纽带的商品生产和交换的基本前提，也是劳动价值理论的起点。"③ 网络媒介全力培养多面手，以此减少专职工作人员的数量，它们甚至最大限度地把劳动转移到 UGC 中的劳动者的身上。在产品的生产中，UGC 中的劳动者的劳动是作为一种娱乐、知识获取等动机的交换价值与网络媒介进行交换的，因而其服务于信息资本主义的生产方式使信息资本主义的剥削性的社会关系得以具体化，劳动在这一过程中就被商品化了。

---

① 席勒. 信息拜物教：批判与解构 [M]. 邢立军，方军祥，凌金良，译. 北京：社会科学文献出版社，2008：26.

② 莫斯可. 传播政治经济学 [M]. 胡春阳，黄红宇，姚建华，译. 上海：上海译文出版社，2013：186.

③ BRAVERMAN H. Labor and monopoly capital：The degradation of work in the twentieth century [M]. New York：Monthly Review Press，1974：31.

4. 劳动力的商品化

网络用户已变成一种消费对象，成为一种被以粉丝来冠名的商品形式。20世纪80年代初期，国内政治经济学的学者们曾就劳动力是不是一种商品展开过激烈的论争。90年代中期以后，伴随着改革向纵深层次的推进，以及劳动力市场的确立，人们普遍接受了劳动力是一种商品的观点。

在传播政治经济学界，早在1977年，斯麦兹就提出了"受众商品论"的著名论断，认为媒体信息的接受者是一种商品。这犹如一声惊雷，在传播学界引起了巨大的反响，并在激烈的争论中逐渐被世人所接受。PGC及UGC中的劳动者肩负着信息生产者和消费者的双重角色，他们不时地消费着其他网络用户和网络媒介生产的信息产品，因而他们是一种商品。这样一来，网络用户这种劳动力就从人类改造世界的独特资源退化为一种可以进行市场交换的商品生产要素符号。这时候，商品不再是传统政治经济学所定义的生产性消费，而是有了第三种价值即符号价值。这种符号价值也可以作为使用价值进行交换，从这个意义上讲，交换导致了流动，符号价值转换为交换价值，劳动力也变得越来越"商品化"。

马克思认为，劳动力商品化，意指在一种社会经济中，直接生产者的劳动力使用权普遍地成为交易的对象。其条件之一是直接生产者摆脱了超经济的强制，取得了人身自由。（马克思，2004）网络空间中的真实情况与马克思有关劳动力商品化的论述极为相符，网络用户的劳动力成为一种商品被用于交易，在网络技术的赋权下网络用户摆脱了超经济强制，在很大程度上取得了人身自由。网络用户劳动力的商品化使网络空间出现了一幅网络用户劳动力的交换和使用的画卷。前面说过，UGC中的劳动者不会拘泥于一个网络空间，他们在不同的网络空间中流动着劳动。按照居伊·德波的思想，当文化变成商品时，文化也必定变成景观社会的明星商品。而网络用户变为商品时，他也必定变成景观社会的明星商品。在网络媒介的传播和流动的强化下，作为商品的网络用户更是成就了一个又一个信息传播领域的"明星"（如众多的网红）。这些都可以被看作是网络媒介创造出来的"幻象"，这些幻象改变着社会结构。只要网络媒介生产媒介产品，媒介产品构成的景观就会存在。网络媒介对网络用户进行符号的编码，并将网络用户从网络景观社会中孤立出来转向人们的消费中去。随着市场竞争的日益加剧，网络媒介赋予网络用户某种符号意义，使得网络用户的劳动变得理性化和机械化，并作为商品流动于各个网络媒介之间以及网络媒介与广告商之间，但网络用户没有意识到自身已经从使用价值转化为符号消费，并把这种流动化看作自身对空间的一种重构。相反，这种流动化的空间其实是异化的"镜像"，它们只是逃避了"体制"的虚幻，并不是真实反映着流动化工作的种种状况。网络用户的劳动不再满足自己本身的生命活动，而是把自己的劳动贬低为物质的手段，也把自己降低为物，网络用户的劳动已然成为异化的劳动。

总之，信息技术和资本家追逐利润的本性对劳动力的商品化程度产生了直接的影响。在以利润为导向的信息资本主义的生产中，退化为生产要素符号的网络用户被按照价格关系在市场上流通和交换。网络用户甘心情愿地将自己的劳动力免费出让给网络媒介，网络媒介则将其作为商品出卖并获取巨大利益，因为这些劳动力代表着巨大的生产和消费潜力，很是值钱。不过我们应该清楚，网络用户的劳动力被商品化，其实不是网络用户自身的商品化，而是其代表的生产、消费能力的商品化。网络媒介尤其看重网络用户的这种能力。

5. 劳动时间的商品化

在传统媒体时期，受众之所以是一种商品，主要原因在于他们在媒体接触中付出了大量阅读、收听和收看的时间。知名学者杰哈利就认为广告商用钱买下了受众阅读、收听、收看的时间。斯麦兹认为资本主义制造了一个"闲暇时间和休闲的假象"，并强调在资本主义生产方式下，所有的空闲时间都是劳动时间。斯麦兹将工作时间和生活时间都视为被资本剥削的时间，认为离开工作岗位，（通过受众商品化）人们的劳动时间依然被售卖，尽管不是主动售卖的。（上海市哲学社会科学规划办公室，2014）

在互联网时代，时间已不只是仅供人们消遣的一连串时光，它已经成为一种极具价值的社会资产，可用于各种互联网项目的创造，可供网络媒介进行出售。网络媒介把网络用户的劳动时间从单纯的消遣娱乐中转变过来，将之作为一种商品进行交易，加速了劳动时间的商品化进程。

6. 劳动空间的商品化

帕斯昆内里认为："数字公地没有任何积极性，因为它们都被资本剥削和利用，都是劣质和黑暗的空间。"[①] 这充分说明帕斯昆内里对资方将网络传播空间

---

① 上海市哲学社会科学规划办公室. 国外社会科学前沿：第 17 辑 ［M］. 上海：上海人民出版社，2014：34.

商品化的做法十分不满。但无论人们怎么不满意，资方将劳动空间商品化的行动永远不会停止。

在经典的马克思主义者看来，通常所说的空间存在着两种形式：一是实体的空间，也就是我们通常所说的物理空间。在这类空间中，资本可以获得商品生产的原材料，并实现商品的顺利销售与流通。二是在人们相互交流的过程中构建起来的空间，这是一种交往性的空间。网络传播空间就是这类空间的典型代表，它是资本主义空间扩张的必然产物。在资本主义发展的历程之中始终伴随着空间扩张这一形式，尤其是工业革命发生之后，空间扩张在维系资本主义存在及发展等方面的基础作用不断凸显出来，资本主义也在有效的空间扩张中得以快速发展。在空间对资本主义发展的重要性方面，"马克思认为，'地理大发现'与'海上新航路'的开辟与资本主义的兴起紧密相关，并认为这两者共同作用，推动了西欧商业的变革，而铁路交通、报纸媒介等加速空间扩张的技术更是进一步加速了资本主义世界市场的形成与生产方式的发展"[1]。在数字资本主义时代，以时间消灭空间成为资本发展的必然趋势。数字资本主义时期的空间扩张并不限于空间面积的扩大，它还内含着空间关系的重构与变异。也就是说，要存在和发展下去，数字资本主义必须在空间的扩张及释放上做文章。而在寻求空间的扩张及释放的过程中，数字资本主义取得了两个重大成就：一是从物理空间延伸到网络赛博空间，二是从生产空间延伸到日常生活空间。就网络这个巨大的赛博空间来说，其中的各个小空间——如各种论坛、社交网站等数字公地都成为资本盈利的空间，资本成功地将网络用户的信息传播空间商品化了。

7. 劳动中的社会关系的商品化

福克斯指出："社交媒体的出现甚至使得人的社交关系也会被商品化，成为信息资本家的牟利工具。"[2] 社交媒体将网络用户的社会关系纳入了信息互动的体系之内，网络用户在使用社交媒体的过程中有了前所未有的参与感与快感。以微信中的广告为例，微信往往会在其公众号中插入广告，"朋友圈"对广告的态度（点赞、评论等）都会显示在信息列表中。同时，当微信用户对某一广告显示出喜欢或厌恶并对之进行点赞或恶评时，其"朋友圈"中的朋友的态度也

---

① 吴鼎铭，石义彬．社交媒体"Feecl 广告"与网络受众的四重商品化［J］．现代传播，2015（6）：108．

② FUCHS. Class，knowledge and new media［J］．Media Culture and Society，2009：32（1）．

会成为新的动态显示在信息列表中。正是在微信用户的点赞及评论中，微信中的广告会不断地暴露在用户的眼中。这是一种典型的建立在"微信朋友圈"这种"强关系"层面上的信息交流及互动，广告传播由此将网络用户的社会关系纳入自身的体系之中，它使得网络用户的社会关系成为一种商品，突破了威廉斯所说的"人的关系是唯一你不能商品化的东西"① 的论断。这样一来，网络用户的朋友间的"友谊"就成了可以流通的货币，成了能驱动网络经济发展的强大力量。

8. 社会权利的商品化

大卫·哈维曾经指出："新自由主义时代的特点之一，是将各种公共产品、公共机构、公共权利商品化。"② 在我国，自改革开放特别是 90 年代之后，与民众的社会权利相关的事项如住房、教育、失业和养老保障、医疗等的供给已呈现出了商品化倾向，只是程度上不尽相同而已。住房、教育等与民众社会权利相关的事项的商品化倾向在一定程度上加速了劳动力的商品化进程。

在网络空间中，用户的劳动力再生产的成本、产品生产的费用及时间都被网络媒介转嫁到网络用户或（及）其亲友的身上，事关网络用户生存和发展的权利性的事项被作为商品与其他商品进行交换。这样一来，网络用户的社会权利也被网络媒介商品化了。

9. 娱乐与情感体验的商品化

达拉斯·斯麦兹的"垄断资本主义之下无休闲"的说法认为受众不接触媒体的闲暇时间也是被媒体所垄断的，因为受众要用这些时间来为阅读、收听、收看的劳动行为补充能量。这种观点遭到众多学者的质疑和批判，但无论如何，却为我们理解网络用户在网络空间的产品生产提供了参考意见，因为在数字技术的作用下，资本家能够将网上的娱乐和休闲活动转化为一种产品生产的劳动，从而打破了劳动与休闲的二元对立的边界。这种情况很符合网络用户在网络媒介利用社交媒体来追逐利润的商业化框架下劳动的现实，网络用户在社交媒体上的娱乐和情感体验活动都被纳入网络用户信息传播和互动的过程之中，由此成为数字资本主义商品化的对象。

综上所述，UGC 中的劳动者的劳动是一种非职业化的劳动，但却迎合了某

---

① 卡伦，芬顿，弗里德曼 . 互联网的误读［M］. 何道宽，译 . 北京：中国人民大学出版社，2014：96.

② 哈维 . 新自由主义简史［M］. 王钦，译 . 上海：上海译文出版社，2010：184.

些网络信息产品只需要进行点击、浏览或传播活动就能生产出来的客观现实，而网络媒介通过技术权力，将信息、劳动、劳动力、劳动时间、劳动空间、劳动中的社会关系、用户社会权利、娱乐及情感体验等一系列因素予以商品化，轻而易举地转移了劳动力再生产的成本，并名正言顺地不给 UGC 中的劳动者支付任何报酬。这种转移有显性转移和隐性转移两种，显性转移是指直接通过信息产品的形式转移 UGC 中的劳动者劳动所创造的价值的情况。隐形转移则是指通过将 UGC 中的劳动者的行动商品化这一途径转移 UGC 中的劳动者劳动所创造的价值的情况。值得注意的是，这些价值的转移都是在 UGC 中的劳动者的无意识中，在点击、收看和创造并上传的情感体验、愉悦中发生的，是在没有强制但却心甘情愿地创造、毫无经济报酬的剥削状况下发生的。从经济上来说，UGC 中的劳动者劳动所创造的价值完全被转移到了网络媒介的手中，这导致 UGC 中的劳动者遭受着最为彻底的剥削。

第二节　深度经济剥削下的网络用户持续劳动的逻辑及其后果

　　网络用户在为网络媒介劳动的过程中遭受着网络媒介的无情剥削。对于专职的网络用户来说，他们遭受的剥削与工业生产中工人遭受剥削的原理相同。但对于 UGC 中的劳动者来说，他们的劳动不但没获得任何经济报酬，相反还承担着自身的劳动力再生产的成本以及劳动资料的成本。按照马克思剩余价值理论，他们遭受着最彻底的剥削。福克斯对两种网络用户遭受的剥削情况都进行了较为深入的研究，相关探讨给我们极大的启发。网络用户遭受着深层次的剥削，这种剥削的生产关系已经严重阻碍了网络生产力的发展，网络媒介应该思考如何给予网络用户合理的经济报酬这个问题，以便为网络空间中的信息资本的积累注入新的活力。

一、网络用户劳动创造的剩余价值及其受剥削的情况

（一）从马克思的剩余价值理论看网络用户所遭受的剥削

　　资本主义的本性是最大限度地追求剩余价值，随着剩余价值的增加，资本就会不断得以增殖。当前，数字资本主义正席卷全球，它将资本主义的生产方

式延伸到了网络空间之中，谋求网络空间中的资本的扩张和积累，这使得网络用户的劳动成了数字资本主义谋求剩余价值的重要途径。在马克思那里，资本是能够产生利润的那部分剩余价值——通过商品的生产和交换过程产生。（林南，2005）众所周知，资本 C 由两部分构成，一部分是用于购买生产资料的货币额 c，另一部分是用于购买劳动力的货币额 v。c 代表转化为不变资本的价值部分，v 代表转化为可变资本的价值部分。因此，在投入生产前，资本 $C=c+v$，而在商品生产出来后，资本 C 的价值就可以用 $C=c+v+m$ 来表示，其中 m 代表剩余价值，后者与前者的差额等于 m。

由此可知，商品生产中的土地、劳动力、物资材料（含技术、设备及运输工具等）以及租金等每一种因素都能为资方产生使用（或生产）价值。但生产剩余价值的只能是劳动者，即使劳动者得到了定期的报酬，但他们却花费了超过生产商品所需的必要劳动时间，使得劳动者生产的使用价值超过了维持其生存的交换价值，如此一来，剩余价值就产生了。当资本家将劳动者生产的商品进行交换时，商品的市场价值便得以实现，如果市场价值超过了生产成本，剩余价值就在交换中实现了。在网络空间中，网络用户的劳动也为网络媒介创造了大量的剩余价值，因为网络用户利用所掌握的网络技术在网络媒介搭建的平台（相当于土地）上劳动，在劳动中投入了电脑等设备、信息资源以及上网的资金等，为网络媒介生产各种商品。在生产中，网络用户都投入了大量的必要劳动时间，其中 OGC 中的劳动者的劳动时间超过了生产商品的必要劳动时间，为网络媒介公司创造了大量剩余价值；PGC 中的劳动者的劳动时间几乎都是自己自由支配而没有出卖给网络媒介，他们也为网络媒介创造了巨额的剩余价值；而 UGC 中的劳动者的劳动时间完全是自己支配而没有出售给网络媒介，他们生产商品的时间都属于创造剩余价值的时间，生产的所有价值都被当成剩余价值转移到了网络媒介的手里。

生产与消费始于资本家购买劳动力，使之与资本（技术、资金、设备、土地等）相结合。在这个阶段，资本家利用货币 1 购买劳动者使之付出劳动（商品 3），在资本和劳动力相结合后生产了商品 1。商品 1 生产出来后，资本家便将其拿到交换市场上去进行交换，通过交换资本家得到了货币 2，商品 1 进入了消费市场变成了商品 2。在消费市场，消费者用货币 3 购买商品 2 后，商品 2 就变成了可以直接消费的食物、衣物、住房等消费品（商品 4）。由于劳动者必须消费一定数量的产品才能生存下去，因而网络用户需要用出卖劳动力所获得的货币 1 来购买商品4，他们通过支付与货币3相当的货币量来获得商品4（见图7-1）。

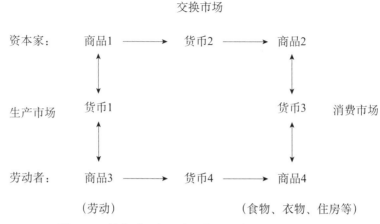

图7-1 林南对马克思的生产与消费关系理论的解释

在关于生产与消费关系的理论中，马克思提出了以下观点：第一，从价值上来说，货币1基本与货币4相等，即劳动者所获得的报酬与他们用来购买生存必需品的价格是相等的，交换价值既没有增加，也没有减少。第二，货币1要小于货币2，或者说货币1要小于货币3，即商品的销售价值要大于其生产价值。生产、交换/消费这两个过程使资本家和劳动者产生了分离，劳动者用其劳动力价值商品3来换取满足其生存的商品4，在这个过程中，货币1与货币4价格相当，因而劳动者没有获得剩余价值。而资本家在购买劳动力用于生产后，获得了货币2，由于必须以高于货币1的价格出售商品1方能获得剩余价值，因而货币2要大于货币1。值得注意的是，对即使没有购买劳动力用于生产，而只是进行商品交易的资本家来说，他们也在从商品2到商品4的交换过程中获得了货币3，从事商品交易的资本家要获得剩余价值，必须在交易的过程中使货币3大于货币2。最大限度地追逐剩余价值是资本家的本性，对于资本家来说，为了获得剩余价值，他们就会把货币1保持在最小的范围之内，并使之与货币4大体相当；使货币2大于货币1，且货币3大于货币2。这样，资本家就获得了资本的积累，而劳动者不能进行资本积累，他们只是为资本家的资本积累做贡献。

根据上述情况，我们能够知晓网络媒介为了追逐剩余价值而对网络用户实施剥削的情况。对于OGC这个职业的劳动者来说，其被剥削的情况与上述情况完全相同。但在网络用户中，受剥削最严重的不是OGC中的劳动者，也不是PGC中的劳动者，而是UGC中的劳动者。对于UGC中的劳动者来说，他们没有与进行产品生产的资本家形成法律上的雇佣关系，因而本可获得货币 1 的劳动价值（商品 3）没有用于交换，而是直接与生产产品的资本家的技术、网络平台等相结合生产出了商品 1，此时货币 1 就不存在了。生产产品的资本家就可以将无偿获得的商品拿到交换市场上去交换，获得货币 2，取得绝对剩余价值（对作为资方的网络媒介来说，由于没有 UGC 中的劳动者的劳动时间，因而 UGC 中的劳动者劳动的时间都是剩余劳动时间）。UGC 中的劳动者没有出卖自己的劳动力就进入网络空间中劳动，然而，他们需要劳动力的再生产，因而需要用货币 4 购买商品 4，此时的货币 4 就与货币 3 相当，而此时的货币 4 是 UGC 中的劳动者或（及）其亲友在现实社会中的劳动换来的，因而 UGC 中的劳动者又遭到了产品交易商的剥削。更让人震惊的是，UGC 中的劳动者将自己的产品无偿放到网络媒介搭建的平台上，在自己对它们进行消费时也遭到了剥削，因为他们的消费也是一种生产，且有些时候对信息的消费（即便是自己生产的信息）往往需要支付一定的费用才能得以进行。

（二）从福克斯的"新媒体、阶级和剥削"理论看网络用户所遭受的剥削

福克斯（2012）对网络用户受剥削的情况进行了深入的考察，明确提出了商业资本剥削"数字劳工"的三种方式，即强迫性、异化和 produser（produc-er＋user 的合成词，意指生产者和使用者的合体）的双重商品化。对于这三种剥削方式，我们可以这样理解：首先是强迫人们使用互联网。这得益于人们的社会关系乃至日常生活不断网络化、数字化的现实情况。其次是异化。也就是说，谁拥有网络劳动平台谁就能获得利润。显然，网络劳动平台属于网络媒介而非网络用户。再次是 produser 的双重商品化。不但网络用户自身是商品，他们生产的信息产品也是商品。福克斯致力于弥补"马克思主义阶级（理论）在知识劳工理论中的缺失"[①] 这一状况，研究了在知识社会中应该如何定义阶级，阶级与新媒体有着什么样的相关性等几个重要问题。

在具体的研究中，福克斯对"互联网的劳工"受到剥削的情况进行了较为细致的探究，他指出："在信息资本主义中，人脑已经成为一种重要的生产力。"[②] 知识劳动只需要投入少量的物质资本，这导致知识劳动成了被深度剥削

① 福克斯. 信息资本主义及互联网的劳工 [J]. 新闻大学，2014（5）：8.
② FUCHS C. Foundations and two models of guaranteed basic income [J]. G. Schweiger, and C. Sedmak，Vienna：LIT，2008：235.

的一种新形式。由于信息资本主义中的不少劳动者的劳动地位极为不稳定——经常在个体经营者、临时工和无偿劳动者之间来回摇摆，使得知识劳动长期处于动态的范畴之中，知识劳工遭受着深度的剥削。

在信息资本主义中，网络用户这个数量庞大的知识劳动者生产、分配着信息、社会关系、信息传播技术以及情感，根据信息资本主义时代资本的积累来看，网络用户这类知识劳工可分为直接和间接两种。直接的知识劳工生产着可以在市场上进行销售的知识和服务产品（以 OGC 中的劳动者为典型代表）。间接的知识劳工则生产和再生产着资本、领薪劳工存在的社会条件如情感、教育、社会关系和家务等（以数量庞大的 UGC 中的劳动者为代表）。间接的人群的劳动是一种无偿的劳动，在网络空间中，这种劳动形式体现得尤为明显，作为资方的网络媒介通过间接的劳动人群获得了巨额利润。

知识产品一旦生产出来就可以被无限复制和快速传播。知识具有使用不灭性，并可以在原有的基础上进行重新整合和加工，使之成为新的知识。某些知识产品，如生产成本极高的软件，一旦被生产出来，就可以被以极低的成本复制，并以极高的价格出售，这些情况为知识产业中的资本的持续积累奠定了基础。当网络媒介吸引网络用户等消费者参与知识生产时，网络就被同时用于知识的生产、流通和消费，因而网络在吸引网络用户创造剩余价值方面的意义非同一般。按照马克思的观点，利润率（p）等于剩余价值（m）/不变资本（c）＋可变资本（v），即

$$p = m/(c+v)$$

网络用户是网络空间中的重要劳动者，也就成为网络空间中剩余价值的生产者，并成为资本家剥削的对象。受到剥削的网络用户包括与公司签订劳动合同的编程、维护和营销人员，以及参与生成内容的生产消费者（prosumer）。对于编程、维护和营销人员，网络媒介会给予其生产资料和报酬，而对于数量更为庞大的 UGC 中的劳动者，网络媒介不会支付他们的内容生产成本，也不会给予他们任何报酬。按照福克斯的观点，这种情况使利润率的计算公式转化为：

$$p = s/(c+v_1+v_2)$$

其中，s 是剩余价值，c 是不变资本，v_1 是支付给编程、维护和营销人员等固定员工的工资，v_2 本应该是支付给 UGC 中的劳动者的工资。一般来说，网络媒介都会最大限度地减少固定员工，最大限度地增加 UGC 的数量。目前甚至有不少网络媒介完全将网络平台交给 UGC 中的劳动者，让他们自发地进行着编

程、维护和营销以及生产内容的劳动。通过这种手段，网络媒介把劳动全部外包给了无须支付报酬的网络用户，使网络用户遭受到最大限度的剥削。福克斯认为这个时候的利润率公式就发生了变化，成为：

$$e = s/v$$

其中，s 为剩余价值，v 为可变资本。由于网络用户是无偿的劳动，因而剥削率就会趋于无穷。更有甚者，网络用户的劳动力再生产成本，以及用于生产信息产品的电脑等设备、信息原材料的费用都由网络用户自身或（及）其亲友承担了，因而其受到的剥削甚至还要加上其劳动力再生产的成本。鉴于此，福克斯认为此时的利润率公式应该变为：

$$e = (s + c_1 + c_2)/v$$

其中，s 为剩余价值，c_1 为用户劳动力再生产的成本，c_2 为用户用于购买生产信息产品的电脑等设备、信息原材料的成本，v 为可变资本。在 $e = s/v$、$e = (s + c_1 + c_2)/v$ 等情况下，如果网络用户都不参与劳动，那么网络媒介的资本积累就无从实现，新的经济危机就会产生。因而在网络空间中，网络用户的劳动已经变得必不可少，而他们正遭受着网络媒介的"过度剥削"（over exploitation）。

二、深度经济剥削下网络用户持续劳动的逻辑及后果

在谈及脑力劳动时，帕尔米耶里指出："少数发明家从自己提供的劳务中得到了回报；但数以千计的人投入了实质的心神与体力，名为'为公众服务'，实际上是辛劳付出但受饿挨冻。脑力与货币的争战竞逐越来越普遍，脑力'被排挤在外'。"[①]

（一）深度经济剥削下网络用户持续劳动的逻辑

网络用户在劳动中遭受着巨大的经济剥削。其实，很多网络用户都知道自己在遭受着剥削，但明知遭受着剥削，却还乐此不疲地进入网络空间从事劳动。这是因为，在网络技术的赋权下，网络媒介对网络用户劳动的过程实施"技术控制"，并再造劳动空间，从而在网络空间构建了一个个的信息生产、消费的景观，使上网作为一种生活方式嵌入人们的日常生活之中。交往本质的追求、社

---

① 席勒. 传播理论史：回归劳动 [M]. 冯建三，罗世宏，译. 北京：北京大学出版社，2012：29.

会关系的延续、娱乐情感体验的追求都将网络用户拉入了一个宏大的网络信息生产、传播和消费体系之中，使网络用户欲罢不能，不上网就等于放弃了精彩的生活。正如台湾学者冯建三所说："垄断资本主义底下，大众媒介是生产流行文化之形象的枢纽，它不但透过广告而明目张胆地如此作为，它更是透过那些'免费午餐'来拐弯抹角地执行这项功能，因为这些'免费'的媒介内容是聚合受众，不使他们脱离广告的黏着剂。因为意义工业生产的是可供消费及买卖的景观，它的产品也就不分青红皂白，直把过去与未来都当成是现在——意识工业所呈现给受众的景观，已经混合成为永恒的存在，如此的一个体系，好似从来就没有人创造，而且也不会终结。"① 网络媒介通过提供娱乐来吸引网络用户劳动的方法已经大显神威，北京的一位受访者在接受采访时毫不犹豫地说：

> 我们历经了控制网络和被网络控制的历程。在网络游戏风靡之前，我们利用电脑、手机等产品自由上网，自由控制自己的作息时间。但是，随着网络游戏的风靡，我们却被网络控制了。对于我来说，玩游戏的初衷是为了获得一种掌控感，在虚拟世界中扮演着各种角色。网络游戏开发商正是抓住了人们玩网络游戏的情感体验和成就满足等动机，使人们长期沉浸在网络游戏之中不能自拔。而在大家的不能自拔之中，网络游戏开发商获得了巨大的经济利益。②

而广州的一位受访者也结合自身的经历，对网络媒介通过提供娱乐和情感体验等手段吸引网络用户不计报酬地上网的情况发表了自己的看法，他直言不讳地说：

> 网络最吸引人的地方就在于其能够给人足够的娱乐和情感体验，这是人们把大量时间花费在网络上而不是电视等传统媒体中的原因。网络使人产生模仿效应，当周围的人都在上网、分享网络中的某些东西时，自己也会情不自禁地、乐此不疲地进入网络中。对于网络游戏或者网络上其他有兴趣的东西，除非有特别紧迫的事情要做，否则我是不会离开的。我知道这是网络成瘾的体现，但是我无法自拔——我经常有这样的情况，刚刚发誓先做完某件事情后再上网，但当看到周围的人正在玩网络游戏，我就会加入进去，告诉自己顶多玩一个小时，然而一旦加入进去，就立刻被迷住

① 冯建三. 传媒公共性与市场 [M]. 上海：华东师范大学出版社，2015：42.
② 受访者 U2，受访时间为 2016 年 12 月 12 日。

了，结果往往是通宵达旦地玩。其实远不只是网络游戏使我沉迷，单就浏览网页、观看网络视频来说，我常常感觉网页的内容一环扣一环、视频的搞笑度一个胜一个，我在点击和观看时根本停不下来。为此我上班经常受到影响——常感觉体力不支、昏昏欲睡，因而上班难免会迟到，迟到时会受到主管的批评。①

除直接通过提供娱乐吸引网络用户劳动外，正如前面所论述的，网络媒介通过技术权力将劳动、劳动力、劳动时间、劳动空间乃至社会关系和权利都商品化了，加之采用泛化的雇佣形式，使得网络用户没有察觉到自身正在遭受着严重的剥削。归根结底，是网络用户娱乐、延续社会关系等一系列动机使然，这些动机是网络媒体支付给网络用户的社会资本等非经济报酬。这将在下一章中进行探讨。

（二）深度经济剥削下网络用户持续劳动的后果

在深度经济剥削下，网络用户这个新的工人阶级必将陷入新的贫困漩涡，网络空间中的生产关系严重不适应生产力发展的状况必然在一定程度上影响网络经济的发展。

1. 深度经济剥削造成"新工人阶级"的贫困

克里斯蒂娜·福克斯（2014）认为尽管部分知识工作者成为成功的知识型企业家或者逐渐持有少量的股份期权，然而阶级分化并没有绝迹。克里斯蒂娜·福克斯以谷歌公司为例来说明了此问题：2008 年，谷歌纯收入达到 4.23 亿美元，而公司的总资产则突破了 31.77 亿美元，从而使谷歌的市值超过了 106 亿美元。然而谷歌公司属于股东而非员工所有，埃里克·施密特、谢尔·盖布林、L. 约翰·多尔以及拉里·佩奇四人持有 93.1% 的 B 股及 70.6% 的总投票权，是名副其实的资本家，而公司旗下的 20 000 余名员工，都无一例外地成为知识劳工（福克斯，2014）。在克里斯蒂娜·福克斯（2014）看来，互联网中也存在着资产阶级与无产阶级。这一点其实比较好理解，如网络媒介与 OGC 之间的关系就可以在一定程度上对其进行解释。特拉诺瓦指出"互联网用户组成了一类被资本剥削的无偿劳工"②。胡斯（Huws）指出："去技能化和去在地化

---

① 受访者 U5，受访时间为 2017 年 2 月 14 日。
② TERRANOVA T. Free labour. Producing culture for the digital economy [J]. Social Text，2000，18 (2)：33 - 57.

导致了一个新阶级的出现，即信息处理劳工——高科技无产阶级。"① 高兹（1980）认为"那些被自动化和计算机化生产所淘汰的失业者、试用工、合同工、散工、临时工和兼职劳工是'后工业时代的新型无产阶级'"②。这样看来，网络用户成为信息时代剩余价值的生产者，而网络媒介则成为信息时代的剥削者，网络用户沦为新的工人阶级。

我们经常说，网络突破了传统意义上的阶级的限制，使人们的政治参与越来越平等。然而，在经济上，网络又制造了新的工人阶级，这个新的工人阶级跨越了传统意义划分的各个阶级，将上网没有报酬的人都统合进来。网络用户这个庞大的新工人阶级在幕后劳动，属于看不见的工人阶级，他们是工业部门机械化水平提高后释放出来的数量巨大的劳动者。

在 UGC 中的劳动者成为重要的劳动者但没有出卖自己的劳动力，遭受着网络媒介剥削的情况下，我们可以这样说，在网络技术的作用下，传播产业已经成为一个更具广泛性的剥削产业。在网络这个信息的社会化大生产场所中，技术、权力和资本的结合带来了信息资本的快速发展和积累，但也带来了新的贫困问题，使劳动者遭受了更深层次的剥削。网络用户沉浸在网络技术为其带来的情感体验和精神表达之中，没有意识到自己和自己的劳动已经成为商品这一事实，而这种体验和表达反过来对网络用户的身份产生了巨大的影响，使他们成为新的工人阶级，成为高科技时代的无产阶级。

在网络这一信息技术的作用下，贫困非但不会消失，反而呈现出扩大化的趋势，因为在网络空间中，资方追逐利润的法则不会消亡。同时，新的技术成了资方实施剥削的又一有效工具，它将生产关系推向了更加异化的境地。网络技术并没有把人带到高科技的伊甸园之中，恰恰相反，资本的市场体系正在借助技术、经济、权力等资本的力量快速地将其征服。遍及世界各个角落的网络与信息资本主义相结合，使资本的市场空间不断扩大，网络成了数字资本主义市场体系中控制劳动者的重要工具。

总之，在网络空间中，工业生产中的传统圈子发生破裂，用户尤其是 UGC 中的劳动者在网络中往往以一种去政治化的身份参加劳动，而此时商家的技术权力、经济权力的垄断控制就显得尤为明显。用户需要借助网络技术进行消费

---

① HUWS. The making of a cybertariat [M]. New York：Monthly Review Press，2003：32.
② GORZ A. Farewell to the working class [M]. London：Pluto，1982：69.

和发泄，这种消费和发泄将进一步依赖于技术上的合理性和商家追逐利润的市场逻辑。UGC 中的劳动者将自己的劳动力、经济、文化等资本投入商家信息资本的生产中而不计报酬。UGC 中的劳动者的劳动创造了大量的信息资本，但他们并没有参与这些资本的分配，因为尽管其在网络产品生产、传播和消费中与商家存在着劳动关系，但却没有形成法律上的雇佣关系，更没有事业编制或企业聘用等用工制度。也就是说，网络空间这个庞大的劳动场所没有为 UGC 中的劳动者参与分配自身创造的资本提供支撑条件。这就使 UGC 中的劳动者随时随地都在劳动却没有获得一点经济报酬，不仅如此，他们还自己承担了劳动力再生产的成本和生产资料成本，因而从经济层面来说，对于 UGC 中的劳动者，作为资方的网络媒介不是古典经济学所说的那样占有了他们所创造的全部剩余价值，而是占有了他们所创造的全部价值。UGC 中的劳动者遭受了最为彻底的剥削，成为新的贫困群体。

2. 网络用户的贫困问题对网络生产力发展的阻力

（1）邱林川对新工人阶级问题的考查。邱林川对新工人阶级的研究可谓独树一帜，他的代表性著作《信息时代的世界工厂》一书，在新的社会网络图景下，对珠三角的新工人群体在社会网络中的位置、劳动状况、媒介的使用方式和抗争途径等进行了研究。在研究中，邱林川紧密围绕"信息时代"与"世界工厂"之间的联系展开探讨，为了解决这一核心问题，邱林川对工人使用的网吧、短信、小灵通、山寨机等中低端信息传播工具进行了考察，他还走进城中村、厂矿宿舍、工殇医院，了解各式各样的新媒体事件，他认为这些地方的流动打工者正在构建方兴未艾的新工人阶级，由此提出了"新工人阶级"的概念，并对这一群体展开了研究。

这里着重对邱林川所谓的"新工人阶级""网络劳工"[①] 的界定和劳动状况进行阐述。在邱林川看来，新工人阶级是直接针对全球资本主义世界体系来说的，除传统工人外，还包括大量网络媒体业、信息服务业及相关零售业的从业人员，即拉扎拉托所谓的"非物质劳工"[②]。邱林川对新工人阶级进行了研究，将重点放在探讨信息传播技术和中国城市社会的变迁方面，整个研究不只是技术和经济层面的问题，更涉及不平等的根源及其消除、制度改革、草根社会创

---

① 邱林川. 信息时代的世界工厂：新工人阶级的网络社会 [M]. 桂林：广西师范大学出版社，2013：59.

② 同①58.

新等。

邱林川认为，在当前的社会网络图景下，要补足企业和网络国家之外的第三种力量，就必须重视"网络劳工"。网络劳工在生产的过程中有可能代表劳动者的异化程度进一步加深，比如属于"灰领"的短信写手这一"玩工"，在政治组织和阶级认同方面安排得当，他也可能成为新工人阶级形成的急先锋和领导力量。网络劳工概念是网络社会的合理延伸。邱林川的新工人阶级范围比较广，包括了一切在社会大生产网络中的劳动者，但通过对邱林川的研究的考察，我们发现被互联网等通信技术所俘虏的网络"玩工"（这些人其实也属于网络用户的范畴）显然也是邱林川所指称的"新工人阶级"的主要构成群体。邱林川（2013）指出，新工人阶级已经被忽略得太久，应该得到重视，要好好倾听他们的声音，好好讨论他们在政治、经济、文化层面的动态。

（2）网络用户的新贫困问题对网络生产力发展的影响。正如学者们所担心的那样，当新技术的发展遵循利润最大化的逻辑，而不服从于社会需求时，社会就容易出现危机。在剥削程度不断加深的情况下，网络生产关系与网络生产力的发展已经严重不相适应了。然而无论是何种生产力和生产关系，都必须遵循生产力决定生产关系、生产关系对生产力有能动的反作用的规律。网络用户劳动能力的强弱、劳动资料的先进与否、信息资源的丰富与否及质量高低，决定着信息产品的生产、分配、交换和消费。当前，网络媒介都没有给予网络用户劳动补偿，网络用户生产的积极性没有被调动起来，其只是出于学习、消遣、娱乐甚至恶搞等目的来生产、传播和消费信息产品，因而网络生产关系必然会阻碍网络生产力的发展。在网络空间中，劳动产品同劳动相对立，并反过来成为奴役劳动者的力量。当深度剥削所导致的生产关系已经严重阻碍生产力发展时，网络媒介给网络用户适当的经济报酬的主题就应该被提上日程。正如马克思所告诫的那样："社会的物质生产力发展到一定阶段，便同它们一直在其中运动的现存生产关系或财产关系（这只是生产关系的法律用语）发生矛盾。于是这些关系便由生产力的发展形式变成生产力的桎梏。那时社会革命的时代就到来了。"① 我国学者张健也对用户应该获得经济报酬给予了呼吁，他说："生产力确实非常迅猛地发展，生产关系的确严重滞后，这就是现状。作为网民不可能一辈子为一个互联网公司创造财富，不可能总是这样满足于现状。当我们意

---

① 马克思，恩格斯. 马克思恩格斯选集：第2卷 ［M］. 3版. 北京：人民出版社，2012：2-3.

识到这一点的时候，可以把过去互联网发展的 20 年称为互联网过渡阶段或者是萌芽阶段，只有改变互联网生产关系之后才开始了互联网真正的春天。"①

总之，对网络用户劳动创造价值的开发并不是无偿的，纯粹无偿的开发将会阻碍网络生产力的发展，使网络媒介所获得的利益难以进一步扩大。我们应该从哈特和奈格里对"帝国"的现代困境的描述中得到启发："也许资本的全球生产和控制的网络扩张得越广，每一个单一点上的反抗就会越强烈。这些迂回的斗争把自己的力量集中起来，使之成为一股紧缩的强力，从而对帝国秩序的最高表达直接发起了冲击。"长时间不予以补偿，冲突越来越大，网络媒介的霸业必然也面临动荡浮沉不已的风险，因为劳动者远去，社会创造也就不复存在。当然，并不是说网络媒介不给经济报酬网络用户就不上网了，网络已成为人们日常生活的一部分，但是从网络信息经济的长远发展以及网络生产力与生产关系的相互作用来看，如果网络媒介给予用户经济报酬，刺激网络用户生产的积极性，就必然会促进信息资本的快速增殖。

三、激活网络用户的劳动潜能，搅动知识经济的静水

在信息社会，资本、土地等已经不是决定性的生产要素，劳动者的知识水平在生产中起着主导作用的时代已经来临。具有较高知识水平的网络用户通过社交媒体等进行劳动，正契合了众多的知识产品对社交的强烈依存的势头。"在行的行家约见，创造的是'巴菲特午餐'式的素人、大咖线下人际接触的机会；值乎、分答的语音问答形式，完成的是冰冷文字无法做到的，通过声音实现的更加真实、立体的人格化塑造；而知乎 Live，满足的是用户日益增长的实时性社交互动需求。"② 在社交媒体空前发达的今天，知识传播的与生俱来的社交性特征尤为突出，知识传播的劳动作用日益重大。在网络空间中，绝大多数网络用户都具有较高的知识水平，从网络用户对于网络信息生产的角度来说，网络用户的生产已成为网络社区的重要的生产力之一，如知乎社区、微博社区，网络用户的活跃度甚至成为衡量这个社区的核心指标。

在这种情况下，作为知识生产平台的重要提供者的网络媒介要做好的事情就是为素昧平生的人、尚未创造出来的知识之间搭建优质的平台，给予其适当

---

① 张健. 生产关系改变下的互联网经济［M］. 北京：中国财富出版社，2013：16.
② 引自全媒派微信公众号文章《42 天估值 1 亿美金，知识变现迎来独立日？写在知乎/分答"狼化"后》，访问时间为 2016 年 7 月 1 日。

的经济报酬,使其最大限度地激发网络用户的社交需求,大力推动知识的传播与互动,把知识经济的一潭静水给充分搅动起来,助力知识经济的发展。

当前,"网络用户应该获得适当经济报酬"的观点已经被众多的人所接受。多彩贵州网的一位领导在接受采访时说:

> 网络媒体应该给予用户一定的经济报酬。当前,由网络用户生成的内容正在急剧增加,要吸引网络用户进行优质的内容生产,就要予以适当的经济报酬,这是一种必然趋势。①

在回顾搜狐对 UGC 中的劳动者的经营历程后,搜狐网的一位专家也认为应该给予网络用户适当的经济报酬,不过他认为报酬的标准和获得报酬后网络用户的信息生产倾向值得思考。他在接受采访时指出:

> 搜狐目前是专业生产和 UGC 两条腿走路,为了给 UGC 中的劳动者生产的动力,我们给予了他们一定的物质激励。我们发现,网络用户得到物质报酬后,他们在信息生产中的积极性明显提高。对于网络媒介来说,网络用户的积极性提高,不仅能增加网络用户的黏度,也能鼓励网络用户生产更多的优质内容,若能使网络用户生产的内容介质化,则更能加速网络媒介的资本的发展。不过有几个问题值得注意:一是报酬的标准如何确定、如何通过售卖方式支付报酬;二是在得到报酬、信息生产的积极性提高后,网络用户生产的某些信息也可能对网络空间造成污染,这些污染如何治理也是需要思考的问题。②

在对网络用户的作用进行分析后,武汉的一位网络用户也呼吁给网络用户支付相应的经济报酬。他在接受采访时说:

> 网络用户应该获得一定的经济报酬,毕竟网络用户的劳动在平台引流方面发挥了一定的作用。在媒介渠道极为多元化的时代,平台如果缺乏优质内容资源,就无法吸引网络用户,而没有大规模的网络用户,平台将缺乏吸引广告商的流量,广告收入也必然会下降。而平台在吸引到网络用户进行劳动后,往往不给予相应的经济报酬,因而平台剥削网络用户劳动成果的现象比比皆是,只不过这种剥削变得更隐蔽了。我们也发现一些平台

---

① 受访者 I2,受访时间为 2017 年 1 月 7 日。
② 受访者 I1,受访时间为 2016 年 7 月 18 日。

给网络用户些许报酬，比如说网络用户完成某项任务后，会给予一定的虚拟货币或优惠券，但这些虚拟货币或优惠券仅能在规定的网络平台上使用，而且还附有其他限制条款。①

本章小结

本章对 OGC、PGC 及 UGC 中的劳动者获得经济报酬的情况进行了研究，在此基础上探讨了各个类型的网络用户遭受网络媒介剥削的状况。通过研究得知，OGC 中的劳动者能够像工业社会中的个人一样获得相应的报酬。作为网络用户中较为专业的劳动者——PGC 中的劳动者也能够在其极具价值的原创产品的生产中获得一定的经济报酬。而除少数 PGC 中的劳动者外，数量无比庞大的 UGC 中的劳动者则没有获得任何经济报酬，他们创造的经济财富被全部无偿地转移到了网络媒介的手中。几种类型的网络用户都遭受着剥削，其中 UGC 中的劳动者遭到的剥削最为严重和彻底，这导致出现了"新工人阶级"和新的贫困问题。网络生产关系已经对网络生产力的发展产生了较大的影响，因此需要给予网络用户合理的经济报酬，以调整网络生产关系，搅动知识经济的静水，促进网络经济的发展。

本章是对网络用户劳动的经济报酬的一次较为深刻的探讨，对揭示深藏于网络空间的剥削与被剥削的关系、探索网络空间中的劳动补偿问题有着重要的意义。

---

① 受访者 U8，受访时间为 2017 年 2 月 26 日。

第八章　网络用户劳动的非经济报酬

网络用户的劳动并不是没有任何报酬的，报酬分为物质形式和符号形式两种。物质报酬主要体现为以工资为代表的经济报酬，符号形式主要体现为以社会资本等为代表的非经济报酬。网络用户在劳动中遭受网络媒介的深度经济剥削，但他们也可以从网络媒介提供的网络劳动平台上获得社会资本以及社交、娱乐等非经济报酬。这些非经济报酬是支撑网络用户持续劳动的最为根本的因素。

第一节　人类生产、消费目的的转变催生了新的报酬形式

随着人类物质生活水平的提高和闲暇时间的增多，人类的需求逐渐向高层次迈进，其是否进行劳动不再以经济报酬为唯一的依据。在新技术的赋权下，劳动成了一种享受，成了人们获得更符合人类发展目的的报酬手段。在这种情况下，人类的生产、消费目的发生了转变：由生存性的物质满足转到了享受型、发展型的意义的满足。这种转变催生了一系列新的报酬形式。

一、网络技术作用下人类生产和消费目的的转变

（一）从马克思、高兹等学者的劳动理论看人类劳动目的转变

美国著名心理学家马斯洛在《动机与人格》一书中将人的需求划分为五个层次，即生理的需求、安全的需求、归属与爱的需求、尊重的需求和自我实现的需求。在这五个需求层次之中，生理的需求和安全的需求处于较低层次，属于生存需求；归属与爱、尊重的需求处于中间层次，属于社会需求；自我实现的需求是最高层次的需求，在这一层次，人们能充分发挥自己的能力和潜力，成为所期望之人物。需求层次越高，个性化越强，也越呈现出复杂化和多元化的状况。

现实的社会网络与互联网的融合使人与人之间能够不分时间地点地进行社会交往，激发人类向着最高层次的需求迈进，追求着快感、幸福感和成就感。

正是社交空间的解放提升了人类自我实现需求的欲望。在马克思看来，"自由自觉的活动"的人，必然是处在"人的真正的社会关系"中的人。由于"**人的本质是人的真正的社会联系**，所以人在积极实现自己**本质**的过程中**创造**、生产人的**社会联系**、社会本质"①。需要注意的是，在马克思那里，社会本质并非抽象的力量，它与单个人不存在对立关系，它是每一个单个人的本质，是每一个单个人自己的活动、生活、享受及财富等。人的自由、自觉的劳动实践不但改造着世界，也改造着人类自身。处于外在性的规律与关系，经由人的实践改造后，逐渐被纳入人类自觉性的范畴。人区别于其他动物的最为本质性的东西，就是人的生活劳动一直处在一个不断变化的、特定的社会生产方式水平下的社会关系之中。正是网络这一信息技术为人类社会关系的变迁注入了强劲动力，才使追求自我满足和享受的愿望得以实现。

技术对人类的生产和消费目的有着较大的影响。安德烈·高兹指出："在某些情况下，自动化能通过使人们的时间自由来丰富他们的生活，允许他们的活动和兴趣中心多样化。"②伴随着科学技术的发展，劳动者的自由时间必然会越来越多，因为其用于劳动的必要劳动时间会逐渐减少。而伴随着自由时间的增加，人类的主动性和创造性就会不断地被激发出来，生产和消费的目的也会不断向高层次迈进。安德烈·高兹认为科技的发展延长了人与人之间的交往时间、扩展了交往的空间，实现了劳动手段、工具与科技的融合，让人们能自主而有效地利用劳动时间，加速了人类劳动解放的进程。（Andre Gorz，1980）

我们知道，当人的劳动得以解放，他们就不再完全以生产某种产品、获取特定的经济报酬为目的而进行劳动，这就使得传统劳动时期的经济决定和支配社会关系的境况发生了变化，劳资双方不是必须形成法律上的劳动关系，不是非要有劳动强迫和经济报酬，而是形成一种"自愿合作"的社会关系，这种情况在一定程度上消解了商品关系的霸权，劳动者是在娱乐和自我需求的目的下进行生产和消费的。

（二）网络技术作用下人类生产与消费目的的转向

技术使人类的劳动目的发生转变，在网络空间的劳动中体现得尤为明显。

---

① 马克思，恩格斯 . 马克思恩格斯全集：第 42 卷［M］. 北京：人民出版社，1979：24.
引文出自《詹姆斯·穆勒〈政治经济学原理〉一书摘要》，是 1844 年马克思在巴黎研读许多经济学家的著作时所作的大量笔记之一。

② GORZ A. Paths to paradise：on the liberation from work［M］. London：Pluto Press，1985：102.

在网络等新兴信息技术的作用下，人们不再一味地追求经济报酬，而是把重点放在符号和意义的生产与消费方面。在互联网空间中，劳动已经成为一种享受、成为一种娱乐手段。当劳动时间更多地与愉悦、满足、激情、兴趣等隶属于目的和意义的活动的扩展相结合时，人类的生产与消费劳动就越来越解放。安德烈·高兹认为："让人的愉快体现在生产性劳动之中，劳动的节奏由带着歌舞的节日和庆典给出；劳动工具被漂亮地装饰……"① 在科学技术高度发达的今天，人类的生产与消费劳动逐渐摆脱直接强制的异化性，正向着快乐和幸福劳动的目标迈进。在网络技术这一新传播科技的赋权下，人们找到了一种"流行元素"来对劳动和生活进行整合，由此创造出有价值、有意义的生活方式——这种生活方式把文化、生活和劳动交融于一体。人们利用闲暇时间进入网络空间，凭自己的爱好从事着网络信息产品的生产、传播和消费等劳动，这种劳动将人们从追求经济价值的囹圄中解脱出来，生产和消费着作为目的和意义的符号的产品。自此，人类在网络空间中的传播活动成了目的和意义的社会交换，交换的结果成为社会关系的测量或标志。因此，"传播就不再仅仅局限于数据或信息的传输，而是一种组成某种关系的意义的社会生产"②。

互联网和社会网络的充分融合大大拓展了社会关系的广度和深度，使人与人之间的社会互动朝着更为多向和立体的方向前进，由此将人类的社会关系需求及价值创造行为统一起来。人类的生产与消费目的由此发生了转向，由农业社会的吃穿问题、工业社会的住行问题转向了意义的生产与消费。这是人类需求进入高层次阶段的体现。人们从网络空间中获得的高层次需求的满足与农业社会、工业社会以及信息时代的现实社会中高层次需求的满足不同，后三者的满足往往是单一的价值判断，如做官、成为富翁等，这种满足表面上看似乎层次较高，但实际上往往较低层次的需求都还没有得到解决，如大量富人在财源滚滚的同时充满焦虑。网络空间中目的和意义需求的满足是精神层面的满足，它符合人类全面发展的要求。对此，《宁波日报》的一位领导也感同身受，他在受访时说：

> 在当前 UGC 平台盛行的趋势下，网络用户参与度日益提升，网络用户已是生产者、传播者、消费者的综合体，马斯洛需求层次理论中的每一层级

---

① GORZ A. Paths to paradise：on the liberation from work［M］. London：Pluto Press, 1985：48 - 49.
② 莫斯可. 传播政治经济学［M］. 胡春阳, 黄红宇, 姚建华, 译. 上海：上海译文出版社, 2013：8.

在网络用户中都有典型的代表，即使是最低级的生理需求，也有一批网络用户出于生存的需求走向专业写手的道路。随着网络技术的发展，出于安全需求、社交需求、尊重需求和自我实现需求而上网的网络用户将会越来越多。①

二、生产和消费目的的转变催生了新的报酬形式

其实，即使是在工业生产中，处于弱势地位的工人也并非完全听从资方的命令，他们往往将自身的想法及理念嵌入生产过程中，使之在生产中得以实现，一旦这些想法及理念得以实现，工人就获得了各种非经济报酬。在今天的资本主义生产中，资本家不再使用武力来强制劳动者进行劳动，而是巧妙地利用劳动者对物质消费的欲望，以及通过物质消费使自身的权力、声望和其他的心理需求得以满足的动机，来间接地、"友好地"驱动劳动者进行劳动。

2014 年 12 月，罗辑思维的罗振宇在做《互联网时代 U 盘化生存》的演讲时说：未来的生存方式是——自带信息，不装系统，随时插拔，自由协作②。在互联网的迅猛发展和快速普及下，人与人之间的协作变得越来越自由，这使得对节点——人的价值的衡量方式发生了极其重要的变化：以独立的手艺人方式存活。也就是说，只要你在某一方面有专长，够本事，通过网络便可迅速找到与你相适应的组织，与其他节点分工协作，完成一个项目，并体现你的价值。你的一切——无论是主意、时间还是经历——都会由市场给你一个公道的价格。

报酬从来就不只是经济上的。在基本的生存和发展得到满足的今天，生产力越解放越体现出游戏、社交、娱乐等天性的重要性，人们正向更自由、更多精神享受的生产和消费目标迈进，满足人们更高层次的需求——各种意义的建构的非经济报酬——成为人类报酬形式的新宠。这样一来，人类意义建构的动机便成为决定人的劳动行为的重大因素，人们找到了自己喜欢的、适合自己的动机，围绕其组织生产，在社会生产中构建起一幅由各种个人动机组成的巨大的动机图景，依据这一图景就能发掘出若干非经济报酬形式，使得具有不同娱乐习惯、信息偏好与社会行为特征的人们在非经济报酬的巨大调色板上各取所需，创造出巨大价值。

这一理想的非经济报酬形态只有在网络中才能得以实现，因为网络能够充

---

① 受访者 I3，受访时间为 2016 年 11 月 20 日。
② http://blog.csdn.net/tianya846/article/details/41923147. 访问时间为 2016 年 12 月 4 日。

分满足人们的信息动机、工具动机、自我发现动机、维持人际关系动机、社会提升动机以及娱乐动机,当这些动机得以满足时,资方也就向劳动者支付了相应的非经济报酬。毫无疑问,这些非经济报酬形式符合人类更高层次的需求,更符合人类全面发展的要求。不过,向人类更高层次的发展目标迈进的道路是极为曲折的,这个人类真正解放的工程需要全社会共同对之进行塑形。政治经济学家,尤其是那些研究传播的学者以及传播工作者(在中国的新闻界,有关网络用户劳动和生存状况方面的报道极为匮乏),需要站在这个斗争过程的中心,发挥中坚力量。

第二节　网络用户劳动的非经济报酬形式

在经济上,网络用户的劳动遭受着深度剥削,但是网络用户仍然以狂欢的姿态投入到劳动之中,这是因为网络技术具有促进行动的特殊价值——为使用它进行劳动的人们带来一系列的非经济报酬,这些非经济报酬能够让网络用户产生劳动的冲动和行动。

林南指出:"对人类而言,社会结构中存在着两类最终的(或原始的)报酬:经济地位和社会地位。"[①] 衡量一个人的经济地位,往往以其分配和积累的物质财富作为标准,而如果要衡量一个人的社会地位,则要以其分配和积累的名声为标准。无论是经济地位还是社会地位,都是拥有者能够支配的"资本"。财富代表着经济资本,名声则象征着社会资本,两者都可以在相关的投资中得到回报。无论是经济地位还是社会地位,都能提高行动者的权力和影响力,也有利于行动者的身心健康。网络用户尤其是 UGC 中的劳动者,在劳动中能获得非经济报酬,这种非经济报酬体现在社会资本的获得及娱乐需求的满足等方面。正是这些非经济报酬使得网络用户乐此不疲地劳动。

一、社会资本报酬形式

(一) 网络用户劳动所获得的社会资本

1. 从布迪厄的社会资本理论看网络用户劳动所获得的社会资本

知名的社会资本理论大师皮埃尔·布迪厄是最先从社会学的视角对社会资

---

① 林南. 社会资本 [M]. 张磊,译. 上海:上海人民出版社,2005:55.

本进行研究的学者，他于 20 世纪 70 年代提出了"场域"及"社会资本"这两个重要概念。布迪厄认为场域是各种社会要素形成的关系网，影响场域变化的动力就是社会资本。在布迪厄看来，"社会资本是实际或潜在资源的集合体，它们与或多或少制度化了的相互认识与认知的持续关系网络联系在一起……通过集体拥有的资本的支持提供给他的每一个成员"①。按照这一界定，我们能较为容易地看到社会资本的突出特征：首先是社会资本可以作为一种资源而存在，它与社会网络和群体成员资格联系在一起。其次是社会资本以人与人之间的相互认知、认识为基础。社会资本与主体能够有效动员的关系网络的规模呈正比关系。与布迪厄一样，科尔曼也认为社会资本包含着社会关系的成分，但"布迪厄使用社会资本概念表示精英团体使用他们的联系来再生产他们的特权，而科尔曼却将这个概念的范围扩展到了包括非精英团体的社会关系"②。不过科尔曼的社会关系注重的是亲密的联系（强连接），对弱联系（弱连接）的重视度不够。但事实证明，人们在获取知识、获取某些特定的资源时，弱连接所起的作用往往比强连接还要大。

由此可知，布迪厄、科尔曼的社会资本是一种特定的社会关系，它受到能够有效动员的关系网络的规模的影响。网络用户在劳动中能形成一定的社会关系网络，尤其是弱关系网络，因而网络用户劳动能获得社会关系的扩展和加深的非经济报酬。

2. 从帕特南的社会资本理论看网络用户劳动所获得的社会资本

在社会资本理论的研究方面，帕特南也是一位著名的大师，他创造性地把社会资本的范畴延伸到了民主治理领域。帕特南认为"社会资本是社会组织的某种特征，例如，信任、规范和网络，它们可以通过促进合作行动而提高社会效率。社会资本主要有两种形式，即联结社会资本和黏合社会资本。其中联结社会资本以弱关系为基础，将彼此不熟悉的人联系在一起；而黏合社会资本以强关系为基础，它将彼此熟悉的人联系在一起"③。在对制度的实际行为与活动于其中的社会关系之间的关系进行了较为深入的研究后，帕特南等人发现社会

---

① 布迪厄. 文化资本与社会炼金术 [M]. 包亚明，译. 上海：上海人民出版社，1997.

② 周红云. 社会资本与社会治理：政府与公民社会的合作伙伴关系 [M]. 北京：中国社会出版社，2010：7.

③ 帕特南. 使民主运转起来：现代意大利的公民传统 [M]. 王列，赖海榕，译. 南昌：江西人民出版社，2001：195.

关系对制度的实际行为有着巨大的影响：社会关系、历史等对制度的形成和变迁有着巨大的影响。但制度变迁也对社会的发展有着巨大的价值——通常来说，制度变迁影响着政治生活的变革。帕特南认为"信任是社会资本必不可少的组成部分"①。在网络空间中，社会大众能够参与到社会政策和社会事务之中，实现互惠互利，从而增加了社会信任，进而增加了社会资本。需要指出的是，公民参与及社会信任是相互联系、相互促进的，在形成合意以及解决集体行动的困境方面都发挥着巨大的作用。

综上所述，帕特南的社会资本包括社会关系、信任以及参与的社会网络（资源）等诸多方面。网络用户的劳动能够在人与人之间建立起信任关系，生产的信息产品也能实现相互分享，在长期的交流互动中也能扩大自身的社会交往网络，因而也能够获得这些非经济报酬。

3. 从林南的社会资本理论看网络用户劳动所获得的社会资本

另一位著名的社会资本理论大师林南从行动者能够在所在的社会网络中获取资源的角度出发，对社会资本进行了界定。林南认为社会资本是"行动者在行动中获取和使用的嵌入在社会网络中的资源"②。他进一步指出，那些嵌入个人中的资源不是社会资本，只有嵌入社会关系中的资源才能称为社会资本，一个人的主客观条件对其获取、使用社会资本（嵌入社会关系中的资源）有着决定作用。在林南看来，"嵌入社会关系网络中的行动者，能够直接或者间接地获取其他行动者所拥有的诸如权力、财富、声望以及人际关系网络等等一系列社会资本"③。

纵观林南对社会资本的论述，我们可知他将权力、社会地位、声望、社会关系以及社会网络等都看成社会资本的重要组成部分。在劳动中，网络用户可以在生产出某个非同凡响的信息产品后迅速提升社会声望和社会地位，也可以获得一定的话语权等权力，因而能获得这些非经济报酬。

（二）网络用户劳动所获得的社会资本报酬形式

在对布迪厄、帕特南以及林南等三位世界知名的社会资本理论家有关社会资本的界定、阐述进行梳理后，社会资本的范畴也较为清晰地呈现出来，它包

---

① 帕特南. 使民主运转起来：现代意大利的公民传统 [M]. 王列，赖海榕，译. 南昌：江西人民出版社，2001：195.
② 林南. 社会资本 [M]. 张磊，译. 上海：上海人民出版社，2005：24.
③ 同②45.

括社会关系、社会地位和声望、社会规范、信任、互惠（分享）等。而按照后续研究者的补充，寻求共识、社会道德、公共精神、家庭及宗亲关系等也属于社会资本的范畴。通过在网络媒介提供的网络互动平台上的劳动，网络用户能够获得上述各种社会资本，它们属于一种非经济报酬。因而在劳动中，网络用户虽然在经济上遭受着严重的剥削，但却能获得丰厚的非经济报酬。

1. 社会关系的维持、扩展与深化

莫斯可（2013）指出，传播是一种社会交换过程，交换的产品是一种社会关系的标记或者体现。关系是一个比较宽泛的概念，如朋友关系、同事关系、同学关系、师生关系、上下级关系等。网络空间不是物质（机器、工厂等）的体系，但它却包含了一整套在历史上独一无二的社会关系。在互联网时代，社交网站将人们在现实社会中形成的关系网络投射到网络空间中，并使现实社会中很难形成的"关系层"在网络中不断涌现，这就使得各种社会关系能够在网络空间中得以不断延续、扩展和加深，人们通过网络能够实现在保持既有社会关系的基础上不断开拓出新的社会关系，社会关系的价值被人们不断地挖掘出来。

在网络这一新传播科技的赋权下，所有人都可以进入网络空间传播和接收信息。当网络用户聚集在社会性网络服务（SNS）平台上开展传播活动时，往往会促成以社交关系和兴趣图谱为核心的虚拟社区。这时，网络媒介的资本通过维持和发展网络用户的社会关系而得以不断生产，网络用户也因为对社会性网络服务平台的使用而嵌入各种社会关系资源网络之中，可以根据自己的需求发展和获取社会关系资源，从而获取众多的社会资本。得益于网络的外部性优势，接入的人越多，网络用户的间接性的社会关系就越多。在这种情况下，网络用户就能获得呈指数级增长的社会资本。

社会资本积累的S形曲线，其斜度是建立在用户互动的基础上的，在信息传播和消费的初期，只有较少的有相似资源的网络用户存在着互动关系，因而社会资本积累比较缓慢。随着网络用户数量的增加，他们之间的间接性关系使网络不断扩大，网络中的互动越来越频繁，范围也越来越大，因而社会资本会迅速扩大。但由于函数受到有效因子（它可能是中间联系的数量的函数，与认可和合法化负相关，与互惠义务的成本或多重性正相关）的制约，因而在扩大到一定水平后，社会资本积累的曲线就会相对稳定下来（见图8-1）。

虽然网络用户在使用、积累社会资本时的成本往往会比较高，但是付出的

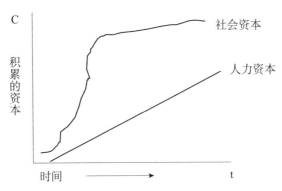

图8-1 社会资本与人力资本积累速度的异同

成本必然会获得相应的补偿。事实上，网络用户能够在社会资本的快速积累中获得超过成本的补偿。需要特别指出的是，即使网络用户之间较为陌生，他们只是在网络上进行泛泛之交，也能通过"弱"的关系获得大量的社会资本。"弱连接"理论的创始人马克·格兰诺维特指出，"泛泛之交就是'弱连接'"①。各种各样的泛泛之交是人们了解世界的窗口，他们往往能让人获得精神上的支持。不过我们也应该知道，"弱连接"很难给人带来新信息和新观念，因为其只是"泛泛之交"。众所周知，倘若一个人需要异质的信息，其往往倾向于到"往常的社会圈子"之外的圈子中去寻找，因为只有这样才能获得不同的信息。而从自身的社会圈子到其他的社会圈子，行动者需要找到圈子之间连通的桥梁，否则就不可能在被隔绝的圈子中获得信息资源。而从一个圈子到另外一个圈子，形成桥梁的两个个体之间的关系就更弱，因为每一个个体参加的都是不同的社会圈子。关于这一点，我们可以这样理解：那些可以作为桥梁的个体往往处于其所在的社会圈子之边缘地带，当与其他圈子进行互动时，就会分散其与本圈子的互动，导致其与所在的社会圈子的亲密度降低，但处于圈子边缘的个体更容易通过弱关系获得信息，而且在获得这些资源的过程中，能够摆脱强关系所附加的义务、互惠服务以及互动频率等多种因素的困扰，反而有更多的机会去获取较为优质的信息。马克·格兰诺维特把这个从其他圈子获取信息的策略称为"弱关系强度"。马克·格兰诺维特认为关系越弱，人们越可能获得异质性的资源，越可能获取更多、更好的社会资本。

---

① 中央电视台大型纪录片《互联网时代》主创团队. 互联网时代 [M]. 北京：北京联合出版公司，2015：153.

2. 社会声望得以提高

在网络空间中，网络用户可以根据自己的特长和兴趣生产原创性的信息产品。网络用户参与信息产品的生产突破了由大众媒体专业生产的界限，为网络用户获得社会美誉度、提升社会地位进而获得社会声望打下了坚实的基础。网络为草根大众开启了一条成名之路，一批批草根人物通过网络创作成为知名的网络作家、网络歌手、网络编剧等，获得社会的认可，受到粉丝的青睐，社会赞誉度、美誉度不断提高。布迪厄认为社会赞誉度、美誉度是一种符号资本，林南（2005）认为获得美誉度和赞誉度就能获得社会地位。随着社会地位的不断提升，网络用户的声望效应也会不断释放出来。这就让网络用户获得了实实在在的非经济报酬。

3. 在分享中获得乐趣

可以说，在任何时候，人类都充满分享的欲望。网络用户往往拥有自己的闲暇时间，有丰富的知识，也有强烈的分享欲望，这些因素汇集在一起，必然会产生巨大的社会效应。克莱·舍基把这种社会效应称为认知盈余，他指出："我们不仅消费，也创造和分享，并且我们还有能力彼此联系，所以，媒介正从一种特殊的经济部门转变为一种有组织的廉价而又全球适用的分享工具。"[①]　其实，克莱·舍基所说的这种情况，在网络媒体迅猛发展的今天表现得更为明显。

UGC 所阐述的不只是个人行为，更是一种社会行为。"大笑猫"表情包是由网络用户生成的，也是被网络用户分享的，创造"大笑猫"是为了分享。网络用户在分享中彼此获益。网络用户正是在成功、情感及知识等众多方面的分享中获得乐趣，进而获得非经济报酬的。

4. 家庭、宗亲关系得以维持和发展

在中国，家庭、宗亲关系被看成是极为重要的东西。这是人们至关重要的亲情的体现和延续，脱离家庭、宗亲关系的人必然会遭到社会的唾弃。网络能够突破时空限制，将网络用户的家庭、宗亲关系在不同的时空中进行延展和加深，进而使网络用户获得亲情这种非经济报酬。

除上述的非经济报酬外，属于社会资本范畴内的非经济报酬还有公共精神、社会共识的领悟和获取、社会道德的传承、社会规范的适应以及社会信任的获

---

① 舍基. 认知盈余 [M]. 胡泳，哈丽丝，译. 北京：中国人民大学出版社，2011：7.

得等。

二、社会资本范畴外的非经济报酬形式

其实，除了上述所说的社会资本方面的报酬外，网络用户还能在劳动中获得娱乐及情感体验、找到参与和幸福感，以及求知和社交需求的满足等非经济报酬，这是网络用户近乎疯狂地进入网络空间劳动的原因。在弄清网络用户在劳动中获得的非经济报酬后，我们将在下文中对它们进行较为详细的阐述。

（一）与生俱来的社交需求得以满足

传播和交流是人类极其普遍的实践活动，其观念不仅与人们可以使用的媒介息息相关，又受到了伴随媒介而来的希望和恐惧之影响。人类通过网络等媒介进行社会交往，满足了人类生存本质的要求，它让人们在向个人目标迈进的同时，也竭力支持他人实现所期望的目标。社交是人类的一项重要活动，人不可能不进行社交活动。在社交极为泛化的今天，把自己孤立起来是一种极为罕见的现象，也是极为不自然的，长时间不与他人交流和沟通必然会使一个人渐渐地成为另类。因此，人若要更好地生存和发展，必须通过各种媒介与他人进行沟通和交流。

也正是因为人类生存性沟通和交流的需求，才使众多的社交网站纷纷出现。很多知名的网站当初只是创建人在一时兴起之下创建起来的，但由于契合了当前人们社交本质的需求，因而发展极为迅猛。以享有盛名的 Facebook（脸书）为例，该网站是在马克·扎克伯格的一次恶作剧后诞生的。2003 年 10 月，美国哈佛大学出现了一个较为滑稽的网站，名为"评选全校最优秀女孩儿"。网站推出后，学生们蜂拥而至，对网站上的 2.2 万张图片进行评说，3 小时内就使哈佛大学的校园网陷入瘫痪。由于图片未经授权，学校对网站制作人——马克·扎克伯格进行了严厉的处罚。虽然受到处罚，但马克·扎克伯格却从中洞察到了人类原本之社交需求。马克·扎克伯格说："我想人之所以能成为人的一点，就在于我们有社交能力，和我们所在的社群保持沟通。"[①] 这一洞见是其之后能够成功推出 Facebook 这一具有世界霸主地位的社交网站的原因。曾推出《人人时代》《认知盈余》等数部力作的知名学者克莱·舍基指出："（人的社交）

---

① 中央电视台大型纪录片《互联网时代》主创团队. 互联网时代［M］. 北京：北京联合出版公司，2015：39.

行为不是由互联网启发的，而是因为我们就是那种社交性人群。"[1] 人们对他人、对社会的各种信息变化都比较关心，互联网为人们提供了能即时、直接参与到相关事件中的手段。在参与之中，人们能够感同身受，对某些东西有着更为深刻的理解。这也是互联网社交网站纷纷兴起的原因。据统计，截至2015年2月，全球社交网站的用户数量已突破16亿人，接近全球25%的人数都奔忙在各类社交网站上，一个跨越国界和种族的地球社交圈已然诞生。知名学者曼纽尔·卡斯特指出："如果你问现在的人们，什么东西对他们而言最重要，你会发现并非食物，而是沟通，因为沟通是个人生活、商业、教育、娱乐和一切的基础。沟通是人类生活的核心。"[2]

总之，人类要更好地生存和发展，就必须开展各种传播和交流活动。社交网站将人类的传播和交流拓展到全世界，数量庞大的网络用户在社交网站上从事着事关人们生存和发展的传播及交流活动，为各类社交网站不停地劳动着。在劳动中，网络用户社交天性的需求得以满足，获得了极为重要的非经济报酬。

（二）找到参与感、归属感与幸福感

寻找参与感是网络用户在网络空间中进行劳动的又一个重要原因。网络媒介为网络用户提供简洁而自由的互动界面，能将网络用户聚集起来，为网络用户寻求参与感创造条件。网络用户在参与信息互动的过程中能够激发自身的想象力和创造力。小米手机的成功与其营造的员工的参与感有很大的关系。小米深得用户参与的经营之道，其前副总裁黎万强一针见血地指出："真正的参与感绝对不仅仅是互动，而是塑造一种友爱的互动。"[3] 只有这种互动才能让用户及企业员工真心实意地喜爱公司的产品，从而高兴地推荐相关的产品。我们不可小觑互动在寻求参与感中的作用。因为要有参与感，则必须先有互动。而互动绝不是单方面的公关和营销活动，不是扯着他人的耳朵进行灌输。在互动中，我们要做到让他人真心实意地喜欢，然后愉快地参与进来。就网络媒介来说，要实现互动，就要知道网络用户不是上帝，也不是老板，而是网络媒介的朋友。产品即对话，服务即对话，传播也是对话，这种对话，就是一种友爱的传递。

---

① 中央电视台大型纪录片《互联网时代》主创团队. 互联网时代 [M]. 北京：北京联合出版公司，2015：88-89.

② 同①153.

③ 赵大伟. 互联网思维独孤九剑：移动互联时代的思维革命 [M]. 北京：机械工业出版社，2014：42.

网络用户参与网络媒介的信息生产、传播、消费和品牌建设等一系列活动，都可以视为互动，在互动中，要让网络用户充分参与进来，和网络媒介打成一片，实现相互融合，否则就没有真正的参与感。

在劳动中，网络用户也会追求一种归属感，因而会在网络上形成一个个的圈子，社交网站因为能将有共同爱好和诉求的网络用户聚集起来，给他们圈子感而吸引着成千上万的网络用户。P. 库伯斯在阐述其要素论时指出，网络社区应该以"会员之间的归属感"为中心，并通过网络用户的品牌认同、会员之间的志同道合感、会员之间的互动、提供参与机会、让会员之间产生并拥有共同的利益等一系列要素进行强化，使网络用户获得现实之中无法拥有的归属感（王欢等，2003）。归属感使网络用户组合成网络迷群，以群体的形式固定地、有规律地、情绪性地投入一个流行故事或文本的生产或消费之中。网络用户过度沉浸于媒体建构的虚拟世界之中，使现实中的时间发生了扭曲，就会不分白天黑夜地劳动。因此，有了归属感，网络用户创造的积极性就会很高，创造力就会很强。

此外，在网络劳动中，网络用户也能获得幸福感。曼纽尔·卡斯特（2015）认为互联网之所以能增加人们的幸福感，主要原因在于互联网能"提高社交水平，因为人们在生活中所看重的就是得到陪伴——朋友、家人的陪伴——与他们互动，充实自我、发展自我。互联网恰恰实现了这一点"[①]。

总之，网络用户在网络空间的劳动中能够获得参与感、存在感与幸福感这样的非经济报酬。

（三）求知欲望得以满足

用知识进行补偿，这是很大的非经济报酬。网络用户在劳动中能免费获得知识，如利用搜索引擎进行搜索可以获得想要的知识、与人互动能够增长见识等。正如托马斯·杰斐逊的名言："点燃蜡烛照亮他人者，不会给自己带来黑暗；同样，传播思想，无损于思想的传播者。"[②] 网络与生俱来的自由度使网络用户在求知时找到了一种低成本甚至是零成本扩张的捷径，网络用户可以在劳动中以较低的代价获取较多的知识。

———————————

① 中央电视台大型纪录片《互联网时代》主创团队. 互联网时代［M］. 北京：北京联合出版公司，2015：175.

② 舍基. 认知盈余［M］. 胡泳，哈丽丝，译. 北京：中国人民大学出版社，2011：138.

同时，网络用户在劳动中支付了劳动力再生产及生产资料的成本，其实可以看作是一种资本的置换。在《无须资本家打造资本主义》一书中，吉尔·伊亚尔等人详细地研究了后共产主义时代的中欧知识分子在社会转型中的资本置换问题，认为这些知识分子将社会资本、文化资本进行置换，推动了社会权力结构的重组。从网络用户的劳动情况和报酬情况来看，他们同样在进行着资本的置换——用经济资本置换文化资本，使自己的求知欲望不断得以满足，提升了自己的知识水平。当网络用户整体的知识水平提高到一定水平后，必然会在社会上形成一道道独具特色的文化景观。莫斯可指出："传播实践（包括传播者以及他们使用的工具）如何建构一种包括迷思和符号的社会、文化世界这一问题时曾指出，像互联网这样的新媒介的传播不仅仅由从中赚得盆满钵满的大公司所形塑，也是由在渴望的引导下去建构海市蜃楼或迷思的人们所形塑。政治经济是结构、制度和物质行为的领域。而传播占据了文化、意义和主体性。政治经济和传播这二者是社会和文化实践相互建构出来的。这二者就是交换过程，彼此的交换过程虽不同，但都是由共享的社会和文化实践所决定的。"①

总之，在劳动中，网络用户可以以较低的成本获取较为丰厚的知识，可以将经济、时间资本置换为文化资本，由此获得大量的非经济报酬。

（四）娱乐天性得以满足，情感体验得以进行

"新信息技术已经对可能为娱乐和消遣活动提供的服务和产品产生了重要影响，并将继续产生影响。"②使网络用户欢呼雀跃地投入网络社会化大生产的正是能为网络用户带来众多娱乐、体验的网络技术。众多网络媒介致力于把网络改造成一种与观众沟通、向他们传递信息及提供娱乐的网络系统。网络用户在网络媒体中寻找的是娱乐和轻松，这使得网络媒介能将这些内容转化为一种消费营销服务：召集网络用户，然后将他们输送给需要的人员、团体及组织。可以说，正是娱乐和体验的需求使网络媒介针对网络用户的商业化行为得以推进。

娱乐是网络用户不计经济报酬的一个重要原因。很多人在网络游戏中找到了不一样的自我，获得了巨大的娱乐和情感体验。据《互联网时代》一书统计，早在2013年，我国网络游戏的用户数量就超过了4亿，游戏行业全年的收入高

---

① 莫斯可．传播政治经济学［M］．胡春阳，黄红宇，姚建华，译．上海：上海译文出版社，2013：88.

② 班农，巴里，霍尔斯特．信息社会［M］．张新华，译．上海：上海译文出版社，1991：33.

达 1 230 亿元。网络游戏用户花在游戏上的时间更是惊人，就全球来说，2013年，网络游戏用户每周把 30 亿小时用在玩网络游戏上，相当于全世界每人 30 分钟。在网络游戏用户的狂欢之中，单是《英雄联盟》这一款游戏，就创造了让人瞠目结舌的纪录：同时在线的战队人数达到 750 万，全球注册的用户则超过 0.7 亿人，接近德国的人口数量。而网络游戏用户花费在暴雪公司开发的游戏——《魔兽世界》上的总时间已有 500 多亿小时，如果按年来计算，则超过了 593 万年，而 593 万年前，我们最早的人类祖先才刚刚站起身来。（中央电视台大型纪录片《互联网时代》主创团队，2015）于是，成千上万人的第二人生快乐地开始了。娱乐是人类的天性，有人说没有娱乐的人生是不完整的人生。网络用户利用闲暇时间进行娱乐，能够使自己的身心处于愉悦之中。有了娱乐这一非经济报酬，网络用户就会乐此不疲地劳动，而网络媒介也在为网络用户提供娱乐的过程中获得巨额经济收益。暴雪娱乐的首席执行官麦克·莫汉曾说："在暴雪，我们确实有一个使命——致力于创造史上最宏大的史诗般的娱乐体验。"[1] 娱乐能催生一种彼此共享的方式，这是娱乐最强大的功能，也是网络游戏让人如痴如醉的重要原因。

　　进行情感体验和狂欢也是网络用户不计经济报酬而进行劳动的重要原因之一。网络把人们带入"意义的世界"，在这个世界中，人们很难离线，因为离线就意味着"离群"，而离群无疑是很严重的问题。此外，就算处于离线状态，也会受到在线的影响。人们在线，追求的是"爽"，而不计较金钱，没有钱也可以通过网络感觉到"爽"。人们逃到虚拟的网络空间，犹如找到一个避难所，寻找到一个舒适、"爽"的乐园。在"爽"的牵引下，网络用户用更为乖巧的心理去进行情感体验、身心体验。这些狂欢是不分地点和时间的，即使是偏僻的地方，夜晚也不乏上网狂欢之人（见图 8 - 2、图 8 - 3）。贵州一个县城网吧管理人员在其工作的网吧接受采访时说：

> 别看现在家庭电脑比较普及，但是很多年轻人还是喜欢到网吧上网，因为在网吧里玩游戏、看电影、听音乐等比较有氛围。同时，网吧的设备配置较好、网速很快也是吸引大家往网吧里挤的原因。平时网吧人就比较多，寒暑假、逢年过节更是人满为患。你看前面这些人，都是我们这里的

---

① 中央电视台大型纪录片《互联网时代》主创团队. 互联网时代［M］. 北京：北京联合出版公司，2015：159.

老顾客，他们经常通宵。①

图 8 - 2　2016 年 10 月 18 日晚上 10 点贵州某乡镇网吧里的游戏族

图 8 - 3　2017 年 2 月 6 日凌晨延安一网吧里的游戏族

（五）一些重大难题得以有效解决

借助网络媒介平台，现实生活中的不少难题都会得以顺利解决。上海一位
母亲身患重病的受访者在接受采访时说：

---

① 受访者 U16，受访时间为 2016 年 10 月 18 日。

最近我妈妈生病，我在网上发起众筹，有很多不同地域、不同身份的人给予我资金支持。同时，通过网络，我结识了众多不同地域、不同身份的与妈妈有着类似病情的人，在与他们探讨相关治疗情况的过程中，我从他们那里学到了很多经验。当然，我也把我的一些经验分享给了他们。①

这位网络用户通过网络筹资的方式，让热心的网络用户捐资，治愈了母亲的重病，说明通过网络平台能解决很多棘手的难题。

综上所述，网络用户在劳动中不仅能够获得社会关系、社会声望、互惠（分享）、信任、公共精神、家庭及宗亲关系等诸多处于社会资本范畴中的非经济报酬，在社会道德、社会规范等方面达成共识，还能因社交、知识、娱乐及情感体验而获得参与感和幸福感等若干社会资本范畴外的非经济报酬。这是网络用户不遗余力地进行网络劳动的动机。正是这些非经济报酬的动机促成了网络空间中迷人的生产和消费图景。正如克莱·舍基所说："如果内在动机存在于人性之中最基本的部分，满足内在动机也会使我们得到满足，社会化媒体以极低的成本为人的创造和分享提供了一个平台。"② 哪怕人们在社会化媒体提供的平台上获得满足感的持续时间较短，网络中的参与也会给其内在动机带来一定数量的回报，这是毋庸置疑的事情。需要指出的是，上述的每一种非经济报酬都能激发网络用户劳动的动机，但网络用户的心理动机较为复杂，有时是由多种动机共同促成的。正如武汉的一位受访者所说：

网络用户兴高采烈地进入到网络中劳动，原因可能是多方面的，如网络媒介给予了网络用户表达自我的渠道，也满足了网络用户成名的想象。此外，通过网络媒介，网络用户可以很便捷地找到其所需要的信息。③

当然，我们也必须注意到，数字鸿沟带来的技术使用、精神交往、数字体验等不平等情况的存在，致使非经济报酬中也有贫富差距，也有贫困化问题。非经济报酬的贫困化问题主要是由两种因素引起的：一是这种新贫困是发生在网络用户之间的，是网络用户自身所掌握的技术权力导致的，不存在网络媒介的剥削——技术鸿沟导致信息获取的鸿沟，进而导致非经济报酬获取的鸿沟。二是由网络用户在现实社会中所拥有的经济资本数量决定的。生产资料、再生

---

① 受访者 U4，受访时间为 2016 年 12 月 5 日。
② 舍基. 认知盈余 [M]. 胡泳，哈丽丝，译. 北京：中国人民大学出版社，2011：138.
③ 受访者 U8，受访时间为 2017 年 2 月 26 日。

产资料和分配资料占有量不同，使得网络空间中的财富、收入及各种机会的获取存在差距。

三、非经济报酬下网络用户持续劳动的逻辑

在劳动过程中，网络用户将劳动、劳动力再生产成本以及网络产品的生产资料成本等作为一种投资手段，在网络空间中建立新型的、庞杂的社会关系网络，通过该网络实现其他资源要素的接入，获取嵌入社会网络中的资源，进而获得社会资本及休闲娱乐等非经济报酬。正是这种"投资—回报"的逻辑支撑着网络用户持续地进行劳动。

（一）网络用户可以获得知识等方面的剩余价值

上文曾经论述过，无论是 OGC 中的劳动者还是 UGC 中的劳动者，他们都为网络媒介创造了剩余价值，其中 UGC 中的劳动者的劳动时间都是剩余劳动时间，其创造的所有经济财富都被网络媒介剥削了。

但是在非经济财富的创造中，UGC 中的劳动者这样的网络用户也能获得剩余价值——在分享其他网络用户生产的信息产品时，UGC 中的劳动者能够从中获得知识、娱乐等非经济方面的剩余价值。这时的剩余价值的公式为：

$$s = z - c_1 - c_2$$

其中，s 为网络用户获得的非经济方面的（如知识）剩余价值，z 为网络用户一定时间段内在网络空间中获得的总价值，c_1 为网络用户获取总价值时所需要花费的劳动力再生产成本，c_2 为网络用户获取总价值时所需要花费的电脑等设备的生产资料的价值。

（二）网络用户可以成为拥有社会资本的资本家

在劳动中，网络用户能够不断扩大自己的社会关系网络，并使自己的社会关系得以维持和拓展、社会声望不断提升，他们感觉自己拥有了大量的社会资本，成为社会资本家，获得了巨大的成就感。其实，除社会资本外，网络用户的劳动能获得虚拟的货币以及房屋、汽车等显示网络空间中的社会地位的财富，当虚拟财富达到一定数量后，网络用户就会成为虚拟的富翁，提升了劳动的满足感。也就是说，在劳动中，网络用户能够获得丰厚的社会资本报酬，成为拥有社会资本的资本家。

（三）网络用户的劳动能维持和获得有价值的资源

通过网络劳动获取所需的资源，是网络用户乐此不疲地进行网络劳动的又

一个逻辑。网络用户在劳动中可以获得的资源包括相关的弱关系、知识、成名的机会等。前面说过，社会资本理论大师布迪厄曾把社会资本看成是社会群体或者社会网络的成员所拥有的资本形式。在互动中，圈子成员可以将资本当成信用来使用。就这一点来说，社会资本是圈子成员拥有的集体财产，它可供成员进行信贷。"当圈子成员继续在圈子的关系中进行投资时，社会资本的功用就会得以维持和强化。劳动的动机是为了生存和延续而维持或取得有价值的资源。"① 这些有价值的资源可以对网络用户的现实生活提供一定程度的帮助。

（四）网络用户可以用符号资本等社会资本换取经济报酬

网络用户与网络媒介之间其实还是存在着交易的，网络用户以自身的劳动换取网络媒介的社会资本，进而在必要的时候将这些社会资本转化为经济资本。其实，将社会资本转化为经济资本的情况在网络中是经常发生的。如兰州的一位受访者在接受采访时就说：

> 网络用户在网络空间中的劳动能获得相应的社会资本，这些社会资本可以转化为经济资本，譬如明星、网红、微信朋友圈中的微商等，都能通过网络媒介获得经济利益。举个例子，当某个明星在微博里展示其生活和演出状况时，其众多的粉丝就会在关注中购买与其相关的产品（如唱片等），粉丝的关注还能为明星带来巨额广告代言费。②

从某种意义上来说，为了获取有价值的知识，网络用户将自己无偿卖给网络媒介，以换取社会资本以及知识等非经济财富方面的剩余价值。弗拉普指出，社会资本有三个要素："一是在个人的社会网中，当要求帮忙时，准备或者有义务帮助你的人的数量；二是这些人表示愿意帮忙的关系强度；三是这些人的资源。"③ 按照弗拉普的观点，我们可以得出社会资本的计算公式，即个人的社会资本＝可帮助自己的人的数量＋与可帮助自己的人的关系强度＋可帮助自己的人的社会资源。而按照布迪厄的"每一种资本在最后的分析中都可化约为经济资本"④ 的论断，网络用户获得的各种社会资本都可以转换为经济资本。

---

① 洪明. 分销渠道中窜货行为及其治理策略研究 [M]. 上海：上海财经大学出版社，2012：101.
② 受访者 U18，受访时间为 2016 年 2 月 4 日。
③ 林南. 社会资本 [M]. 张磊，译. 上海：上海人民出版社，2005：21.
④ Bourdieu P. The Forms of Capital [C]//In Handbook of Theory and Research for the Sociology of Education. edited by J. G. Richardson. Westport，CT：Greenwood Press，1986：252-253.

总之，正是网络用户在网络中的劳动能获得若干非经济报酬，才使他们在没有经济报酬的情况下兴致勃勃地劳动着。关于这一点，武汉一位受访者在接受采访时认为网络技术的驯化在其中发挥着巨大的作用。他说：

> 用户不主动索取报酬，一方面是网络用户还没有意识到自己遭受到剥削，或者是意识到自己被剥削了，但是不知道如何去向平台索取报酬。另一方面，网络用户可能觉得自己付出的劳动无足轻重，况且在劳动的过程中，自己的需求也得到了满足，即网络用户认为这是一种等价交换。更重要的是，互联网满足了网络用户表达的欲望和成名的想象，一旦离开这些网络媒介，他们将无所适从，从这个角度而言，网络用户在一定程度上被网络新技术驯化了。①

而成都的一位受访者的观点则较为真实地体现了网络用户在获得非经济报酬后的激动心情，他在受访时说：

> 我没有和网络媒介签订合同，没有为他劳动的义务，而我却借助网络媒介获得了众多的东西：我通过网络得到了各式各样的体验，得到了娱乐，获得了知识，拓展了人脉资源，找到了工作，收获了爱情……我才不管我在为网络媒介劳动没有，我也不奢求网络媒介给我经济报酬。只要网络能带给我幸福，我就心满意足了。像我这种情况，难道不该为网络媒介做些什么吗？②

四、网络媒介对网络用户劳动所创造的非经济财富的剥削

其实，在非经济财富的创造方面，网络用户也遭到了网络媒介的剥削。按照马克思剩余价值理论，无论网络用户有没有获取报酬，网络用户的劳动对网络媒介而言都是利己的，都将以各种形式转化为剩余价值，从此角度看，是一种剥削，但网络用户却不一定意识到或者认可自己遭受着剥削。网络媒介可以随意使用网络用户创造的非经济财富，不需要支付版权费，也不需要拿相同价值的非经济财富进行交换。此外，网络媒介还可以利用网络用户的非经济财富来获得社会效应，如数量巨大的网络用户聚集在某个网络平台上进行

---

① 受访者 U8，受访时间为 2017 年 2 月 26 日。
② 受访者 U16，受访时间为 2016 年 10 月 18 日。

信息生产、传播和消费，能提升所在的网络平台的知名度，使其获得巨大的社会效应。

本章小结

　　本章对物质生活水平不断提高、技术赋权下闲暇时间不断增加的情境中的人类生产、消费目的的转变进行了研究。以此为基础，对由这一背景催生的新报酬形式——社会资本、娱乐等非经济报酬进行了较为深入的探讨。通过研究得知，人类需求正向着尊重和自我实现等高层次方向迈进，人类生产与消费的目的由农业社会的吃穿问题、工业社会的住行问题转向了目的和意义的生产与消费问题，因此人类劳动的报酬也突破了经济报酬的框架，向着物质与符号报酬两个领域拓展。由于绝大部分网络用户都受过良好的教育，都有大量的闲暇时间，都向往自我实现的生活，因此他们在遭受深度的经济剥削的情况下仍然争相进入网络空间中劳动，其目的在于获得拓展社会关系、提升社会声望、开展社交活动、进行娱乐和情感体验等一系列非经济报酬。不过，网络用户创造的非经济财富也受到了网络媒介的剥削，其原因在于网络媒介凭借技术和资本优势仍然可以无偿地获取网络用户创造的非经济财富。本章是对网络用户劳动报酬的又一次较为深入的探讨，对于揭开网络用户乐此不疲地劳动的迷雾有着重要作用。

第九章　网络用户的劳动范式及其未来走向

网络用户的劳动是伴随着网络这一信息技术的发展而产生的，网络空间是一个开放和互动的空间，网络用户在其中的劳动存在着与信息技术相一致的范式，其未来走向也有着自身的鲜明特色。

第一节　网络用户的劳动范式

网络用户的劳动是嵌入信息的社会化大生产中的劳动，其劳动范式与网络新资本形态相一致。

一、嵌入经济基础结构中的网络媒介

霍尔认为，关乎改变人的态度——改变或确认意见——的每一种传播形式，皆浇灌了关于自我的新形象，也皆有其作用，它们并非外在于"经济基础"，它们是经济基础的一部分。在现代资本主义经济及其特殊的社会秩序里，文化机构如报纸、书刊、广播、电视、电影以及网络等，已不再是处于次要乃至边缘位置的东西，无论它们自身如何变化、无论它们与其他生产机构发生了怎样的勾连和整合，它们都是经济组织的一部分。虽然我们强调大众传播是上层建筑的重要一环，但大众传播体系已卷入了经济基础结构之中。

借助于信息技术，资本主义已经拓展到了网络空间之中，形成了一套独特的资本积累范式。网络媒介作为信息资本主义生产与消费的重要载体，它孕育了网络经济，补足了经济循环圈，复制、生产与再生产了资本主义的生产关系。因而网络媒介也深深地嵌入信息资本主义的经济结构中。网络技术已经不只是传播技术，它进入了人类的生产性流程当中，对人类产品的生产、流通及消费有着极为巨大的支撑作用。在此情况下，作为网络空间中的重要劳动者的网络用户，其劳动必将在改变全球经济价值链乃至全球经济结构中扮演着重要角色。

网络这一新的信息技术催生并扩大了人类参与、合作与分享的生产模式，

将使用网络的人们（网络用户）拉入了有经济报酬（如 OGC）和无经济报酬（如 UGC）、狂欢（自愿）和不得已（非自愿，受技术操控）的劳动之中。从网络经济的层面来说，网络技术给网络用户带来的不是一场激动人心的"参与"之旅，而是将其带入了资本增殖的航道，使之遭到深度剥削。网络媒介所精心设计的各种平台，并不是人类娱乐和生活的美好天堂，它终将落入窠臼，让参与其中的人戴上商业的紧箍。网络平台不断给人们带来娱乐、情感体验等新刺激的动力不是来源于网络媒介的人性化关怀，而是源自资本增殖和扩张的逻辑。网络空间中的社交网站等劳动平台在殖民着网络用户的非薪资劳动的同时还使他们的隐私处于危险的边缘，劳动、网络用户、空间、时间、爱情友情亲情，乃至社会关系都卷入了商品化的潮流，网络媒介在轻松地操控着网络用户的劳动。

当然，我们也看到了一个事实，就是网络媒介为网络用户提供了一个个可以体验人生五彩生活、拓展人的社会关系网络、提升人的社会声望、求知、找到幸福感的平台，网络用户在网络媒介提供的光怪陆离的网络平台中获得若干非经济报酬，依据自己的娱乐习惯、信息偏好以及社会行为等在网络平台上各取所需。恰如罗振宇所说，只要你在某一方面有专长、够本事，通过网络便可迅速找到与你相适应的组织，与其他节点分工协作，完成一个项目，并体现你的价值。你的一切——无论是主意、时间还是经历都会由市场给你一个公道的价格。不过，在这众多非经济报酬的背后，仍然隐藏着网络媒介扩大资本积累的逻辑，网络媒介让网络用户在获得众多非经济报酬的同时也对其创造的非经济财富进行了无偿的霸占，并将之用作吸引其他网络用户进行劳动的诱饵，以扩大社会效应，置换更多的经济报酬，最终将获得非经济报酬的网络用户钳制在商业的逻辑空间之中。

总之，网络媒介已经深深地嵌入经济基础结构中，网络用户的劳动始终处于信息资本主义的商业逻辑之中，用户的劳动为促进网络经济发展、补足人类社会经济的循环圈做出了巨大贡献。

二、网络用户劳动：与网络新资本形态相一致的劳动范式

技术是经济社会发展的坐标，每个时代都有着自己独特的技术，形成自身独特的经济范式，使经济的发展能够较好地选择最佳的运行方式。在互联网时代，网络这一新兴的信息技术已经被社会所接纳，互联网经济体异军突起。网

络技术规定了网络用户在网络空间中劳动的可能性，明确了资本与劳动者在网络空间中的相应位置。从机器化到自动化再到网络技术带来的智能化，人类劳动的不确定性逐渐降低，网络技术使网络用户的劳动方式日益多样化，但劳动过程却日渐规范化。因而对作为资方的网络媒介来说，其只需要搭建网络劳动平台，并对之进行监管即可获得网络用户劳动所创造的价值。

技术对劳动者和资方都是有效能的。一般来说，谁掌握的技术越多、越先进，谁在生产中拥有的权力就越多。在网络这个重大的信息资本生产的空间之中，作为资方的网络媒介相对于网络用户这类劳动者来说，其在技术权力上有着压倒性的优势，它们使用网络技术对网络用户的劳动进行改进与控制，并辅以大众狂欢的生产组织形式来实现对网络用户劳动的管理，因而即便是素养极高的知识分子，仍然是信息资本组织内的人，其劳动也被资本控制着。

在这种情况下，网络媒介资本统治着网络用户的劳动，网络媒介利用网络技术这个权力资本搭建先进的、吸引力较强的网络劳动平台，从而实现信息空间中各种产品的最大化产出，从而最大限度地获取用户劳动的剩余价值，这是互联网时代客观存在的生产制度，它在网络空间中已经成为一种惯习，即使信息资本家的权力已经高度抽象为网络平台提供商的"服务"角色，他们仍然控制着网络空间中的生产流程和规则。网络用户虽然在网络技术的赋权下获得较大的劳动自主性，但他们仍然无力改变被资本奴役和剥削的命运，反而让网络空间中的生产关系更加异化。这是网络新资本形态的游戏规则，网络用户的劳动只能是与这一规则相一致的范式。

第二节　网络用户劳动的未来走向

通过对技术与权力关系中的网络用户劳动及其报酬这一主题的较为全面而深入的剖析，本研究认为网络用户劳动的未来走向主要呈现在以下三个方面。

一、被技术控制的程度会进一步加深

前面说过，网络技术为网络用户提供了更为自主的劳动空间，也使网络用户的劳动手段日益多元化，但网络技术会让劳动过程越来越规范。智能化水平

不断提升的网络劳动平台会让网络媒介控制网络用户劳动的手段更加隐蔽和有力。福柯的"全景敞视监狱"的理论使我们明白,技术的进步并不是加强了劳动者的中心地位,网络空间中起着变革先锋作用的往往是网络媒介而不是网络用户,因为设计、规划网络空间走向的是网络媒介而非网络用户,这是网络空间中的信息资本主义的真实写照。网络用户只是在网络媒介的牵引下来劳动的,他们在狂欢至死的状态下为网络媒介创造财富,成为网络媒介谋求资本扩张的共犯。波斯特(Poster)指出,在福柯看来,工人阶级其实是资本主义的共犯,而不是它的矛盾。① 由此可知,网络用户的劳动被技术控制的程度会进一步加深,网络不是一个远离劳动控制的世外桃源般的空间。

二、SOHO 一族将成为新时尚

SOHO(Small Office Home Office)即居家办公,SOHO 一族指自由职业者,如广告制作、自由撰稿人、音乐制作人、服装设计师等。2003 年以后,我国越来越多的人辞职开"淘宝店",使得自由职业者的队伍越来越庞大。自由职业者不隶属于任何组织,他们是独立工作的人,不向雇佣的人做长期的劳动承诺,也没有国家规定的社会福利。

当前,自由职业者的称呼发生了改变,人们称之为自雇用人士。在网络空间中,威客(the key of wisdom)是最早的自雇用人士,这些人自己做自己的老板,偶尔找找帮手,也会时不时给帮手些许酬劳。威客通过网络把自己的知识、智慧、经验和能力进行出售,换取经济收益。长期以来,威客自己生产产品,但是他们的用户和服务这两个东西一直较为模糊,这直接限制了威客的获利。随着网络技术的普及和深入发展,产品和服务这两个要素日渐活跃起来,威客生产的有价值的产品,网络媒介等商家会争相购买,加之国家对互联网企业注册的准入门槛不断降低,威客的自雇用完全成为可能。此外,在中国,一代人比一代人的创业意识更强,正如一个段子所说:

> 60 后:要么狂工作,要么不工作,狂工作是为了尽早不工作。
>
> 70 后:工作狂基本上都是 70 后。
>
> 80 后:拒绝加班!

---

① POSTER. Foucault, Marxism and history: Mode of production versus mode of information [M]. Cambridge: Polity Press, 1984: 156.

　　90 后：拒绝上班！

　　60 后：吃饭时，喜欢坐在老板对面。
　　70 后：吃饭时，喜欢坐在老板旁边。
　　80 后：最好别坐在老板旁边，那样才无拘无束。
　　90 后：我是老板！

　　以上这些条件为自雇用筑牢了平台。自雇用有经济报酬，有人追捧，又有创业的政策和条件，因而可以预见的是，网络空间中的 SOHO 一族将成为新时尚。

三、传统媒体中的 OGC 群体成为网络空间中流动化的工作群体

（一）传统媒体中的 OGC 群体流动化工作的现状

1. 传统媒体中的 OGC 群体流动化工作的界定

　　在媒介融合不断向纵深推进的今天，传统媒体中的 OGC 群体的流动化工作可大致地分为两种情况，一种情况是部分人选择离职传统媒体，直接创办网络媒体，例如《第一财经日报》前总编辑秦朔离职进行自媒体新尝试，做"秦朔朋友圈"；湖南卫视原节目制片人谢涤葵自立门户后也开拓了网综新领域，制作综艺节目《约吧！大明星》；《东方早报》原社长兼澎湃新闻 CEO 邱兵辞职进入正火热的短视频行业……另一种情况是在不离开原工作单位，在单位较为宽松的管理制度允许的情况下，同时接受多个新媒体平台的邀请而加入网络媒体平台的工作之中。例如知名主持人小 S（徐熙娣）加盟爱奇艺网，主持综艺节目《姐姐好饿》。

　　在传统媒体中的 OGC 群体的工作中，国家及地方政策、单位和公司运营资本等各种因素对不同媒体的要求常常存在一定的偏差。传统媒体中的 OGC 群体不仅需要对宏观政策、市场运作等方面有一定的了解和把握，同时也需要在政策允许的范围内，寻找能使资本获得最大化利益的运作路线。因此，传统媒体中的 OGC 群体一定要了解传媒相关政策法规、掌握资本市场的运作流程、学习相关领域的专业知识。也正因为如此，传统媒体中的 OGC 群体的工作流动性比较大。

　　传统媒体中的 OGC 群体的流动化工作主要体现在新闻传播界和影视界。前

者大多选择从体制内出走，或自立门户或从幕后走上台前或加入互联网新媒体；后者则与前者大相径庭，许多名气较大的影视演员选择进入网络视频、网络电视领域。更有以"引领亚太传媒"为公司口号的国内传媒公司大佬——华谊兄弟董事王中磊以"父亲"的身份参加浙江卫视亲子类真人秀节目《爸爸回来了》第一季，此举不仅是其在角色上的转换，更提高了其所在的华谊兄弟传媒股份有限公司在观众心中的企业形象，且节目在网络上的点播量也极大。

当然，在不离职的前提下流向网络媒体的传统媒体的 OGC 人员，近些年来在传媒界中所占比例亦在逐年上升。如 2017 年 5 月 18 日，知名主持人小 S 加盟爱奇艺网，主持《姐姐好饿》这一网络综艺节目，一时间引起了广泛的热议；2015 年 6 月中旬，由欢瑞世纪推出的网络电视剧《盗墓笔记》在爱奇艺上映，当日点击量屡破新高，开播仅一小时就突破 4 000 万的点击量，并在随后的 48 小时内达到了 1.43 亿（截至 2015 年 6 月 14 日 4 时 17 分）的总播放量，一时间引起了观众对电视界的反思。2015 年 7 月 17 日正式上映的喜剧电影《煎饼侠》，使一直与搜狐视频合作的主持人董成鹏，跃身成为拥有 10 亿票房的大导演。

无论是主动流动还是被动流动，无论是"出走"还是不离开原来的工作单位，毫无疑问，媒介融合对传统媒体中的 OGC 群体的流动化潮流具有极大的推动作用。客观地说，传统媒体中的 OGC 群体的流动化工作情势在网络技术的推动下变得越来越明显，并且带动着整个传媒业的发展。

2. 传统媒体中的 OGC 群体工作流动化的现状

（1）传统媒体中的 OGC 群体离巢或自立门户。早在 2004 年 11 月，湖南卫视著名主持人李湘的离职便掀起了轩然大波，成为媒体纷纷报道的新闻事件（李湘后来加入奇虎 360 担任 360 娱乐总裁，负责整体娱乐资源的整合）。而 2013 年 3 月下旬央视名嘴掀起"离职潮"，央视颇具影响力的主持人李咏、白燕升先后与央视解约。而就在白燕升宣布辞职的第二天，央视财经频道知名主持人王凯也在他 34 岁生日的当天于微博宣布与央视"分手"。在短短的两周时间内，连续数名央视主持人掀起"离职潮"的现象引来了众多的热议。随后中央电视台《对话》栏目原制片人罗振宇、浙江卫视前总监夏陈安、《南方都市报》原总经理陈朝华纷纷离职，掀起了新一轮的传统媒体的人才大流动的热潮，更是引发了人们对传统媒体流动化工作的大讨论。而这已然是近十年中的第三次人才流动，与前两次相比，这次流动潮更具规模、特点更为突出、影响力更大。传统媒体的持续低迷、体制管束的增强、客户及广告商的"脱媒化"等现象所带来的倾覆性冲击使传统媒体中的 OGC 群体对传统媒体的前景做出日趋黯淡的预测。而且，不少传统媒体缺乏明确的发展方向，转型方式不明确，因此，传统媒体人对自身发展前景更为困惑，心里的焦虑感也日渐增加，越来越多的传统媒体人参与到有关去留问题的大讨论中。现如今，随着网络技术的发展，体制外的择业机会越来越多，这为传统媒体的从业人员提供了巨大的发展空间及流动路径，于是越来越多的传统媒体中的 OGC 群体选择加入这场声势浩大的流动大潮之中，纷纷进入网络媒体创业或者与网络媒体公司合作。

无论是多样的工作形式还是丰富的工作内容，传统媒体 OGC 群体的流动化工作无不因为网络媒体发展的助推而呈现出愈加频繁的趋势。这是媒介融合的必然结果，也是传媒业发展所必须经历的一个阶段，而且只要媒介融合不停止，传统媒体中的 OGC 群体的工作流动情势就会持续上升。在媒介融合的背景下，此次传统媒体中的 OGC 群体流动潮固然打破了传统媒体机构原有的人才配置，但却对整个传媒行业以及传统媒体中的 OGC 群体的培养有着不可小觑的促进作用，然而传统媒体中的 OGC 群体流动表露出来的各类弊端对转型时期的传统媒体来说有着复杂的意义。

著名公司签约传统媒体中的 OGC 群体自立门户，其中有较高知名度的例子是影视中多栖发展的 85 后女星杨幂，在经历了荣信达时期、美亚娱乐时期、欢瑞世纪时期后，2014 年 3 月 27 日，杨幂与两位经纪人赵若尧、曾嘉共同出资 300 万成立了海宁嘉行天下影视文化有限公司，并于同年签约了一批艺人（有媒体称其为"幂军团"）。又如原欢瑞世纪传媒股份有限公司副总裁贾士凯，于 2015 年 6 月宣布离职，创建悦凯娱乐并担任总裁，旗下签约了杨洋、宋茜和颖儿等艺人。

（2）艺人明星转居幕后。在恒大集团于 2010 年 12 月斥巨资成立恒大音乐有限公司之时，知名音乐人高晓松与其好友——北京太合麦田音乐文化发展有限公司原首席执行官宋柯一起先后加入恒大音乐有限公司，业内顶尖操盘手宋柯担任董事长，高晓松担任董事、音乐总监。2015 年 7 月中旬，阿里巴巴石破惊天地宣布在旗下成立音乐集团，且聘请宋柯为 CEO。尽管二人在近五年时间里并未取得令人瞩目的成绩，没有打造出红极一时的歌手，但是正是他们的积极探索为互联网与音乐的交融积累了经验和人脉。也有相关人士称，阿里此举就是为了笼络人心，注重媒体人的资质和经验，力图借助资本来打破现有的音乐格局。

（二）网络媒体的发展对传统媒体中的 OGC 群体的流动化工作的影响

在媒介文本中，传统媒体中的 OGC 群体的流动化工作用三言两语便可以概括。但是近些年来，伴随着网络媒体的迅猛发展，OGC 群体原本就不死板的工作呈现出迅猛的流动化趋势。媒介文本中似乎自动忽视了网络媒体发展的影响，把传统媒体中的 OGC 群体的流动化工作狭隘地描写成"为了薪酬""同事矛盾""工作理念不合"以及"追名逐利"等略显微不足道的初衷。其实，姑且不论现如今传统媒体中的 OGC 人员的个人文化素养、水平如何，以上这些不够"高大上"的理由还是无形中贬低了他们的形象，何况无论今天传统媒体中的 OGC 群体的工作如何流动、频繁与否，都无法与网络媒体迅速发展、对传统媒体造成巨大冲击这个大背景割裂开来。

1. 媒介融合使传统媒体中的 OGC 群体主动开拓发展空间

一般来说，不管社会的发展方向如何，传媒业的总体发展目标应该是寻求解决受众（用户）信息及精神需求问题的最好方式。事实上，传媒业应该结合受众（用户）需求及市场发展的具体情况来确定自身的发展方向，不然就不是发展，更谈不上创新了。今后的传媒业都会是这样的发展方式，无一例外。从表面上看，传统媒体转型最直接的原因是受到了互联网新媒体的冲击，而从根本上看，其转型的原因是市场需求发生了改变。反应迅速、决断果敢的传统媒体的 OGC 群体会主动迎战新媒体的冲击，结合市场发展情况，优化组织结构，实现产业升级；反应迟缓、决断犹豫的传统媒体就会害怕网络媒体的冲击，畏缩不前，无力挣扎。

在网络媒体促使信息传播和消费格局发生巨大变化的背景下，就市场地位和社会影响力等方面而言，传统的媒体与互联网新媒体之间的差距已经不能同日而语。1997 年互联网媒体初步兴起之时，传统媒体并没有受到较大的影响。因为在专业程度、采编权、公信力等方面，传统媒体比互联网新媒体拥有更多的优势。近几年来，媒介技术的发展使互联网新媒体正以迅雷不及掩耳之势对传统媒体进行冲击，传统媒体在广告收入方面已经逐步走入下坡路，其中尤以纸质媒体和地市广播、电视为甚。2013 年，以报纸为代表的传统媒体的广告营业收入被以互联网为代表的新媒体全面追赶；2014 年，传统媒体的广告收入之和已低于互联网新媒体的广告经营额，业内外做出的所有传统媒体经营额之和将被互联网广告经营额超越的预测也得以提前实现。传统媒体无论是在影响力还是在媒体经营方面，都开始进入下滑趋势。为了更好的职业规划和发展空间，越来越多的传统媒体中的 OGC 群体纷纷选择离开传统媒体而转战新媒体领域。

随着媒介融合的发展，在网络等新媒体这个工作环境中，"新"字被赋予了更丰富的含义，这一点尤其体现在自媒体上。随着手机、平板电脑等便于携带的移动终端日渐普及，用户的注意力和时间越来越呈现出碎片化的状况，上下班的公交车和地铁上、排队等候的空隙时间，都被相当一部分用户用来获取信息。于是，许多传统媒体纷纷选择了与时代同步发展，并且开通了官方微信及微博等自媒体平台。不少传统媒体中的 OGC 群体选择从传统媒体流动出走创办自媒体并获得了更大的发展空间和更多用户的认可。例如历任中央电视台《商务电视》《经济与法》《对话》节目制片人的罗振宇选择离职并从幕后走上台前，2012 年年底，他与独立新媒体创始人申音合作打造知识型视频脱口秀节目《罗辑思维》。在不到半年的时间里，《罗辑思维》这部自媒体视频产品就逐步发展为颇具规模的互联网社群品牌。《罗辑思维》因定位明确、节目特点鲜明受到了观众的热捧，并荣获"2013 凤凰卫视年度新闻之自媒体节目奖"。

2. 网络媒体给传统媒体中的 OGC 群体带来更自由的财务空间

最近一些年，在媒介融合背景下，网络等新媒体的发展呈现出稳步上升的趋势，它们以较高薪酬大量挖掘人才，而体制内的传统媒体人受到大环境的影响，工作收入未见增长。现阶段，传统媒体中的 OGC 群体选择流动化工作的原因有很多，而薪酬高低是其中不可忽视的原因之一。特别是央视 2014 年降薪政策的出台成为一些传统媒体中的 OGC 群体投身新媒体的转折点。这个大环境一方面是物价不断上涨与体制内传统媒体中的 OGC 群体较为固定的收入不成正比，传统媒体中的 OGC 群体的收入仅由基本工资和绩效之和组成，看似稳定的收入与新媒体中的 OGC 群体相比已经没有优势，这种落差促使优秀的人员开始寻找新的发展空间和落脚点。与此同时，一部分互联网公司为了招揽人才，开出了不薄的年薪，这着实让传统媒体中的 OGC 群体难以拒绝。而另一方面，一些具有经济头脑的人员，则看到了"互联网与企业结合"所拥有的光明前景，一些勇敢的有进取精神的人率先在财务方面实现了自由化，这对其他人而言，不失为一种诱惑和显而易见的示范。网络等新媒体让传统媒体中的 OGC 群体看到了自身的能力，而网络媒体给他们带来了更自由的发展空间，因此传统媒体中的 OGC 群体流动化工作的趋势就更为明显了。

网络媒体让"财政自由"成为可能，这也是影响艺人明星等传统媒体中的 OGC 群体流动化工作的主要原因之一。在影视传媒公司，作为签约艺人的收入是税后和公司分成,部分在知名度和能力各方面均达到一定程度的艺人都选择成立个人工作室以谋求发展。这样一来,原本要和公司分成的那一部分收入便能作为艺人工作室的流动资金,这在提高艺人团队的收入和自由度的同时,也增加了艺人团队的工作人员的积极性。

3. 顺应网络等新媒体发展的趋势

网络等新媒体的发展必然会使媒介生态发生变化,传统媒体影响力下降,不仅广告收入减少,其从业人员受邀参加的发布会等活动也开始减少。学者麦克卢汉首次提出"媒介生态"的概念,他认为所谓的"媒介生态环境"就是媒介机构、团体所生存、发展的大背景,不仅受到政策、资源的影响,还受资源、技术等诸方面的制约。近年来,媒介生态环境的变迁成为传统媒体中的 OGC 群体工作流动的一个重要原因。

在最近的这股传统媒体中的 OGC 群体的流动潮中,不仅仅有一般意义上的传统媒体,原先被称为新媒体的门户网站的人才流动也呈现出不断扩大的趋势。从 2013 年 10 月到 2014 年 10 月,仅仅一年的时间,搜狐的刘春、网易的赵莹和新浪的陈彤都相继辞去了总编辑的职务,其中折射出的问题值得深究。而目前被大众所追捧的"网络媒体"实际上指的是移动新媒体以及手机客户端等,它们凭借高超的技术,影响着用户群体对信息的接收习惯,甚至还强烈地冲击着曾被传统媒体垄断长达数十年的传媒领域。传统媒体中一些思维较为敏锐的OGC 人员迅速地感觉到了这一点,并立刻做出了自己的判断和抉择,他们往往因为顺应目前媒体发展的趋势而选择工作流动,开拓了一片新的传媒阵地,开启了新的发展前程。同时,许多的传统媒体人从自身的角度出发,分析了传统媒体的职业疲惫和过于安逸的现状,逐步将视角转向了一切都还是未知的自媒体,不得不承认,这正在变成一种新的潮流。

综上所述,在传统媒体工作的 OGC 群体其上升空间相当受限,无论是业务能力的提升还是基于广告赞助的考虑,均需要他们具备多方面的专业水准和传媒素养。但传统媒体中具备这些条件的 OGC 人员的才能在传统媒体中得不到最大化的发挥,而互联网等新媒体巨大的发展潜力和发展空间给予这部分人大展身手的机会,于是便出现了传统媒体中的 OGC 群体在网络媒体这个新的平台或创作新颖的互联网自制节目,或整个团队集体流动投身于网络媒体的流动化工作。而视频网站以及客户端创作的互联网自制节目便是网络等新媒体发展的产物之一。

（三）传统媒体中的 OGC 群体流动化工作的规律及影响

1. 传统媒体中的 OGC 群体流动化工作的规律

（1）人才向日渐崛起的新媒体流动。媒介融合新浪潮的推进之势已然使我国传媒业和传媒人的格局发生了新变化，网络媒体无论是在内容还是影响力上均已成为不可忽视的主流媒体之一。首先，网络媒体拥有其自身的平台优势，不仅有自家记者所采访和转播的内容作为资源，还能拥有用户生成的内容。其次，现今社会舆论的主阵地已经逐渐有了网络媒体的一席之位，而且在社会舆论监督这方面表现得更为突出。一直以来传统媒体都将舆论监督功能作为引以为自豪的核心竞争力，近些年来越来越多的热点新闻和敏感事件被网络媒体率先披露出来，传统媒体而后较晚才陆续跟进，凸显了传统媒体舆论监督功能正在逐渐削弱的事实。

网络媒体由于在互联网方面的业务数量的迅猛增加，传统媒体中的人才成为竞争的另一大重点。传统媒体人才日渐趋于饱和，这成为网络媒体挖掘传统媒体中的 OGC 群体人才的一个契机，加快了新媒体对传统媒体进行"人才掠夺"这项工程的速度，同时其规模也不断在扩大。许多在传统媒体中久经磨炼、慢慢成长起来的优秀人才成了新媒体眼中的香饽饽。网络媒体市场化的特点更为突出，在人才配置上更为合理，更倾向于发挥市场的最大潜能，故而新媒体敢于高薪聘请专业人才，而媒体人才的流动预示着传媒行业的新动向。

2013 年华中科技大学的"近 30 年来传媒专业毕业生就业现状调查报告"显示，传媒行业的人员流失比例较高，总体流失率近 14%，而从传统媒体跨越到新媒体的人员比例为 2.41%。[①] 而实际上，传统媒体中的 OGC 群体人才的流动早在 2005 年就初见端倪，如《环球企业家》原执行主编李甫跳槽至网易担任内容总编辑、《南风窗》原总编辑陈菊红跳槽至腾讯担任腾讯网络媒体总编辑、《新京报》原副总编王跃春转至搜狐网出任常务副总编。这几年来，传统媒体中的 OGC 群体人才的流动正呈现出愈加频繁的趋势，仅两年时间，就有数位央视主持人离开，转而加盟爱奇艺、乐视等新媒体。这些实例都表明新媒体正在快速崛起，且正吸引着越来越多的优秀传统媒体中的 OGC 人员加入其中。

（2）发展空间成为人才流动的幕后推手。媒体转型时期的竞争就是科技和

---

① 在粤新闻专业毕业生职业状况调查显示：大多数认可坚守新闻理想必要性 [EB/OL]. (2013-08-27) [2018-09-09]. http://news.nandu.com/html/201308/27/169949.html.

人才的竞争，人才资源作为传媒行业的重头戏，正在大规模流动，而传统媒体中的OGC群体人员之所以流动，无非是由于原来的平台的种种限制而想谋求更好的发展空间，这主要体现在三个方面。

其一，体制空间。首先，传统媒体所处的发展环境十分尴尬，不仅受到事业单位的限制，还受到企业经营管理的制约，正是这种种限制束缚了传统媒体的发展。而网络媒体与传统媒体相比，其市场化的特点更加突出，受到的监管相对较少，网络媒体为媒体人提供了放飞梦想、展现自我的平台。正是基于新媒体门槛较低、支持创意的特点才令播出的节目范围更加宽泛，其综合实力也愈加雄厚。其次，传统媒体体制较为僵化，高管仍具有行政级别，"官本位"文化盛行，以及"编内"与"编外"的差别对待，导致很多传统媒体中的OGC人员的自我价值难以得到实现，而网络媒体相对而言更具平等性，其发展环境相对来说更为宽松。

其二，待遇空间。当下媒体人的薪资高低往往直接决定人才的流动比例，二者之间成正比，即薪酬待遇越高越容易留住人才。而近期的调查数据显示，传统媒体的薪酬已经不能给员工足够的安全感，员工的信心开始动摇，一旦企业爆发经济危机，出现财政困难，进行裁员、降薪，一些优秀员工就可能跳槽到待遇更加优越、发展前景较好的新媒体公司，而进入新媒体公司也往往使他们能够获得较大的安全感。

其三，大环境。网络媒体最大的优势在于其外部大环境有着无与伦比的影响力。新媒体往往会借助先进的科技来实现最佳的宣传效果，其摧枯拉朽之势是传统传媒不能匹敌的。网络媒体小载体、大容量的特点恰恰满足了当代用户的信息体验需求。现如今，快餐文化大行其道，这导致传统的报纸、杂志等销量每况愈下，经营效益明显下滑。有学者认为，今天的传统媒体就如垂垂老矣的老人，即将西下的太阳，可以发挥余热但已绝非主流，而网络媒体则如健壮的青年、临近中午时的太阳，生机勃勃，故人才向网络媒体流动也是大势所趋。

（3）优质人才在流动中占据主导地位。在人才流动的浪潮中竞争层次分明，优质人才往往占据主导地位。一方面，无论是传统媒体还是网络媒体，对综合性人才和有特长的人才均持欢迎的态度，而从市场角度分析，媒体人专一从事媒体行业的固有观念已经被打破，其从事大型公司的公关和宣传工作也日益被人所熟知；另一方面，在媒介融合大行其道的当下，传统媒体的教育模式和教学体系已经过时，无法保障传媒人才今后的发展，这就造成了传媒教育与实际应用之间的脱钩，二者之间巨大的差距已经引起了业界的广泛关注。故综合这两个方面，优秀人才无论在哪里都会受到欢迎，对于他们而言，不再是企业选择他们，而是他们选择企业。优质媒介人的核心竞争力在于其自身工作的严谨、为人处世的合理、对待工作的热情、不断自我提高的认知，在于他们无可取代的头脑。而那些小有成绩的媒体人已经在业内初露锋芒，小有名气，积累了一定的人脉。作为曾经的资深媒体人，彭晓芸有过这样的言论："媒体人要学会换位思考，从大众角度来讲，媒体人所处的平台以及媒体的形态并不重要，重要的是媒体人向大众展现的自身素质。我只关心传统媒体中的 OGC 群体中的人才去哪里工作，从事怎样的工作，他们是如何工作的，而不是去刻意关注他们所属的平台机构。"① 传媒行业曾一度被认为是一个暴利的行业，且这种垄断式的暴利至今仍未被打破。但媒体人在追求金钱物质的同时不能忘记自己身上所肩负的社会责任，不能忘记行业的道德准则，频繁跳槽行为的屡见不鲜正反映了传媒行业浮躁、急功近利的心态，这必然会影响传媒作品的质量以及传媒业未来的发展前景。

2. 传统媒体中的 OGC 群体工作流动化的社会影响

无论是从传统媒体中的 OGC 人员的各方面素养与能力，还是从近年来中国传媒业的发展来看，网络媒体大发展背景下传统媒体中的 OGC 群体流动化工作的影响应该是利大于弊的。我们要辩证统一地看待传统媒体中的 OGC 群体流动化工作的情况，因为任何事物均有两面性，传统媒体中的 OGC 群体选择流动化的工作一定有其多方面的考虑，并且传统媒体中的 OGC 群体的流动就目前来看是符合当下网络媒体大发展的背景的，网络媒体的发展给传统媒体中的 OGC 群体提供了更广阔的发展空间，为他们创造了学习更丰富的知识与先进技能的环境，此乃我国传媒界的幸事，是传媒业在媒介融合这个特定的背景下的进步。

从另一个角度来说，专业的媒介机构同样应该和传统媒体中的 OGC 群体一样，在网络媒体发展的背景下汲取更多其他方面的养分。一个传媒单位频繁流失传统媒体中的 OGC 群体中的人才，一定有其内在的弊端，无论是体制管理还是人才培养，无论是工作的实际环境还是员工的发展空间，均不能停滞不前。传媒业发展之迅速，传统媒体中的人才发展之全面，都是媒介技术发展、顺应

① 业内：传统电视人频跳槽更多为"自由"[EB/OL]. (2014-12-10) [2018-10-20]. http://www.chinaxwcb.com/2014-12/10/content_307890.html.

时代潮流的必然趋势。虽然说每年从高校毕业的新人不在少数，但是现如今的竞争极为激烈，传媒界更需要不断地提升其内在魅力，唯其如此才能吸引优秀的传媒新人，为自身注入新鲜的血液。竞争所带来的不应是越来越多的传媒业对于传统媒体中的 OGC 群体流动化工作的消极态度，而应是不断流失人才的传统媒体进行深刻的自省，只有不断进步才能留住传统媒体中的 OGC 群体人才。

总之，网络媒体的影响是近年来业内学者和工作人员愈加关注的话题，在网络媒体迅猛发展的大背景下，传统媒体中的 OGC 群体的流动化工作也处于过渡时期。传统媒体中的 OGC 群体流动化工作呈现出以地域、前景以及薪资报酬等为核心问题而不断演化的趋势，不少传统媒体中的 OGC 人员都纷纷流向更有经济实力、更有影响力的网络媒体平台。无论是主动流动还是被动流动，无论是"出走"还是不离开原来的工作环境，都能从媒介融合中窥见端倪。网络媒体的发展可以有效推动传统媒体中的 OGC 人员的合理流动，促使其工作情势逐步明朗，进而推动整个传媒行业的进步和发展。传媒界的人才争夺已经日趋白热化，专业人才的流动性正呈上升趋势，频繁的跳槽极为可能演变为业内常态。传统媒体中的 OGC 群体流动化的工作情势对媒体单位和传统媒体中的 OGC 群体来说是双赢的。网络媒体的发展可以有效推动传统媒体中的 OGC 群体人才的合理流动，促进传媒行业和社会的快速发展。

四、符合网络劳动市场的经济报酬将逐渐普及

OGC 中的劳动者都有经济报酬是不争的事实，而 PGC 中的劳动者会获得更多的经济报酬也是必然趋势。民间也有众多的高手，在草根阶层的网络用户中隐藏着不少专业知识极为丰富、创造能力极强的人，他们生产的网络信息产品叫好又叫座，为网络媒介创造了巨大的经济利益。按照网络用户的分类，这部分人属于 PGC 中的劳动者，目前已经获得一定的经济报酬，今后会获得更多的经济报酬。随着教育程度的提高和知识素养的提升，网络用户的劳动创造力必将越来越强，加之网络用户经济报酬意识的不断觉醒（用户经济报酬的诉求已经开始显现），同时网络媒介为了笼络人心，实现以小利换大利的目的，会给予一定的经济激励（其实目前已经有了苗头），因而在今后，网络用户劳动的经济报酬将会逐渐普及。

总之，网络媒体已经深深地嵌入社会经济基础结构之中，网络用户的劳动形成了与网络新资本形态相一致的劳动范式。在可以预见的未来，传统媒体中

的不少 OGC 群体将会逐渐流向网络空间，成为流动化的工作群体，网络媒介对网络用户劳动的技术控制的程度会进一步加深，网络用户的劳动也会得到一定的经济报酬，自雇用将会成为一种新时尚，网络经济的蓬勃发展大有盼头。

本章小结

本章对网络用户的劳动范式展开了研究，认为网络媒介已嵌入经济基础结构之中，网络用户的劳动成为与网络新资本形态相一致的劳动范式。同时，本章还对网络用户劳动的未来走向进行了研判，认为网络用户的劳动被技术控制的程度会进一步加深、网络用户中的 SOHO 一族将成为新时尚、传统媒体中的 OGC 群体将成为网络空间中流动化的工作群体、符合网络劳动市场的经济报酬将逐渐普及。

参考文献

一、中文著作/译作类

奥斯特瓦德，皮尼厄. 商业模式新生代 ［M］. 王帅，毛心宇，严威，译. 北京：机械工业出版社，2015.

巴比. 社会研究方法 ［M］. 邱泽奇，译. 北京：华夏出版社，2005.

班农，巴里，霍尔斯特. 信息社会 ［M］. 张新华，译. 上海：上海译文出版社，1991.

班格，温霍尔德. 移动交互设计精髓：设计完美的移动用户界面 ［M］. 傅小贞，张颖鋆，译. 北京：电子工业出版社，2015.

鲍德里亚. 完美的罪行 ［M］. 王为民，译. 北京：商务印书馆，2000.

鲍尔斯，爱德华兹，罗斯福. 理解资本主义：竞争、统制与变革 ［M］. 3 版. 孟捷，赵准，徐华，译. 北京：中国人民大学出版社，2010.

贝尔. 后工业社会的来临：对社会预测的一项探索 ［M］. 高铦，等，译. 北京：新华出版社，1997.

波德里亚. 消费社会 ［M］. 刘成富，全志钢，译. 南京：南京大学出版社，2014.

波德里亚. 象征交换与死亡 ［M］. 车槿山，译. 南京：译林出版社，2012.

波尔蒂加尔. 洞察人心：用户访谈成功的秘密 ［M］. 蒋晓，译. 北京：电子工业出版社，2015.

波斯特. 信息方式：后结构主义与社会语境 ［M］. 范静晔，译. 北京：商务印书馆，2000.

波拉特. 信息经济 ［M］. 袁君时，周世铮，译. 北京：中国展望出版社，1987.

布迪厄. 实践感 ［M］. 蒋梓骅，译. 南京：译林出版社，2003.

布迪厄. 文化资本与社会炼金术 ［M］. 包亚明，译. 上海：上海人民出版社，1997.

布尔. 用户 3.0 ［M］. 余冰，译. 长春：北方妇女儿童出版社，2015.

布雷弗曼. 劳动与垄断资本 ［M］. 方生，朱基俊，吴忆萱，等，译. 北京：商务印书馆，1979.

布利斯. 顾客为什么"粉"你 ［M］. 杨洋，译. 北京：当代世界出版社，2013.

布洛克. 后工业的可能性：经济学话语批判 ［M］. 王翼龙，译. 北京：商务印书馆，2010.

布若威 . 制造同意［M］. 李荣荣，译 . 北京：商务印书馆，2008.

曹晋，赵月枝 . 传播政治经济学：英文读本［M］. 上海：复旦大学出版社，2007.

查罗纳 . 改变世界的 1001 项发明［M］. 北京：中央编译出版社，2018.

长春市工商行政管理局 . 网络商品交易监管与服务［M］. 北京：中国工商出版社，2012.

陈韵强，赵浩嵩，王克，等 . 区域广电推进三网融合过程中的战略重构研究［M］. 北京：社会科学文献出版社，2014.

陈启杰，曹泽洲，孟慧霞，等 . 中国后工业社会消费结构研究［M］. 上海：上海财经大学出版社，2011.

程洁 . 网络传播学［M］. 苏州：苏州大学出版社，2013.

德波 . 景观社会［M］. 王昭凤，译 . 南京：南京大学出版社，2006.

邓伟志 . 邓伟志全集：社会学卷［M］. 上海：上海大学出版社，2013.

丁建华 . 侵权纠纷案例答疑［M］. 北京：中国法制出版社，2008.

凡勃伦 . 有闲阶层论［M］. 李华夏，译 . 北京：商务印书馆，2004.

菲利普斯 . 网络公关［M］. 陈刚，译 . 北京：北京大学出版社，2005.

芬伯格 . 技术批判理论［M］. 韩连庆，译 . 北京：北京大学出版社 . 2005.

冯建三 . 传媒公共性与市场［M］. 上海：华东师范大学出版社，2015.

福柯 . 规训与惩罚［M］. 刘北成，杨远婴，译 . 北京：三联书店，2012.

格兰诺维特 . 镶嵌：社会网与经济行动［M］. 北京：社会科学文献出版社，2015.

葛伟民 . 网络效应：互联网发展对全球经济的影响［M］. 上海：上海社会科学院出版社，2004.

郭玉锦，王欢 . 网络社会学［M］. 北京：中国人民大学出版社，2005.

葛兰西 . 狱中札记［M］. 葆煦，译 . 北京：人民出版社，1983.

哈特，奈格里 . 帝国：全球化的政治秩序［M］. 杨建国，等，译 . 南京：江苏人民出版社，2003.

哈维 . 新自由主义简史［M］. 王钦，译 . 上海：上海译文出版社，2010.

哈贝马斯 . 公共领域的结构转型［M］. 曹卫东，译 . 上海：学林出版社，1999.

郝志中 . 用户力：需求驱动的产品、运营和商业模式［M］. 北京：机械工业出版社，2015.

何明洁 . 劳动与姐妹分化：中国女性农民工个案研究［M］. 成都：四川大学出版社，2009.

黄钰茗 . 粉丝经济学［M］. 北京：电子工业出版社，2015.

黄炳贺 . 突破发展瓶颈：产业与企业的转型升级［M］. 北京：清华大学出版社，2014.

洪明 . 分销渠道中窜货行为及其治理策略研究［M］. 上海：上海财经大学出版

社，2012.

黄晓斌．网络信息资源开发与管理［M］．北京：清华大学出版社，2009.

胡正荣．新媒体前沿（2012）［M］．北京：社会科学文献出版社，2012.

胡国胜．网络营销与安全［M］．北京：清华大学出版社，2007.

胡吉明．社会网络环境下基于用户关系的信息推荐服务研究［M］．武汉：武汉大学出版社，2015.

胡斯．高科技无产阶级的形成［M］．任海龙，译．北京：北京大学出版社，2010.

霍尔．表征：文化表象与意指实践［M］．徐亮，译．北京：商务印书馆，2003.

贾君新．如何用互联网思维创富［M］．北京：北京时代华文书局，2015.

吉登斯．社会学［M］．李康，译．北京：北京大学出版社，2009.

杰哈利．广告符码［M］．马姗姗，译．北京：中国人民大学出版社，2004.

加尔布雷思．经济学和公共目标［M］．蔡受百，译．北京：商务印书馆，1980.

贾玢，赵志运．信息社会［M］．呼和浩特：内蒙古教育出版社，2004.

卡伦，芬顿，弗里德曼．互联网的误读［M］．北京：中国人民大学出版社，2014.

卡斯特．网络社会的崛起［M］．夏铸九，王志弘，译．北京：社会科学文献出版社，2003.

卡斯特．千年终结［M］．夏铸九，黄慧琦，等，译．北京：社会科学文献出版社，2006.

卡斯特．认同的力量［M］．2版．曹荣湘，译．北京：社会科学文献出版社，2006.

卡斯特，费尔南德斯-阿德沃尔，邱林川，等．移动通信与社会变迁：全球视角下的传播变革［M］．傅玉辉，何睿，薛辉，译．北京：清华大学出版社，2014.

凯尔纳，贝斯特．后现代理论：批判性的质疑［M］．张志斌，译．北京：中央编译出版社，2006.

科尔曼．社会理论的基础［M］．北京：社会科学文献出版社，1990.

科斯．企业、市场与法律［M］．盛洪，陈郁，译．上海：格致出版社，2009.

孔剑平，金韶，何川，等．社群经济：移动互联网时代未来商业驱动力［M］．北京：机械工业出版社，2015.

莱文森．数字麦克卢汉［M］．何道宽，译．北京：社会科学文献出版社，2001.

莱顿维塔，卡斯特罗诺瓦．虚拟经济学［M］．崔毅，译．北京：中国人民大学出版社，2015.

雷蔚真．网络迷群与跨国传播［M］．北京：中国传媒大学出版社，2012.

雷跃捷．网络传播概论［M］．北京：中国传媒大学出版社，2013.

列斐伏尔．空间与政治［M］．李春，译．上海：上海人民出版社，2008.

罗宾斯，韦伯斯特．技术文化的时代：从信息社会到虚拟生活［M］．何朝阳，王希华，译．合肥：安徽科学技术出版社，2004．

罗森菲尔德．SSA：用户搜索心理与行为分析［M］．汤海，蔡复青，译．北京：清华大学出版社，2013．

洛克．政府论［M］．丰俊功，译．西安：陕西人民出版社，2009．

郦瞻．网络营销［M］．北京：清华大学出版社，2013．

李洁明．无粉不活：不懂粉丝经济，你还玩什么 O2O［M］．北京：北京联合出版公司，2015．

李放，卜凡鹏．巴西"美洲豹"的腾飞［M］．北京：民主与建设出版社，2013．

李善友．颠覆式创新：移动互联网时代的生存法则［M］．北京：机械工业出版社，2014．

李丽林．人力资源经济学前沿系列：劳动关系经济学［M］．上海：复旦大学出版社，2016．

李惠斌，李朝晖．后资本主义［M］．北京：中央编译出版社，2007．

李忠良，李静红．《资本论》缩编本［M］．北京：人民出版社，2014．

林渊博，王海宁，等．Fireworks 4 网页图像设计专家指导［M］．北京：清华大学出版社，2001．

刘茂福．网络营销理论与实务［M］．北京：清华大学出版社，2007．

刘培刚．网络经济学［M］．上海：华东理工大学出版社，2014．

刘向晖．网络营销导论［M］．清华大学出版社，2014．

刘向晖．互联网草根革命：Web 2.0 时代的成功方略［M］．北京：清华大学出版社出版，2007．

刘千桂．网络广告与数字传播［M］．北京：企业管理出版社，2012．

刘冰．网络环境中基于用户视角的信息质量评价研究［M］．北京：中国社会科学出版社，2015．

刘军．整体网分析讲义：UCINET 软件实用指南［M］．上海：上海人民出版社，2012．

林南．社会资本［M］．张磊，译．上海：上海人民出版社，2005．

卢嘉瑞．金融理论与实务［M］．大连：东北财经大学出版社，1991．

娄策群．信息生态系统理论及其应用研究［M］．北京：中国社会科学出版社，2014．

卢金钟，等．新编电子商务概论［M］．北京：清华大学出版社，2012．

罗浩．用户体验：引爆商业竞争力的新法则［M］．北京：中国经济出版社，2016．

罗仕鉴，等．用户体验与产品创新设计［M］．北京：机械工业出版社，2010．

骆正山．信息经济学［M］．北京：机械工业出版社，2013．

马兆勤，等．新时代与新德育［M］．西安：西安出版社，2011．

麦克卢汉，秦格龙．麦克卢汉精粹［M］．何道宽，译．南京：南京大学出版社，2000．

麦克卢汉．机器新娘：工业人的民俗［M］．何道宽，译．北京：中国人民大学出版社，2004.

马尔库塞．反革命和造反［M］．任立，译．北京：商务印书馆，1982.

马克卢普．美国的知识生产与分配［M］．孙耀君，译．北京：中国人民大学出版社，2007.

马歇尔．经济学原理［M］．朱志泰，译．北京：商务印书馆，1981.

莫斯可．数字化崇拜：迷思、权力与赛博空间［M］．黄典林，译．北京：北京大学出版社，2010.

莫斯可．传播政治经济学［M］．胡春阳，黄红宇，姚建华，译．上海：上海译文出版社，2013.

莫斯可，麦克切尔．信息社会的知识劳工［M］．曹晋，罗真，林曦，等，译．上海：上海译文出版社，2013.

穆尔．赛博空间的奥德赛：走向虚拟本体论与人类学［M］．麦永雄，译．桂林：广西师范大学出版社，2007.

诺布尔．生产力：工业自动化的社会史［M］．李风华，译．北京：中国人民大学出版社，2007.

尼葛洛庞帝．数字化生存［M］．海口：海南出版社，1996.

彭增军．媒介内容分析法［M］．北京：中国人民大学出版社，2012.

帕特南．使民主运转起来：现代意大利的公民传统［M］．王列，赖海榕，译．北京：中国人民大学出版社，2015.

派恩，吉尔摩．体验经济［M］．毕崇毅，译．北京：机械工业出版社，2012.

钱皮．社群营销大爆炸［M］．陈本菲，等，译．北京：机械工业出版社，2015.

邱林川．信息时代的世界工厂：新工人阶级的网络社会［M］．桂林：广西师范大学出版社，2013.

瑞泽尔．赋魅于一个祛魅的世界：消费圣殿的传承与变迁［M］．罗建平，译．北京：社会科学文献出版社，2015.

人民日报社国际部．人民日报国际评论选编2012［M］．北京：人民日报出版社，2013.

任青山．天然次生林群落生态位结构的研究［M］．哈尔滨：东北林业大学出版社，2002.

舍基．认知盈余［M］．胡泳，哈丽丝，译．北京：中国人民大学出版社，2011.

桑斯坦．网络共和国：网络社会中的民主问题［M］．黄维明，译．上海：上海人民出版社，2003.

师曾志，金锦萍．新媒介赋权：国家与社会的协同演进［M］．北京：社会科学文献出版社，2013.

石义彬. 批判视野下的西方传播思想 [M]. 北京：商务印书馆，2014.

石义彬. 单向度、超真实、内爆：批判视野中的当代西方传播思想研究 [M]. 武汉：武汉大学出版社，2003.

沈爱华，袁春晖. 政治经济学原理与实务 [M]. 北京：北京大学出版社，2013.

沈江，徐曼. 新一代信息技术产业 [M]. 济南：山东科学技术出版社，2018.

盛晓白，韩耀，徐迪，等. 网络经济学 [M]. 北京：电子工业出版社，2009.

上海市哲学社会科学规划办公室. 国外社会科学前沿：第 17 辑 [M]. 上海：上海人民出版社，2014.

上海社会科学院哲学所. 法兰克福学派论著选辑：上卷 [M]. 北京：商务印书馆，1998.

斯塔夫里阿诺斯. 全球通史 [M]. 吴象婴，译. 北京：北京大学出版社，2006.

斯丹迪奇. 从莎草纸到互联网：社交媒体 2000 年 [M]. 林华，译. 北京：中信出版集团，2015.

唐瑟尔. 疯评：在互联网＋时代，如何让你的产品和服务站上风口 [M]. 张森，陈书，冯明珠，译. 北京：新世界出版社，2015.

托夫勒. 第三次浪潮 [M]. 黄明坚，译. 北京：中信出版集团，2006.

天津市社会科学界联合会，等. 马克思恩格斯学说集要：下册 [M]. 天津：天津人民出版社，1995.

涂子沛. 数据之巅 [M]. 北京：中信出版社，2014.

Vogel，Cagan，Boatwright. 创新设计：如何打造赢得用户的产品、服务与商业模式 [M]. 吴卓浩，郑佳朋，译. 北京：电子工业出版社，2014.

王静. 经济学基础 [M]. 北京：科学出版社，2009.

威利斯. 学做工：工人阶级子弟为何继承父业 [M]. 秘舒，凌旻华，译. 南京：译林出版社，2013.

韦斯特曼，邦尼特，麦卡菲. DT 转型：企业互联网＋行动路线图 [M]. 张纯，译. 北京：中信出版集团，2015.

魏海. 盗窃罪研究：以司法扩张为视角 [M]. 北京：中国政法大学出版社，2012.

沃瑞劳. 用户思维 [M]. 林南，译. 北京：中国友谊出版公司，2015.

吴伟光. 信息、制度与产权：信息社会与制度规治 [M]. 北京：法律出版社，2015.

吴声. 场景革命：重构人与商业的连接 [M]. 北京：机械工业出版社，2015.

希尔斯. 意愿经济：大数据重构消费者主权 [M]. 李小玉，高美，译. 北京：电子工业出版社，2016.

席勒. 数字资本主义 [M]. 杨立平，译. 南昌：江西人民出版社，2001.

席勒. 信息拜物教：批判与解构 [M]. 邢立军，方立祥，凌金良，译. 北京：社会科学文献出版社，2008.

席勒.传播理论史：回归劳动［M］.冯建三，罗世宏，译.北京：北京大学出版社，2012.

夏皮罗.用户战略：转型焦虑的中级解决方案［M］.潘晓璐，译.北京：中信出版集团，2014.

信息社会50人论坛.边缘革命2.0：中国信息社会发展报告［M］.上海：上海远东出版社，2013.

信息社会50人论坛.信息经济：中国转型新思维［M］.上海：上海远东出版社，2015.

徐飞.学者笔谈：第12辑［M］.上海：上海交通大学出版社，2013.

许纪霖.帝国、都市与现代性.南京：江苏人民出版社，2006.

许毅.市场经济纵论［M］.北京：经济科学出版社，1995.

颜艳春.第三次零售革命：拥抱消费者主权时代［M］.北京：机械工业出版社，2014.

杨剑.数字边疆的权力与财富［M］.上海：上海人民出版社，2012.

杨健.自商业：未来网络经济新形态［M］.杭州：浙江大学出版社，2014.

叶开.粉丝经济［M］.北京：中国华侨出版社，2014.

喻国明.媒介革命：互联网逻辑下传媒业发展的关键与进路［M］.北京：人民日报出版社，2015.

张健.生产关系改变下的互联网经济［M］.北京：中国财富出版社，2013.

张澍军.马克思主义哲学若干重大问题讲解［M］.北京：高等教育出版社，2006.

张天培.中国社交媒体中的政府信息流研究［M］.北京：人民日报出版社，2016.

张向达.中国收入分配与经济运行［M］.大连：东北财经大学出版社，1996.

张六琥，齐戈.马克思主义政治经济学的理论与实践［M］.北京：中国商业出版社，1999.

章剑林，黄左彦.杭州市互联网经济发展报告［M］.杭州：浙江大学出版社，2013.

占世伟，穆楠.复制互联网之三［M］.北京：清华大学出版社，2012.

赵大伟.互联网思维独孤九剑：移动互联时代的思维革命［M］.北京：机械工业出版社，2014.

郑永年.技术赋权：中国的互联网、国家与社会［M］.邱道隆，译，北京：东方出版社，2014.

钟殿舟.互联网思维［M］.北京：企业管理出版社，2014.

中央电视台大型纪录片《互联网时代》主创团队.互联网时代［M］.北京：北京联合出版公司，2015.

中国互联网大会组委会，中国网民文化节组委会.网络光芒：互联网的价值与潜质［M］.北京：机械工业出版社，2010.

周敏．阐释流动想象：风险社会下的信息流动与传播管理［M］．北京：北京大学出版社，2014．

周朝民．网络经济与管理［M］．上海：上海人民出版社，2008．

周洪宇，徐莉．第三次工业革命与当代中国［M］．武汉：湖北教育出版社，2013．

朱剑飞．当代传媒管理研究［M］．北京：中国社会科学出版社，2013．

樽本彻也．用户体验与可用性测试［M］．陈啸，译．北京：人民邮电出版社，2015．

二、中文论文类（期刊论文、学位论文、报纸文章）

蔡敏，周端明．技术是资本控制劳动的工具：马克思主义技术创新理论［J］．贵州社会科学，2012（4）．

曹晋，张楠华．新媒体、知识劳工与弹性的兴趣劳动：以字幕工作组为例［J］．新闻与传播研究，2012（5）．

曹晋，许秀云．传播新科技与都市知识劳工的新贫问题研究［J］．新闻大学，2014（2）．

曹双喜，邓小昭．网络用户信息行为研究述略［J］．情报杂志，2006（2）．

陈先红，张凌．草根组织的虚拟动员结构："中国艾滋病病毒携带者联盟"新浪微博个案研究［J］．国际新闻界，2015（4）．

陈明红，漆贤军．网络信息生态系统中信息资源配置仿真研究［J］．情报杂志，2012（5）．

陈柳钦．社会资本及其主要理论研究观点综述［J］．东方论坛，2007（3）．

陈氚．权力的隐身术：互联网时代的权力技术隐喻［J］．福建论坛（人文社会科学版），2015（12）．

陈树强．增权：社会工作理论与实践的新视角［J］．社会学研究，2003（5）．

陈昭锋．论政府高新技术产业管理的职能及对策［J］．科学管理研究，1999（2）．

窦毓磊．FacebookVS微信：中外社会化媒体商业模式对比研究［J］．现代传播，2016（1）．

福克斯．信息资本主义及互联网的劳工［J］．新闻大学，2014（5）．

冯俊扬．巴网络经济方兴未艾［N］．人民日报，2002-02-23（7）．

郭镇之．传播政治经济学理论泰斗达拉斯·斯麦兹［J］．国际新闻界，2001（3）．

"国内外新闻与传播前沿问题跟踪研究"课题组．数字时代的"公民新闻""另类新闻"及其他：争论与评估［J］．新闻与传播研究，2015（12）．

何镇飚，王润．新媒体时空观与社会变化：时空思想史的视角［J］．国际新闻界，2014（5）．

黄岩．农民工赋权与跨国网络的支持：珠江三角洲地区农民工组织调查［J］．调研世界，2008（5）.

黄令贺，朱庆华 . 百科词条特征及用户贡献行为研究：以百度百科为例［J］. 中国图书馆学报，2013（1）.

黄丽等 . 网络直播平台整顿背后：用户量超 2 亿有平台市值逾 30 亿美元［N］. 每日经济新闻，2016 - 04 - 01（4）.

郝志中 . 用户力：需求驱动的产品、运营和商业模式［J］. 中国房地产，2016（2）.

韩洪波 . 论技术与社会的整体性［D］. 武汉：武汉科技大学，2015.

金韶，倪宁 . "社群经济"的传播特征和商业模式［J］. 现代传播，2016（4）.

匡文波 . 论新媒体传播中的"蝴蝶效应"及其对策［J］. 国际新闻界，2009（8）.

娄策群 . 信息生态位理论探讨［J］. 图书情报知识，2006（5）.

娄策群，杨瑶，桂晓敏 . 网络信息生态链运行机制研究：信息流转机制［J］. 情报科学，2013（6）.

李慧娟，李彦 . 从线下到线上：移动互联网的时空分区效应研究［J］. 国际新闻界，2015（10）.

李北伟 . 基于演化博弈理论的网络信息生态链研究［J］. 图书情报工作，2012（22）.

李怡乐 . 技术进步视野中的劳动与资本矛盾关系考察［J］. 甘肃理论学刊，2009（5）.

李山赓 . 经济学基础［M］. 北京：北京理工大学出版社，2012.

李长健 . 论劳动关系的异化：兼论事实劳动关系与劳务关系的区别［J］. 华中农业大学学报（社会科学版），2004（12）.

梁颐，刘华 . 互联网赋权研究：进程与问题［J］. 东南传播，2013（4）.

刘剑 . 实现灵活化的平台：互联网时代对雇佣关系的影响［J］. 中国人力资源开发，2015（14）.

刘千桂 . 自媒体：激活出版业与相关产业融合发展［J］. 出版广角，2014（9）.

刘冰 . 基于用户体验视角的信息质量反思与阐释［J］. 图书情报工作，2012（6）.

骆桢 . 对"置盐定理"的批判性考察［J］. 经济学动态，2010（6）.

骆祯 . 资本权力、技术变革与利润率：资本积累模式及其危机的可能性路径［J］. 海派经济学 . 2012（2）.

陆晔，赵月枝 . 美国数字电视：在权力结构与商业利益之间的曲折发展［J］. 新闻与传播研究，1999（3）.

蓝江 . 生存的数字之影：数字资本主义的哲学批判［J］. 国外理论动态，2019（3）.

拉扎拉托 . 非物质劳动（上）［J］. 国外理论动态，2005（3）.

马克卢普 . 美国的知识生产与分配［C］//童兵 . 技术、制度与媒介变迁：中国传媒改革开放 30 年论集 . 上海：复旦大学出版社，2009.

莫斯可 . 数字劳工与下一代互联网［J］. 全球传媒学刊，2018（12）.

彭兰 . 场景：移动时代媒体的新要素［J］新闻记者，2015（3）.

邱林川 . 告别 i 奴：富士康、数字资本主义与网络劳工抵抗［J］. 社会，2014（4）.

邱林川 . 新型网络社会的劳工问题［J］. 开放时代，2009（12）.

齐懿，孙珂 . 论劳动关系的异化［J］. 知识经济，2013（14）.

芮锋，臧武芳 . 网络经济对传统经济周期的影响［J］. 世界经济研究，2001（4）.

沈阳，杨艳妮 . 中国网络意见领袖社区迁移影响因素及路径分析［J］. 国际新闻界，2016（2）.

隋岩，张丽萍 . 从"蚂蚁效应"看互联网群体传播的双重效果［J］. 新闻记者，2015（2）.

宋红岩，曾静平 . 新媒体视域下"沉默的螺旋"理论的检视与研究：以长三角农民工的 QQ 表达为例［J］. 新闻与传播研究，2015（4）.

宋卫东 . 经济学常识速查速用大全集［M］. 北京：中国法制出版社，2014.

唐荣堂，李雪 . 网络化社会：传播与社会互动：第十五届中国新闻传播学科研究生学术年会综述［J］. 新闻大学，2016（2）.

汪建华 . 互联网动员与代工厂工人集体抗争［J］. 开放时代，2011（11）.

汪建华，石文博 . 争夺的地带：劳工团结、制度空间与代工厂企业工会转型［J］. 青年研究，2014（1）.

王玲宁 . 微信使用行为对个体社会资本的影响［J］. 新闻大学，2015（6）.

王欢，郭玉锦 . 网络社区及其交往特点［J］. 北京邮电大学学报（社会科学版），2003（5）.

吴鼎铭，石义彬 . "大数据"的传播政治经济学解读：以"数字劳工"理论为研究视角［J］. 广告大观（理论版），2014（6）.

夏玉凡 . 传播政治经济学视域中的数字劳动理论：以福克斯劳动观为中心的批判性探讨［J］. 南京大学学报（哲学·人文科学·社会科学），2018（5）.

谢富胜，周亚霆 . 知识经济与资本主义劳动过程［J］. 教学与研究，2012（3）.

谢富胜，周亚霆 . 技术决定论还是社会控制论：资本主义劳动过程研究的复兴［J］. 经济学家，2012.

喻国明，潘佳宝 . "互联网＋"环境下中国传媒经济的涅槃与重生：2015 年中国传媒经济研究的主题与焦点［J］. 国际新闻界，2016（1）.

姚建华 . 传播政治经济学视域下的媒介产业数字劳工研究［J］. 南京社会科学，2018.

杨洸 . "数字原生代"与社交网络国外研究综述［J］. 新闻大学，2015（6）.

杨文宇 . 信息商品的价值理论及其定价策略分析［J］. 世界经济情况 2009（8）.

杨逐原，周翔 . 网络信息生态位视域下网络劳动者的主体性与价值增值分析［J］. 西南民族大学学报（人文社会科学版），2016（2）.

杨逐原. 对回归理性的网络论坛的思考［J］. 社科纵横（新理论版），2008（9）.

杨逐原，陈莉. 流动的异乡：网络空间中的身份认同［J］. 青年记者，2019（2）.

郑忠明，江作苏. 网络用户劳动与媒介资本价值：基于美国社交新闻媒体 Reddit 的案例分析［J］. 新闻记者，2015（9）.

郑彪. 网络时代的劳工研究与文化研究：《学做工》的今日再思［J］. 国际新闻界，2015（10）.

曾庆香，王超慧. 众筹新闻：变革新闻生产的权力结构［J］. 国际新闻界，2014（11）.

周珍妮，陈碧荣. Web 3.0：全新的互联网时代［J］. 图书情报论坛，2009（1）.

周红云. 社会资本：布迪厄、科尔曼和帕特南的比较［J］. 经济社会体制比较，2003（4）.

周红云. 社会资本与社会治理：政府与公民社会的合作伙伴关系［M］. 北京：中国社会出版社，2010.

周懿瑾，魏佳纯. "点赞"还是"评论"？社交媒体使用行为对个人社会资本的影响：基于微信朋友圈使用行为的探索性研究［J］. 新闻大学，2016（1）.

张宏伟. 参与式生产：文化产品生产的转向与变革［J］. 新闻与传播研究，2015（11）.

张军. 网络信息链的分析流程与重构方法［J］. 现代图书情报技术，2009（3）.

张文燕. 新媒体语境下无偿性网络知识劳工的非物质劳动研究［D］. 济南：山东大学，2015.

张译文. 解密影视网络翻译：部分字幕组收入达百万元［N］. 重庆晚报，2009 - 08 - 03（3）.

章戈浩. 数字时代的受众商品论［M］//胡正荣. 新媒体前沿. 北京：社会科学文献出版社，2012.

朱悦怡，张黎夫. 知识、权力与技术［J］. 科技进步与对策，2007（12）.

赵云泽，付冰清. 当下中国网络话语权的社会阶层结构分析［J］. 国际新闻界，2010（5）.

赵曙光. 社交媒体的使用效果：社会资本的视角［J］. 国际新闻界，2014（7）.

赵海宽. 虚拟资本及其积极作用［J］. 金融研究，2000（3）.

三、电子文献类

董毅智. 幕后策划 众筹项目分包创意：穹顶之下的"互联网"［EB/OL］.（2015 - 03 - 04）［2015 - 10 - 25］. http：//finance. eastmoney. com/news/1682，20150304482481962. html.

李静君. 劳工与性别：西方学界对中国的分析［EB/OL］. http：//www. tsinghua. edu. cn/docsn/shxx/site/chinac/laogong/ljj. htm .

刘伟. Razzi. me：分享图片赚钱［EB/OL］.［2015 - 06 - 12］. http：//tech. 163. com/11/0502/21/7333 KSL6000938EN. html♯from＝relevant.

黎万强. 参与感是新营销的灵魂［EB/OL］.（2013 - 10 - 29）［2016 - 03 - 06］. http：//www. managershare. com/2013/10/29/ sense of participation is the soul of the new marketing/.

业内：传统电视人频跳槽更多为"自由"［EB/OL］.（2014 - 12 - 10）［2018 - 07 - 08］. 中国新闻出版网，http：//www. chinaxwcb. com/2014 - 12/10/content _ 307890. html.

Facebook 将进入痛苦的衰退期?［EB/OL］.（2012 - 06 - 08）［2020 - 03 - 21］. http：// tech. qq. com/a/20120608/000156. htm.

Facebook's Project Titan：A Full Featured Webmail Product. February Sth，2010［EB/OL］.（2010 - 02 - 05）［2018 - 04 - 03］. http：//techcrunch. com/2010/02/05/facehooks-project-tiLan.

List of Wikipedias［EB/OL］.（2011 - 11 - 24）［2018 - 03 - 23］. http：//s23. org/wikistats/ wikipedias _ html.

热议 Facebook 上市［EB/OL］.（2012 - 02 - 02）［2018 - 04 - 22］. http：//tech. ifeng. com/internet/detail _ 2012 _ 02/02/12252216 _ 0. Shtml.

世界主要发达国家的电子商务发展状况［EB/OL］. ［2015 - 05 - 08］. http：//www. e-gov. org. cn/article-14082. html.

在粤新闻专业毕业生职业状况调查显示：大多数认可坚守新闻理想必要性［EB/OL］.（2013 - 08 - 27）［2018 - 09 - 11］. http：//news. nandu. com/html/201308/27/169949. html.

中国互联网络信息中心 CNNIC 发布第 36 次《中国互联网络发展状况统计报告》［EB/OL］.（2015 - 07 - 22）［2017 - 09 - 21］. http：//www. cnnic. net. cn/hlwfzyj/hlwxzbg/hlwtjbg/201507/t20150722 _ 52624. htm.

中国互联网络信息中心 CNNIC 发布第 44 次《中国互联网络发展状况统计报告》［EB/OL］.（2019 - 08 - 30）［2019 - 12 - 22］. http：//www. cac. gov. cn/2019 - 08/30/c _ 1124939590. htm.

四、外文类（著作、期刊论文）

ADLER L K，PATERSON T G. Red fascism：the merger of Nazi Germanyand Soviet Russia in the American image of totalitarianism［J］. American Historical Review，2004.

ALLACE C P. The Pacific paradox：island of despair［J］. Los Angeles Times，1995.

BELL D. The coming of the post-industrial society［J］. The Educational Forum，1976，40（4）.

BENKLER Y. The wealth of networks：how social production transforms markets and free-dom［M］. New Haven：Yale University Press，2006.

BERGSMA L J. Empowerment education：the link between media literacy and health pro-motion［J］. American Behavioral Scientist，2004，48（2）.

BERMEJO F. Audience manufacture in historical perspective：from broadcasting to Google［J］. Media，Culture & Society，2009.

BOURDIEU P. The forms of capital［C］// J. G. RICHARDSON. Handbook of theory and research for the sociology of education. Westport，CT：Greenwood Press，1986.

BRAVERMAN H. Labor and monopoly capital：The degradation of work in the twentieth century [M]．New York：Monthly Review Press，1974.

BRIAN A. Competing technologies，increasing retuns，and lock-in by historical eventss [J]．Economic Journal，1989（99）.

BRUNER J. Industrial Internet -The machines are talking [M]．Publisher：O'Reilly Media，2013.

BURGESS J. YouTube. online video and participatory culture [M]．Cambridge and Malden，MA：Polity Press，2009.

CARAWAY B. Audience labor in the new media environment：a Marxian revisiting of the audi-ence commodity [J]．Media，Culture & Society，2011.

CASTELLS M. Communication power [M]．Oxford：Oxford University Press，2009.

CASTELLS M. Networks of outrage and hope：social movements in the internet age [M]．Cambridge：Polity Press，2012.

CONGER J A，KANUNGO R N. The empowerment process：Integrating theory and practice [J]．Academy of management review，1988，13（3）.

COTÉ M，PYBUS J. Learning to immaterial labour 2.0：MySpace and social networks [J]．Ephemera，2007，7（1）.

COULDRY N. Mediatization or mediation? alternative understandings of the mediated space of digital storytelling [J]．New Media & Society，2008.

D H PINK. Free agent nation：The future of working for yourself [M]．Business Plus，2002.

DRUCKER P F. From capitalism to knowledge society [M] // Post capitalist society. New York：Harper Business Publishers，1994.

DRUCKER P. The age of discontinuity：Guidelines to our changing society [J]．Resenha Bibliorafica，1969.

DYER-WITHEFORD，N. Cyber-Marx：cycles and circuits of struggle in high-technology capitalism [M]．Urbana，Ill：University of Illinois Press，1999.

EARL J，KIMPORT K. Digitally enabled social change：activism in the internet age（acting with technology）[M]．Cambridge，MA：The MIT Press，2011.

EDWARDS R. Contested terrain：the transformation of the workplace in the twentieth century [M]．New York：Basic Books Inc.，1979.

EILEEN R MEEHAN. Sex and money：feminism and political economy in the media [M]．Minneapolis：University of Minnesota Press，2001.

FUCHS C. Class，knowledge and new media [J]．Media Culture and Society，2009a.

FUCHS C. Dallas Smythe today-the audience commodity, the digital labour debate, Marxist political economy and critical theory Prosumer [J]. Journal of Consumer Culture, 2012, 10 (2).

FUCHS C. Foundations and two models of guaranteed basic income [M]. G. Schweiger, and C. Sedmak, Vienna: LIT, 2008: 235.

FUCHS C. Some Implications of Pierre Bourdieu's Works for a Theory of Social Self-Organization [J]. European Journal of Social Theory, 2003a.

GORZ A. Ecology as politics [M]. Boston: SouthEnd Press, 1980.

GORZ A. Farewell to working class [M]. London: Pluto Press, 1982.

GORZ A. Paths to paradise: on the liberation from work [M]. London: Pluto Press. 1985.

HECTOR P. YouTube money the socio-technical architecture of digital labor: Converting play into YouTube money [J]. New Media & Society, 2014.

HEIDIGER V, VONDERAU P. Films that work: industrial film and the productivity of media [M]. Amsterdam: Amsterdam University Press, 2009.

HUBERMAN. The laws of the Web : pattern in the ecology of information [M]. Boston: The MIT Press, 2001.

HUWS. The making of a cybertariat [M]. New York: Monthly Review Press, 2003.

ITO M., HORST H, BITTANTI M., BOYD D, et al: Living and learning with new media: summary of findings from the digital youth project [J]. Digital Media & Learning, 2008.

JHALLY S, LIVANT B. Watching as working: the valorization of audience consciousness [J]. Canadian Journal of Olitical and Social Theory, 1986.

JHALLY S. Probing the blindspot: the audience commodity [J]. Canadian Journal of Political and Social Theory, 1982.

JHALLY, S. The codes of advertising: fetishism and the political economy of meaning in the consumer society [M]. New York and London: St. Martin's Press and Frances Pinter, 1987.

JORDAN F, SCHEURING I. Network ecology: Topological constraints on ecosystem dynamics [J]. Pysics of Life Reviews, 2004.

JORDAN F, SCHEURING I. Network ecology: topological constraints on ecosystem dynamics [J]. Pysics of Life Reviews, 2004 (2).

JORDAN F. Network ecology: topological constraints on ecosystem dynamics [J]. Pysics of Life Reviews, 2004, 4 (1).

KATHI E. Life within and against work: affective labor, feminist critique, and postfordist politics [J]. Ephemera, 2007.

KATZ E, LAZARSFELD P F. Personal influence: the part played by people in the flow of mass communications [M]. New York: Free Press, 1955.

KIRKPATRICK D. The Facebook effect [M]. New York: Simon & Schuster, 2010.

KNOKE D. Political networks: the structural perspective [M]. New York: Cambridge University Press, 1990.

KOGUT B. The global internet economy [M]. MIT Press, 2003.

LEE M. Google Ads and the blind spot debate [J]. Media. Culture & Society, 2011, 33 (3).

LOWRY P B, CURTIS A, LOWRY M R. Building a taxonomy and nomenclature of collaborative writing to improve interdisciplinary research and practice [J]. Journal of Business Communication, 2004, 41 (1).

LUFF P, HINDMARSH J, HEATH C. Workplace studies: recovering work practice and informing system design [M]. Cambridge: Cambridge University Press, 2000.

MACHLUP F. The production and distribution of knowledge in the United States [M]. Princeton, NJ: Princeton University Press, 1962.

MANZEROLLE V. Mobilizing the audience commodity: digital labour in a wireless world ephemera theory & politics in organization [J]. Academic Journal, 2010, 10 (3/4).

MARTIN E. Fundamentalism as a social phenomenon [J]. Bulletin of the American Acadmey of Arts of Sciences, 1980.

MARWICK A E, BOYD. I tweet honestly, I tweet passionately: twitter users, context collapse and the imagined audience [J]. New Media & Society, 2011.

MASLOW A H, WEBB, DAVID A. Theory of human motivation [M]. New York: Reatespace, 2013.

MATTELART A. Networking the World, 1794－2000 [M]. University o f Minnesota Press, 2000.

MATTHEWS, N A. Surmounting a legacy: the expansion of racial diversity in a local anti-rape movement [J]. Gender and Society, 1989.

MAYER V. Below the line: producers and production studies in the new television economy [M]. Durham: Duke University Press, 2011.

MCALEXANDER. Building brand community [J]. Journal of Marketing, 2002.

MCCHESNEY R. The political economy of media: enduring issues, emerging dilemmas [M]. New York: Monthly Review Press, 2008.

MCLUHAN M, NEVITT B. Take Today : the executive as drop [M]. Longman Canada Limited, 1972.

MEEHAN E. Rating and the institutional approach: a third answer to the commodity question [J]. Critical Studies in Media Communication, 1984, 1 (2).

MEYROWITZ J. No sense of place: the impact of electronic media on social behaviour [M]. Oxford: Oxford University Press, 1985.

MICHEL F. The Ethic of Care for the Self as a Practice of Freedom [J]. Dits et écrits, Paris: Gallimard, 1994 (4).

MICHEL F. The Ethic of Care for the Self as a Practice of Freedom [J]. Dits et écrits. Paris: Gallimard, 1994 (5).

MOWSHOWITZ A. On the market value of information commodities: the nature of information and information commodities [J]. 1991.

MUNIZ. Brand community [J]. Journal of Consumer Research, 2001.

MURDOCK C. Blind spots About Western Marxism: a reply to dallas smythe [J]. Canadian journal of Political and Social Theory, 1978, 2 (2).

NAPOLI P M. Audience evolution: New technologies and the transformation of media audiences [M]. New York: Columbia University Press, 2005.

NAPOLI P M. Revisiting "mass communication" and the "work" of the audience in the new media environment [J]. Media, Culture &.Society, 2010.

POSTER M. Foucault, marxism and history: mode of production versus mode of information [M]. Cambridge: Polity Press, 1984.

POSTIGO H. America online volunteers: Lessons from an early co-production community [J]. International Journal of Cultural Studie, 2009.

READ J. The hidden abode of biopolitical production: empire and the ontology of production [J]. Rethinking Marxism, 2001.

RITZER G, JURGENSON N. Production, consumption, presumption: the nature of capitalism in the age of the digital prosumer [J]. Journal of Consumer Culture, 2010.

ROSS P. Problematizing the user in user-centered production: a new media lab meets its audiences [J]. Social Studies of Science, 2001b.

SCHILLER D. How to think about information [J]. Chicago: University of Illinois Press, 2010.

SCHILLER D. Theorizing communication: A history [M]. New York: Oxford University Press, 1996.

SCHOLZ T. Digital labour: the internet as playground and factory [J]. New York: Routledge, 2013.

SCYTHE D W. Some observations on communication theory [J]. Educational Technology

Research & Development，1978.

SINGH J P. Information technologies，meta-power，and transformations in global politics [J]. International Studies Review，2013，15.

SKAF MOLLI H et al. Network modes for collaborative writing [C] //Proceedings of international conference on enterprise information systems and Web Technologies. Orlando，Florida：USA EISWT，2007.

SMYTHE D W. Communications：blind spot of Western Marxism [J]. Canadian Journal of Politi-cal and Social Theory. 1977，1 (3).

SMYTHE D W. Dependency road：communications，capitalism，consciousness，and Canada [J]. Canadian Journal of Sociology，1981.

SPROULE J M. Progressive propaganda critics and the magic bullet myth [J]. Critical Studies in Mass Communication，1996.

TERRANOVA T. Free labor：producing culture for the digital economy [J]. Social Text，2000.

TERRANOVA T. Network culture：politics for the information age [M]. London：Pluto，2004.

WEXLER. Reconfiguring the sociology of the crowd：exploring crowd sourcing [J]. International Journal of Sociology and Social Policy，2011 (1).

WIENER J M. Radical historians and the crisis in american history [J]. Journal of American History，1980.

Y. AMICHAI-HAMBURGER et al. Structured and unstructured intergroup contact in the digital age [J]. Computers in Human Behavior，2015，1 (52).

ZITTRAIN J. The future of the Internet and how to stop it [M]. New Haven，CT：Yale University Press，2008.

附录：受访者名单

学界专家

P1：武汉大学教授，受访时间为 2016 年 6 月 30 日。

P2：华中科技大学教授，受访时间为 2016 年 7 月 11 日。

P3：暨南大学教授，受访时间为 2017 年 2 月 14 日。

P4：厦门大学教授，受访时间为 2016 年 12 月 8 日。

P5：中南民族大学教授，受访时间为 2016 年 6 月 22 日。

业界专家

I1：搜狐网某栏目编辑，受访时间为 2016 年 7 月 18 日。

I2：多彩贵州网某处级干部，受访时间为 2016 年 8 月 17 日。

I3：《宁波日报》某厅级干部，受访时间为 2016 年 11 月 20 日。

网络用户

U1：北京某石材公司员工，受访时间为 2016 年 12 月 12 日。

U2：北京某中央部委的青年员工，受访时间为 2016 年 12 月 12 日。

U3：上海某综合性大学新闻学专业大二学生，受访时间为 2016 年 12 月 5 日。

U4：上海某中学高一学生，受访时间为 2016 年 12 月 5 日。

U5：广州某玩具厂的玩具制作工人（中专学历），受访时间为 2017 年 2 月 14 日。

U6：广州某工厂的青年电焊工（大专学历），受访时间为 2017 年 2 月 14 日。

U7：武汉某报业的新媒体部门的工作人员，受访时间为 2017 年 2 月 26 日。

U8：武汉某综合性大学新闻学专业在读博士，受访时间为 2017 年 2 月 26 日。

U9：杭州某网络公司员工，受访时间为 2017 年 1 月 14 日。

U10：杭州某高校讲师，受访时间为 2017 年 1 月 14 日。

U11：成都某综合性高校市场营销专业大二学生，受访时间为 2016 年 12 月 13 日。

U12：成都某街道办的公务员，受访时间为 2016 年 12 月 13 日。

U13：延安某汽车修理店员工，受访时间为 2017 年 2 月 6 日。

U14：西安某中学的高二学生，受访时间为 2017 年 2 月 7 日。

U15：郑州某高校社会学专业大四学生，受访时间为 2017 年 3 月 4 日。

U16：贵州某县城网吧管理人员，受访时间为 2016 年 10 月 18 日。

U17：厦门某房地产公司售楼员工，受访时间为 2017 年 1 月 9 日。

U18：兰州某高校讲师，受访时间为 2016 年 2 月 4 日。

U19：桂林某中学教师，受访时间为 2017 年 3 月 1 日。

U20：林芝某基层科级干部，受访时间为 2016 年 11 月 5 日。

后　记

　　本书的构思起源于 2013 年，2014 年笔者进入武汉大学新闻与传播学院攻读博士学位后便开始撰写，全书写作贯穿整个读博期间，博士毕业后，又对全书内容进行了认真修改和补充。

　　这是一本有关网络空间传播政治经济学的书籍，全书将网络用户的劳动及报酬作为主要立足点，探索与之相关的问题。对于本科、硕士、博士都读新闻传播类专业的我来说，政治经济学确实是一个坎，将其与信息传播相结合就更为困难。因此初入这个领域时，我犹如进入一个歧路丛生的庞大迷宫，常常是左冲右突仍很难找到出口，加之英语阅读和翻译能力有限，常常在阅读外国原著的过程中碰到钉子，使我深感研究的艰辛。但由于坚信这是个较有价值的研究主题，因而我时时告诫自己必须坚持下去。

　　在长期的坚持下，在恩师石义彬老师的悉心指导下，我慢慢领略到传播政治经济学的迷人的风光，我在认真阅读社会学、政治经济学、新闻传播学的相关著作时，常常会有意外的收获，我的知识面也得以不断拓展，最后我把传播与劳动、网络空间中的生产力和生产关系、网络用户的信息生态位、网络用户劳动力的再生产与征用、网络用户劳动的经济与非经济报酬等都纳入研究之中，并力图将它们串联起来，终于打开了一扇研究网络用户劳动的小门。正是在这样的背景下，本书才得以出炉。

　　我认为，在做学问的过程中，艰辛是必需的，尤其是想找到自己喜爱的研究领域并能挖掘出一些有价值的东西，就应该不怕受苦受累，就应该有学术担当精神。现在我明白，不管在什么时候，祛除浮躁的心理，潜心地做学问，总能够获得众多的快乐。

　　一路走来，我得到很多人无私的帮助。首先，我要衷心地感谢我的博士生导师石义彬老师。石老师为人极为谦和，每次向他求教他都知无不言、言无不尽，他像父亲一样关心我们的学习和生活，他有着渊博的知识但在谈及学术时却极为谨慎，他注重对我们的启发且始终对我们持鼓励态度。更为重要的是，石老师在我很迷茫的时候欣然把我收入门下悉心教导。每次想到石老师，我都会心生感动，满怀感恩。

同时，我要感谢武汉大学新闻与传播学院其他的老师们，他们也让我学到了很多知识，教会了我不少做人的道理。我尤其要感谢吕尚彬老师、王瀚东老师、冉华老师、张卓老师、谢湖伟老师，在本书的撰写过程中，我也得到了他们的指导。

此外，我要感谢所有接受过我访谈的各位专家和网络用户，他们的热情和真诚深深地感动着我。中国人民大学出版社的翟江虹老师对本书的出版给予了大力支持，在此对她表示衷心的感谢。

最后，本书参阅引用了若干文献数据，在此向所有被参阅、引用文献数据的作者们表示诚挚的感谢！

杨逐原

2019 年 6 月初稿

2020 年 3 月定稿

图书在版编目（CIP）数据

网络空间的劳动图景：技术与权力关系中的网络用户劳动及报酬 / 杨逐原著．
--北京：中国人民大学出版社，2020.8
（新闻传播学文库）
ISBN 978-7-300-28324-1

Ⅰ.①网… Ⅱ.①杨… Ⅲ.①互联网络-用户-行为分析-研究 Ⅳ.①C912.6

中国版本图书馆 CIP 数据核字（2020）第 120973 号

新闻传播学文库
网络空间的劳动图景
技术与权力关系中的网络用户劳动及报酬
杨逐原　著
Wangluo Kongjian de Laodong Tujing

出版发行	中国人民大学出版社	
社　　址	北京中关村大街 31 号	**邮政编码**　100080
电　　话	010 - 62511242（总编室）	010 - 62511770（质管部）
	010 - 82501766（邮购部）	010 - 62514148（门市部）
	010 - 62515195（发行公司）	010 - 62515275（盗版举报）
网　　址	http://www.crup.com.cn	
经　　销	新华书店	
印　　刷	北京宏伟双华印刷有限公司	
规　　格	170 mm×240 mm　16 开本	**版　次**　2020 年 8 月第 1 版
印　　张	17.75 插页 2	**印　次**　2020 年 8 月第 1 次印刷
字　　数	302 000	**定　价**　65.00 元